Arnold Mindell

24 Stunden luzid träumen

Techniken, um den nichtdualistischen, träumenden Hintergrund der Alltagsrealität wahrzunehmen

Verlag Via Nova

Übersetzung aus dem Amerikanischen von
Sibylle Herzog

Originaltitel:
Dreaming While Awake
techniques for 24-hour lucid dreaming

Hampton Roads Publishing Company, Inc.
USA

2. Auflage 2004
Verlag Via Nova, Alte Landstraße 12, 36100 Petersberg
Telefon: (06 61) 6 29 73
Fax: (06 61) 9 67 95 60
E-Mail: info@verlag-vianova.de
Internet:
www.verlag-vianova.de
www.transpersonal.com

Satz: typo-service kliem, 97647 Neustädtles
Druck und Verarbeitung: Rindt-Druck, 36037 Fulda

© Alle Rechte vorbehalten
ISBN 3-936486-03-4

Träumen
ist die mystische Quelle
der Realität

Inhaltsverzeichnis

Dank und Vorwort von Arnold Mindell   11

Teil I:
Nichtarbeiten an sich selbst   13

1. Vierundzwanzig Stunden luzid träumen   15
   Träumen, Mystik und Physik
   - Über dieses Buch   17
   - Das einzige Problem   18
   - Traumzeit und Physik   20
   - Viele Namen für das Träumen   22
   - Vierundzwanzig Stunden luzid träumen   25
   - Die Realität kommt vom Träumen   27
   - Zur Erinnerung   28

2. Luzidität und Traumarbeit   29
   Abtrennung, ursprüngliches Bewußtsein und Schulung der Luzidität
   - Die Realität kommt vom Träumen   32
   - Luzides Träumen   33
   - Vierundzwanzig Stunden luzid träumen   34
   - Ihre persönlichen Erfahrungen des Träumens   35
   - Forschende innere Arbeit   36
   - Die Abtrennung vom Träumen   38
   - Ein persönliches Beispiel   39
   - Zur Erinnerung   41

3. Erleuchtung, Ost und West   42
   Ein multikulturelles Verständnis von Erleuchtung
   - Ein Beispiel   44
   - Verschiedene Ebenen der Realität   46
   - Anmerkungen zu neuen Begriffen   47
   - Der Zen-Tiger   53
   - Zur Erinnerung   56

4. Purpurfarbener Buddhismus — 57
Die Lehren des Abhidharma und eine gewöhnliche Erkältung

    Stadien der Wahrnehmung im Buddhismus — 58
    Träumende oder spürende Wahrnehmung — 62
    Traumland — 63
    Konsensusrealität — 63
    Die Kraft von Objekten und Ereignissen — 64
    Selbstkritik nach dem Friseurbesuch — 67
    Ein Beispiel für Erwachen — 69
    Bewußtsein ist eigentlich Unbewußtsein — 72
    Zur Erinnerung — 76

5. Nichtarbeiten an sich selbst — 77
Verschiedene Realitäten, Beispiele für spürendes Heilen

    Nichttun in Physik und Psychologie — 78
    Das Pflaumenbeispiel — 80
    Wer denkt? — 81
    Innere Arbeit mit den „Liedlinien": Das Nichttun des Liedermachens — 82
    Das Nichttun des Kehrens — 82
    Nichtzeitliche und nichtlokale Erfahrung — 84
    Bewußtsein und Luzidität in der Therapie — 87
    Gegenseitige Verbundenheit — 90
    Zur Erinnerung — 91

6. Reflexion, Flirten und Summen — 92
Piepende Diagramme, Psychologie und Physik

    Jung und Chuangzi — 96
    Den Übergang zwischen Bereichen vollziehen — 99
    Der mythische Standpunkt — 102
    Marginalisierung — 104
    Ein Experiment mit Entfaltung — 107
    Zur Erinnerung — 111

7. Theorie und Praxis der Divination — 112
Psychologie, moderne Physik und Divination

    Theorie und Praxis der Divination — 113
    Strukturen der Divination — 114
    Divinationstheorie — 117
    Bewegungsdivination — 119
    Zur Erinnerung — 122
    Schlußbemerkung: ein Divinationsbeispiel — 122

Teil II: Luzides Heilen — 125

8. Zeitreise — 127
Reinkarnation und Heraustreten aus der Zeit

- Aus der Zeit heraustreten — 129
- Feynmans Theorie — 130
- Feynmans zwei Antworten — 134
- Sich in die Diagramme einfühlen — 135
- Zeitreiseübung — 139
- Flirts in der Realität — 139
- Zur Erinnerung — 142

9. Luzides Heilen, Präventivmedizin — 143
Der nichtlokale Ursprung von Körpersymptomen

- Der Traumkörper — 144
- Übersicht über Methoden der Traumkörperarbeit — 147
- Spürende Körperarbeit — 150
- Spürende Symptomübung — 152
- Der Schraubstock, der eine Blume war — 155
- Zur Erinnerung — 157

10. Berührung und Verflochtenheit — 158
Nichtlokalität zwischen „Heiler" und „Problem"

- Überblick über Beziehungsarbeit — 159
- Der verdrehte Arm und der Fisch — 171
- Übung: luzide Berührung — 173
- Zur Erinnerung — 176

11. Süchte und Beziehungen — 177
Die suchterzeugende Atmosphäre verändern

- Allgemeine Überlegungen — 177
- Methoden der Suchtarbeit — 179
- Der spürende Zugang zum Beziehungsfeld — 183
- Spürende Suchtarbeit — 184
- Die formelle Party — 186
- Zur Erinnerung — 187

12. Ungebrochene Ganzheit in Beziehungen — 189
Wir sind sehr verschieden voneinander, und wir sind auch gleich

- Virtuelle Flirts in der Psychologie — 192
- Gleichgeartete spürende Wahrnehmung des Sternzeichens Fische — 195
- Die Ebenen des Bewußtseins — 196

Übung in Beziehungsbewußtsein	197
Liebe zu sich selbst	198
Zur Erinnerung	201

13. Träumen als Weltarbeit — 202
Luzidität und Bewußtsein in Großgruppen

Mystizismus in soziales Handeln umsetzen	202
Heiße Momente	202
Innere Arbeit und Weltarbeit	205
Träumen in der Weltarbeit	207
Konfliktarbeit mit großen Gruppen	209
Gruppenarbeit in Irland	211
Zur Erinnerung	214

Teil III: Luzides Leben — 215

14. Liebesgeschichte, Doppelgänger — 217
Das Große Ich, das Kleine Ich und der Doppelgänger

Das Große und das Kleine Ich	218
Zugang zum Großen Ich	219
Großmutter	227
Zur Erinnerung	228

15. Ein Allheilmittel gegen die Tragödie, ein Mensch zu sein — 229
Die Bedeutung und die Zeitdimensionen des Bewußtseins

Aufwachen	233
Die Gemeinschaft aller Wesen	235
Das Große Ich ist nicht ganz menschlich	238
Zur Erinnerung	242

16. Das Diamantzentrum des Mandala — 243
Die uralte spirituelle Praxis, ein Diamant zu werden

Juristische Schwierigkeiten	247
Zur Erinnerung	251

17. Die Realität als magisches Symbol — 252
Die politische Inkorrektheit des Träumens

Die dunkle Seite des Mondes erkunden	258
Zur Erinnerung	259

Glossar	260
Bibliographie	262
Index	265

Vorwort und Danksagungen

Dieses Buch erscheint dank der Hilfe meiner Freunde in der vorliegenden Fassung. Ich bin „Onkel" Lewis (Lewis Obrien) zu tiefem Dank verpflichtet, daß er in mir das Interesse für das Konzept des Träumens weckte.

Nehmen Sie, liebe Leserin, lieber Leser, bitte zur Kenntnis, daß mein Gebrauch des Wortes „Träumen" auf meiner eigenen Arbeit als Therapeut basiert und nicht dazu bestimmt ist, die tiefe und geheimnisvolle Bedeutung des „Träumens", wie sie von den verschiedenen Traditionen der australischen Aborigines benutzt wird, zu erklären oder vorzugeben, sie zu verstehen. Meine Verweise auf das „Träumen" in Verbindung mit jenen Traditionen gründen in der Absicht, diejenigen, die das Träumen als die Grundlage des Lebens jetzt erfahren und einst erfuhren, zu ehren und ihrer Bedeutung Anerkennung zu zollen. (Ein Teil der Tantiemen dieses Buches geht direkt an Hilfsprojekte der australischen Aborigines.)

Ich danke den Zentren für Prozeßarbeit in Portland, Zürich, London, Tokio und Brisbane für ihre Unterstützung der in diesem Buch dargestellten Forschungs- und Lehrverfahren.

Mein Dank gilt auch Lilly Vassiliou aus Athen für die Transkription der Originalvorträge, aus denen dieses Manuskript entstanden ist. Leslie Heizer gab wunderbare strukturelle Ratschläge und war so freundlich, bei der Endfassung behilflich zu sein. Julie Diamond, Jan Dworkin, Sara Halprin, Lee Jones, Herb Long, Dawn Menken, Max Schüpbach und Jytte Vickelsoe waren sehr hilfreich bei den ersten Entwürfen. Dank auch an die Nova Development Corporation für die Erlaubnis, ihre ClipArts zu benutzen.

Jim Chamberlin sowie Pearl und Carl Mindell weckten mein Interesse für die Verbindungen zwischen diesem Buch und den Grundlagen östlichen und buddhistischen Denkens, doch sie sind nicht verantwortlich für meine Mißverständnisse in bezug auf dieses uralte Thema. Wie erstaunt war ich, als ich entdeckte, daß meine Untersuchungen über

Physik und Psychologie einige der alten buddhistischen Themen erweitert hatten. Ich bin auch John und Gladys Johnson zu Dank verpflichtet, da sie mich auf die afrikanischen Zeitkonzepte Mbitis hinwiesen, die meine Interpretation der physikalischen Zeit, das heißt der Zeit im System der Physik, ebenso wie Experimente mit dem Heraustreten aus der Zeit unterstützten.

Amy Mindell, meine Freundin und Partnerin in jeder Hinsicht, diskutierte, klärte und besprach mit mir jeden einzelnen Gedanken dieses Buches. Dieses Buch könnte auch ohne weiteres als das Ihre bezeichnet werden.

Teil I
Nichtarbeiten an sich selbst

Kapitel 1

Vierundzwanzig Stunden luzid träumen
Träumen, Mystik und Physik

Es war ein heißer, trockener Morgen in Adelaide, als Amy und ich schnellen Schrittes am Fluß nahe der Universität entlanggingen. Wir befanden uns auf dem Weg zu einer Zusammenkunft, die eine Konfliktlösung anstrebte, die wir facilitieren sollten. Wir waren im Hinblick auf diese Versammlung nervös und hofften, daß die Ureinwohner erfolgreich die Rechte an ihrem Land, das ihnen von der Regierung genommen worden war, wiedererlangen würden.

„Onkel" Lewis Obrien, ein Ältester der Aborigines, der uns begleitete, legte seine Hand sanft auf meine Schulter und sagte ruhig: „Arny, schau dort hinüber, Richtung Stadtzentrum. Was siehst du?" Ich erklärte ihm, ich sähe Victoria Square, das laute, hektische Geschäftszentrum der Stadt. Hunderte von Menschen kauften ein; Autos hupten, und Busse bewegten sich langsam durch den Verkehr. „Sieht wie eine belebte Stadt aus", sagte ich.

„Onkel" Lewis meinte, ich solle noch einmal hinsehen. Ich sah abermals hin, doch alles, was ich sah, war dieselbe laute Stadt. „Ja, du siehst gut, aber du siehst das Träumen nicht. Weiße sehen das Träumen nicht. Doch sie spüren es trotz allem. Weiße haben das Stadtzentrum dort erbaut. Wir Aborigines hielten uns einst an der Stelle auf, wo sich jetzt das Zentrum befindet; dort ist das Träumen am stärksten. Victoria Square ist ein wunderbarer Platz; deshalb geht es dem Geschäftszentrum da drüben so gut."[1]

---

[1] In einem Brief erklärte »Onkel« Lewis kürzlich, daß Adelaide genau an der Stelle des Träumens des roten Känguruhs (Tarnda Munaintya) erbaut wurde und daß der Umriß der äußeren Straßen der Stadt den Umriß jenes mythischen Wesens darstellt.

Meine Wahrnehmung der Umwelt war zugleich schockiert und erleuchtet. Ich machte mir klar, wie meine Sicht der Stadt durch die Linse meines US-amerikanischen Hintergrundes und meiner Erziehung gefiltert wurde. Bis ich diesen Ältesten traf, neigte ich dazu, Städte zu meiden und ländliche Gegenden vorzuziehen. „Onkel" Lewis machte mir klar, daß sich das Wunder der Natur, das ich auf dem Land suchte, gleich vor mir befand, inmitten der geschäftigen Stadt. Das Träumen ist immer gegenwärtig und schimmert wie eine Aura um die Objekte und Ereignisse herum, die man den Alltag nennt.

Manche Völker der Aborigines beschreiben das Träumen mit der dunklen Seite des Mondes. Wenn der Mond nicht ganz voll ist, erblickt man seine helle, beleuchtete Seite. Man könnte das einen Halbmond nennen. Doch sieht man an einem klaren Abend genau hin, kann man die dunkle Seite ruhig schimmernd neben der sichtbareren, hellen Seite erkennen. Wie ich konzentrieren sich die meisten Menschen lediglich auf die helle Seite, und ihnen entgeht das dunkle Gesicht des Mondes, mit anderen Worten, die Traumrealität.

Die helle Seite ist bloß jener Teil des ganzen Mondes, der beleuchtet ist. Den Fokus lediglich auf die helle Seite des Mondes zu richten und die dunkle Seite zu ignorieren könnte zu der Annahme verleiten, die dunkle Seite existiere nicht, während wir in der Tat auch die dunkle Seite brauchen, um den ganzen Mond abzubilden.

Die helle und dunkle Seite des Mondes als
Metapher für Realität und Träumen

Die Metapher des Mondes gilt für alles, was man sieht. Wenn man sich einzig auf die Alltagsrealität konzentriert, vernachlässigt man das Träumen. Dem Denken der Aborigines zufolge macht das Träumen die Grundsubstanz der materiellen Welt aus. Das Träumen verleiht Objekten die Energie, die unsere Aufmerksamkeit anzieht bzw. abstößt. Vernachlässigt man das Träumen, so wertet man die materielle Umwelt ab, da man ihre Grundlage nicht beachtet, und versäumt auf diese Weise eine Hälfte des Lebens.

Die Macht des Träumens befindet sich genau hier, hinter der Alltagswelt, als Teil jeden Objekts, als derjenige Teil, den wahrzunehmen man mitunter vergißt. Aus der Perspektive der Aborigines ist die Alltagsrealität die helle Seite des Mondes, die auf dessen dunkle Seite als die Macht des Träumens hinweist.

Trotz meines Interesses und meiner langjährigen Erfahrungen in Therapie, Träumen und Schamanismus hatte ich unbewußt angenommen, daß die belebte Stadt und die hohen Gebäude das Träumen zerstörten. Dies ist wahrscheinlich der Grund, weshalb ich, wann immer möglich, der Stadt entfloh, auf der Suche nach den ursprünglichen Kräften der Natur.

„Onkel" Lewis zeigte mir, daß die Realität der Stadt als Folge des Träumens existiert. Ohne das Träumen gäbe es nichts. Träumen ist die Energie hinter allem; es ist die Lebenskraft aller Lebewesen, die Kraft der Bäume und Pflanzen ebenso wie die Kraft von Motoren, Unternehmen und Finanzzentren.

Eine Künstlerin spürt das Träumen in der Leinwand, dem Papier und dem Stein, und sie weiß, daß die Alltagsrealität nicht nur konkret ist. Leonardo da Vinci schrieb, Künstler sollten so lange auf abbröckelnde Gipswände blicken, bis sie Bilder aus den Formen des Gipses aufsteigen sehen. In ähnlicher Weise bezeichnete Michelangelo die Bildhauerei als einen Prozeß, in dessen Verlauf die Gestalt herausgearbeitet wird, die schon vorher im Stein existierte. Künstler und Völker der Aborigines haben die Fähigkeit entwickelt, das Träumen zu sehen, das heißt, die Kraft hinter den Figuren, die man in seinen Nachtträumen und in der Alltagsrealität erblickt.

Über dieses Buch

Meiner Hoffnung, daß die herrschenden Regierungen bei der Rückgabe der Landrechte an die Aborigines großzügiger sein werden, entspricht mein Ziel, die träumenden Wurzeln der Realität auf eine Weise zugänglich und so tief erfahrbar zu machen, daß Ihr Verstand Ihnen Ihr Recht zu träumen zurückgeben wird.

Dieses Buch habe ich geschrieben, um Ihre Wahrnehmung, Ihr Leben und Ihre Orientierung auf die Kraft des Träumens auszurichten. Wir unternehmen gemeinsam eine Reise und erforschen das Territorium, in dem der Schamanismus sich mit der Physik überschneidet, in dem Träume zu Körpererfahrungen werden und in dem Alltagsleben mit Unsterblichkeit verschmilzt. Wir vertiefen die von Freud und Jung begonnene Erforschung des Unterbewußtseins oder Unbewußten, auf das sich Buddhisten als *Dharma* und Tantriker als die *Leere* beziehen.

Mein Ziel besteht nicht darin, das Träumen nur gelegentlich wahrzunehmen, sondern eine konstante Wachheit dafür zu entwickeln. Mit der neuen Methode, die ich *„vierundzwanzig Stunden luzid träumen"* nenne, lernen wir, uns durch die Welt des Alltagslebens zu bewegen und dahinter zu blicken, um die Welt des Heilens, der Divination und der Unsterblichkeit zu erforschen.

Im ersten Teil dieses Buches untersuche ich das Träumen der Aborigines und seine Verbindungen zur Quantenphysik, zur Psychologie und zum Buddhismus. Im zweiten Teil werden wir die Bedeutungen dieser Verbindungen kennenlernen und mit neuen Methoden des luziden Träumens, der Körperarbeit, der Arbeit mit chronischen Symptomen, der Beziehungs- und Gruppenarbeit experimentieren.

Teil drei beschäftigt sich mit den Implikationen der Praxis, *vierundzwanzig Stunden luzid zu träumen*. Wir werden untersuchen, auf welche Art und Weise uns das Wahrnehmen des Träumens und das Erlangen von Luzidität hinsichtlich des Träumens mit den Ewigen Philosophien und einem neuen Selbstbild verbinden. An bestimmten Stellen entlang des Weges werden Sie dazu ermutigt, Ihre Wahrnehmung des Träumens zu schulen. Vielleicht werden Sie sogar eine Veränderung Ihres ganzen Lebensstils in Betracht ziehen, die darauf basiert, das Träumen vierundzwanzig Stunden am Tag wahrzunehmen und zu leben.

Das einzige Problem

Es ist immer töricht, komplexe Probleme grob zu vereinfachen. Dennoch kann man aus der Sicht des Träumens, ungeachtet der Komplexität unseres Lebens, nur ein Problem haben: den träumenden Hintergrund der Realität zu ignorieren. Das Träumen zu ignorieren bedeutet, die tiefsten unformulierten Erfahrungen zu marginalisieren, die die eigenen Handlungen im Alltag erschaffen. Jedesmal, wenn man die *spürenden*, das heißt die allgemein nicht anerkannten traumähnlichen Wahrnehmungen ignoriert, tritt ein Teil des Selbst in einen leichten Schockzustand ein, weil der Geist des Lebens nicht beachtet wurde, die größte potentielle Kraft, über die man verfügt.

Nachdem ich viele Jahre als Therapeut mit Menschen aus aller Welt gearbeitet habe, erscheint mir das Nichtwahrnehmen des Träumens als eine nicht diagnostizierte globale Epidemie. Menschen leiden überall an einer chronischen Form von leichter Depression, da sie gelehrt wurden, ihren Fokus auf die Alltagsrealität zu richten und den träumenden Hintergrund zu vergessen.

Diese Depression ist nicht die Art von Depression, bei der man sich schlecht fühlt. Sie wirkt subtiler. Sie drückt sich im Gefühl aus, daß einem etwas im Leben fehlt, selbst wenn die äußeren Dinge gut laufen. Wo auch immer Sie in der Welt leben, fühlen wahrscheinlich viele Menschen um Sie herum, daß etwas in ihrem Leben fehlt, selbst wenn sie annehmen, daß dem Leben an sich dieses besondere Etwas fehlt. Sobald wir einen freien Tag haben, spüren wir die häufigste Form dieser subtilen Depression: Wir spüren, daß das Leben nichts Außerordentliches ist, sondern lediglich bis zur Vollendung gelebt werden muß.

Zwar hoffen die meisten unter uns, etwas Sinnvolles zu tun, wir erwarten jedoch nicht wirklich, tagtäglich vom Leben inspiriert oder ihm gegenüber von Ehrfurcht ergriffen zu sein. Wir realisieren nicht, daß wir keine Verbindung mehr haben zur innersten Energie des Lebens, zum Träumen.

Ungeachtet dessen, was unsere Probleme zu sein scheinen, liegt in der Mißachtung der träumenden Realität der Ursprung der meisten Depressionen oder gedrückten Stimmungen. Ohne zu träumen lebt man nur die Hälfte seines Lebens und sieht nur die Hälfte der Welt.

Der Ausweg aus dieser globalen Epidemie besteht darin, sich Zugang zum Träumen zu verschaffen, indem man lernt, das Träumen in den eigenen Körperbewegungen und in Signalen wahrzunehmen, die man in Beziehung zu anderen Menschen und der Umwelt aussendet und empfängt.

Vielleicht versuchen Sie bereits, Ihrem leichten chronischen Gefühl der Depression beizukommen, indem Sie Ihre Träume beachten, meditieren oder einer spirituellen Tradition folgen. Diese Methoden sind wichtig, da Sie Ihnen helfen, Sinn im Leben zu finden. Doch Träumen geht selbst über den Sinn hinaus; Träumen ist der Ursprung aller Ihrer Erfahrungen, einschließlich dessen, was Sie als den Sinn Ihres Lebens und als Ihre tiefsten Überzeugungen ansehen.

Traumzeit und Physik

Den Traumzeit-Traditionen der Aborigines zufolge sind alle Objekte, Menschen und Ereignisse das Echo schöpferischer Urkräfte. Naturvölker allerorts haben die Erde respektiert und verehrt, da sie fühlten, daß sie von geheimnisvollen Kräften erschaffen wurde. Nach einem Ältesten der Aborigines „lebt der Feuerstein in diesem Stein wie ein Traum in deinen Gedanken. Sein Wesen ist im Innern des Steins seit der Traumzeit vorbereitet worden."[2]

Physikerinnen und Physiker unserer Zeit denken anders. Gemäß ihrer Ausbildung sind sie der Ansicht, jemand habe den Stein beobachtet und sich bewußt dafür entschieden, einen Feuerstein daraus zu machen. Im Gegensatz zu dieser Überzeugung sagt der Älteste der Aborigines, der Stein trage das Träumen in sich. Aus diesem Grunde „interagiert" oder „träumt" der Stein mit den Händen des „Beobachters", um das feuersteinähnliche Wesen herauszubringen, das bereits im Stein gegenwärtig war. Mit anderen Worten, man beobachtet oder tut Dinge nicht; man wird zu Dingen hingezogen, und ihre Traumkraft richtet das eigene Verhalten aus.

Obwohl moderne Physik und die Wissenschaft der Aborigines verschieden sind, teilen sie doch auch gewisse Vorstellungen. Ureinwohner sagen von der Traumzeit, sie stelle die Wurzel und grundlegende Kraft dar, von der alles andere herstammt; Quantenphysiker sprechen von einer unsichtbaren mathematischen Entität, der quantenmechanischen Wellenfunktion, aus der die Realität hervorgeht.

---

2 Robert Lawlor: *Am Anfang war der Traum. Die Kulturgeschichte der Aborigines.* München: Droemer Knaur, 1993, S. 38.

Wie Sie vielleicht wissen, kann die Quantenwelt nicht direkt gesehen oder gemessen werden. Werner Heisenberg sagte einmal, das Quantenfeld sei eine Art „Tendenz der Dinge zu geschehen". In meinem letzten Buch, *Quantum Mind: The Edge between Physics und Psychology*, zeige ich auf, in welcher Art und Weise die Kräfte des Träumens im Sinne dieses Quantenfeldes in der Physik erscheinen.[3]

Erforschen wir nun die Bedeutung von Tendenzen oder Quantenfeldern, indem wir eine psychologische Analogie betrachten. Fragen Sie sich, genau in diesem Augenblick, während Sie sitzen oder liegen und dieses Buch lesen, welche Tendenzen Ihr Körper hat, sich in die eine oder andere Richtung zu bewegen. Bewegen Sie sich noch nicht; nehmen Sie sich einfach einen Augenblick Zeit, um diese Tendenzen zu spüren. Experimentieren Sie nun damit, Ihrem Körper die Möglichkeit zu geben, sich in Richtung dieser Tendenzen zu bewegen. Während Sie sich entsprechend Ihrer innersten Tendenzen bewegen, nehmen Sie die Bewegungen wahr, die Ihr Körper macht. Haben diese Bewegungen irgendeine Bedeutung für Sie?

Es geht darum, daß Ihre Tendenz, sich in die eine oder andere Richtung zu bewegen, der eigentlichen Bewegung vorausgeht. Sie können Ihre Tendenzen nicht messen, obgleich Sie sie fühlen können. Ihre Tendenz, sich zu bewegen, die Ihrer eigentlichen Bewegung vorangeht, ist wie das Quantenfeld, das eine Tendenz der Dinge darstellt zu geschehen, bevor sie sich ereignen und meßbar werden.

Für die meisten Physikerinnen und Physiker unserer Zeit ist die Quantenwelt im wesentlichen eine mathematische Dimension, deren Essenz nicht im Sinne der Alltagsrealität gemessen werden kann. Dieser Theorie zufolge stammt die Alltagsrealität von den mathematischen Dimensionen der Quantenwelt her, so wie die reale Welt in der Kultur der Aborigines nicht ohne Tendenzen existiert, das heißt ohne das Träumen.

Die meisten Physiker erlauben sich keine definitiven Aussagen über die Quantenwelt, da sie nicht direkt gemessen werden kann. Doch einige, wie der Physiker Fred Alan Wolf, verweisen auf die Tendenzen des Quantenfeldes in Verbindung mit dem indigenen Konzept der Traumzeit.[4]

---

3 Für nähere Einzelheiten zu diesem Thema verweise ich auf die Bibliographie und andere Bücher, die in den Fußnoten aufgeführt sind.
4 Siehe Fred Alan Wolfs leicht lesbares und gut dokumentiertes Buch *Die Physik der Träume. Von den Traumpfaden der Aborigenes bis ins Herz der Materie.* Berlin: Byblos, 1995.

Manche Physiker sprechen auch von einer Traumzeitwelt, von der die reale Welt herstammt. Ich bespreche an anderer Stelle, inwiefern die neue Theorie einer „imaginären Zeit" eine Variante der Traumzeit darstellt.[5] Hawkings imaginäre Zeit ist nicht meßbar, wird aber dennoch gebraucht, um zu erklären, was in dem Moment geschah, als das reale Universum seinen Anfang nahm.

Andere Physiker – wie David Bohm – sprachen nicht von einem mit imaginärer Zeit beginnenden Universum, sondern waren statt dessen der Ansicht, das Quantenfeld sei mit dem Zustand der *ungebrochenen Ganzheit* verbunden, aus dem die Alltagswelt hervorgeht oder sich *entfaltet*. Diese ungebrochene Ganzheit ist jedoch eine andere Form des Träumens.

In vieler Hinsicht bedeutet das Träumen für die indigene Sicht der Realität, was das Quantenfeld mit seinen Tendenzen, imaginären Zeiten und seiner ungebrochenen Ganzheit für die Sicht moderner Physiker von der Realität bedeutet.

Das Denken der Aborigines ist der Physik insofern voraus, als Angehörige der Naturvölker immer darauf bestanden haben, daß man das Träumen wahrnehmen und in ihm leben muß, um sich wohl zu fühlen und das Leben zu genießen. Die Spiritualität der Aborigines zielt, wie viele spirituelle Traditionen und Erfahrungen mancher Mystiker, auf einen direkten Zugang zum Leben im Träumen, ein Leben in dem, was die Ureinwohner Amerikas als den „Großen Geist" benennen.

Viele Namen für das Träumen

Die in der Materie verborgenen Kräfte des Träumens sind das Potential, die zukünftigen Formen aller Dinge. Im letzten Jahrhundert hatten Freud und Jung vom Träumen in Form des Unterbewußtseins oder Unbewußten gesprochen. Die Psychologie ist so populär geworden, daß sich heute eine breite Masse auf das Unbewußte als den unterbewußten Ursprung des eigenen Verhaltens bezieht.

---

5 Mehr über imaginäre Zeit finden Sie in meinem Buch *Quantum Mind,* Kapitel 36, „The Self-Reflecting Universe".

Seit den Jahren, in denen Freud sein Triebkonzept entwickelte und Jung die Archetypen innerhalb des Unbewußten postulierte, hat die Psychologie einen toten Punkt erreicht, wenn es darum geht, mehr über das Unbewußte zu erfahren. Das Träumen der Aborigines zu studieren (ebenso wie buddhistische Ideen der Wahrnehmung, die wir später betrachten werden) wird uns mehr über das Unbewußte lehren. Je mehr wir über diesen Bereich wissen, desto eher werden wir in der Lage sein, Parapsychologie, psychosomatische Medizin, Synchronizität und vielleicht das Leben selbst zu verstehen.

Amerikanische Ureinwohner, australische Aborigines, Taoisten, Zen-Buddhisten, Tantriker und Mystiker allerorts halten die träumende Welt nicht für „un"-bewußt. Für diese Menschen ist die spürende Welt des Träumens die eigentliche Realität. Obwohl marginalisiert und für die heutigen Mainstreamkulturen unsichtbar, ist die Traumzeit seit Anbeginn der Geschichte die grundlegende Realität für die Menschen.

Die energetischen Tendenzen, die das Alltagsleben ins Dasein träumen, sind mit vielen Namen benannt worden. Taoisten nennen sie „das Tao, das nicht gesagt werden kann". Der alte chinesische Weise Chuangzi bezog sich auf das Träumen als die „Urkraft". Amerikanische Ureinwohnerinnen und Ureinwohner sprechen vom Träumen als dem „Großen Geist". Tantrisch Meditierende reden von der geheimnisvollen „Leere" und Physiker von der Quantenwelt.

So viele spirituelle Traditionen und ewige Glaubenslehren unterstützen das Konzept der Traumzeit, daß man fragen könnte, warum die meisten von uns das Träumen vergessen und sich an die Alltagsrealität klammern, als wäre sie die einzige Realität. Was hält uns davon ab, die Traumzeit, unser natürliches Erbe, zu erforschen?

Ich habe verschiedene Antworten auf die Frage, warum wir das Träumen marginalisieren[6] und unsere spürenden Tendenzen ignorieren, die schimmernde Bedeutung der dunklen Seite des Mondes. Erst einmal richten wenige Menschen den Fokus auf subtile Tendenzen; es gibt wenig Unterstützung durch die Gemeinschaft, dies zu tun. Dann sind diese Tendenzen subtil und in ihrer Bedeutung nicht sogleich offenkundig. Die meisten Menschen denken nicht nach über schnelle Empfindungen, die sie nicht augenblicklich verstehen. Schließlich muß man, um Hand-

---

6 Wörtlich: an den Rand drängen, vgl. S. 31 Defin.

lungen und Gedanken fassen zu können, während sie aus dem Hintergrund der subtilen Tendenzen aufsteigen, jene Aufmerksamkeit und Konzentration entwickeln, die ich als Luzidität bezeichne.

Ein Aborigine beantwortete die Frage, warum wir das Träumen ignorieren; er sagt, daß Angehörige des Mainstream das Träumen einfach hinter sich gelassen haben.[7] Dieser Mann spricht nicht nur über Kolonisation, dieses erbärmliche und repressive Kapitel der Geschichte, in dem die europäische Zivilisation das Australien der Aborigines beherrschte und verletzte. Er spricht auch über den verinnerlichten Rassismus, die Abwertung des Träumens, die charakteristisch ist für die meisten Menschen in Mainstreamkulturen. Er spricht davon, in welcher Art und Weise Nicht-Ureinwohner überall ihr eigenes Träumen marginalisieren. Die meisten von uns, die in Mainstreamkulturen leben, haben gelernt, sich gegen ihre träumenden Seelen zu wenden und sie zu ignorieren.

Erziehungssysteme des Mainstream unterdrücken nicht nur das Träumen, sondern auch die Lebensweise der Ureinwohner. Die meisten Schulsysteme tadeln Kinder dafür, verträumt zu sein. Als Kind läuft man Gefahr, öffentlich gedemütigt zu werden, wenn man meditativ ist oder sich regelmäßig Phantasien hingibt.

Alle Menschen, nicht nur die Völker der Ureinwohner, leiden unter der Zerstörung der indigenen Kulturen. Obgleich sich einige Angehörige des Mainstream in demokratischen Kulturen des Rassismus bewußt werden, nehmen heutzutage nur sehr wenige die verinnerlichte Unterdrückung des Träumens oder ihre deprimierende Auswirkung auf die Ureinwohnernatur in uns allen wahr. Vielleicht wird das Träumen aufgrund von nach außen bzw. nach innen gerichtetem Rassismus ignoriert.

Die Kulturen der Ureinwohner, die in der Tradition des Träumens lebten, sind durch Rassismus dermaßen verletzt worden, daß sie langsam, aber sicher von der westlichen Anhaftung an die „Alltagsrealität" erdrückt werden. Rassismus unterdrückt Ureinwohnerinnen und Ureinwohner, ihre Kulturen und jedermanns innere Tendenz zum Träumen.

---

7 „Weißer Mann hat kein Träumen, ihm geht 'nen anderen Weg. Weißer Mann, ihm geht anders." Diese Worte eines australischen Aborigine werden zitiert in *Dreams, Visions of the Night,* von David Coxhead und Sunsan Hiller. London: Thames and Hudson, 1975, S. 5.

Die Nez Perce, eine durch ihren heroischen und friedvollen Anführer Chief Joseph berühmt gewordene Gruppe amerikanischer Ureinwohner aus dem Osten Oregons, warnte, daß die europäische Arbeitsethik das Träumen zerstört. „Meine jungen Männer werden niemals arbeiten. Arbeitende Männer können nicht träumen, und Weisheit kommt in Träumen."[8] Für die Nez Perce und andere Völker der amerikanischen Ureinwohner – wie die Maricopa aus Colorado und die Irokesen aus New York – bedeutete das Träumen die Äußerung der höchsten Gottheit.[9] Der Rassismus und die Kolonisation der Ureinwohner-Kulturen ebenso wie entstehender Weltkulturen sind gleichzusetzen mit der verinnerlichten, sich täglich ereignenden Unterdrückung unserer eigenen träumenden Seelen.

Auf den ersten Blick scheinen die Traditionen der Ureinwohner dezimiert worden zu sein. Dennoch wird man von manchen Völkern der Ureinwohner hören, daß das Konzept der Traumzeit unbesiegbar ist. Älteste der australischen Aborigines sprechen davon, daß man zwar das Känguruh töten kann, nicht aber das Träumen des Känguruhs. Während viele von uns für die Landrechte der Ureinwohner kämpfen, besitzt das Träumen seinen eigenen Selbstschutz. Es kann nicht zerstört werden, denn es wohnt dem Land und den tiefsten Erfahrungen aller inne. Es ist die Grundenergie des Universums. Man kann Menschen töten und Objekte zerstören, doch das Träumen, das sie erschafft, ist immer noch da. Ureinwohnerinnen und Ureinwohner zu unterstützen und den Zugang zum Träumen wiederzuentdecken gehen Hand in Hand.[10]

Vierundzwanzig Stunden luzid träumen

Heute assoziieren die meisten Nicht-Ureinwohner Träumen mit Erfahrungen, die sich während des nächtlichen Schlafs ereignen. Dieses Verständnis des Träumens wurde durch das Konzept des „luziden

---

8 Ebd., S. 12
9 Ebd., S. 13
10 Leserinnen und Lesern, deren Hauptinteresse der Entwicklung von Konfliktlösungstechniken gilt, empfehle ich mein Buch *Mitten im Feuer. Gruppenkonflikte kreativ nutzen.* München: Hugendubel, 1997. Das vorliegende Buch betont die innere Arbeit, die für eine solche Gruppenarbeit und den möglicherweise daraus resultierenden luziden Lebensstil notwendig ist.

Träumens" erweitert, das in den Vereinigten Staaten während der 70er Jahre hauptsächlich durch die Arbeit von Stephen La Berge, einem Forscher der Universität Stanford, eingeführt wurde. In seinem Buch *Hellwach im Traum* definiert La Berge luzides Träumen als das Aufwachen in Nachtträumen mit der einhergehenden Fähigkeit, sich in ihnen umherzubewegen, während man eigentlich schläft.

Doch sprechen die Völker der australischen Aborigenes ebenso wie Mystiker davon, daß sich das Träumen den ganzen Tag über in unseren subtilen Erfahrungen ereignet, die beinahe zu schnell sind, als daß wir sie fassen könnten, und die irrational und traumartig ebenso wie schwer formulierbar sind. Träumen geschieht die ganze Zeit, kurz *bevor* neue Gedanken und Handlungen aufsteigen.

Mein erstes Buch *Dreambody. Krankheit und Individuation*, geschrieben in den frühen 80er Jahren, zeigt, auf welche Art und Weise subtile Körpererfahrungen und Körpersymptome in unseren Nachtträumen reflektiert werden. Diese Reflexion macht deutlich, inwiefern Träumen den ganzen Tag lang geschieht. Wenn man seinen Erfahrungen genau nachspürt, nimmt man wahr, wie sich das Träumen tagsüber zeigt. Immer dann, wenn Sie sich ein wenig schläfrig fühlen, wenn Sie so etwas wie eine Intuition oder spontane Phantasie erleben, eine leichte Launenhaftigkeit spüren oder seltsame Empfindungen im Körper fühlen, träumen Sie am Tag.

Da Sie den ganzen Tag träumen, möchte ich den Gedanken des luziden Träumens zu folgender Bedeutung erweitern: *während des Träumens wach zu sein, nicht nur während der Nacht, sondern auch am Tag.* Um dem Geist des Träumens zu folgen, brauchen Sie das, was ich *vierundzwanzig Stunden luzid träumen* nenne. Das Träumen ist eine Tendenz; es ist unsere Grundwahrnehmung, die allen formulierbaren Gedanken und Wahrnehmungen vorangeht. Das Träumen geht selbst Ihren Nachtträumen voran.

Die Abbildung auf Seite 27 zeigt, wo sich das luzide Träumen in das Spektrum unseres Wach- und Schlafbewußtseins einfügt. Sie erkennen die Beziehung zwischen Ihren verschiedenen Bewußtseinszuständen, zwischen dem tiefsten Unbewußten und den Handlungen in der Alltagsrealität. Am unteren Ende befindet sich die Wurzel, jene Tendenzen, die als das Träumen der australischen Aborigines bezeichnet werden.

Im Zentrum der Abbildung befindet sich das aus dem Träumen aufsteigende Traumland, die Ereignisse und Figuren unserer Nachtträume.

Ich nenne diesen Bereich im Zentrum Traumland, um ihn vom Träumen an der Basis zu unterscheiden. Mit anderen Worten, das Träumen ist jene Kraft, welche die Figuren der Träume erschafft, und das Träumen entfaltet sich in das Traumland hinein.

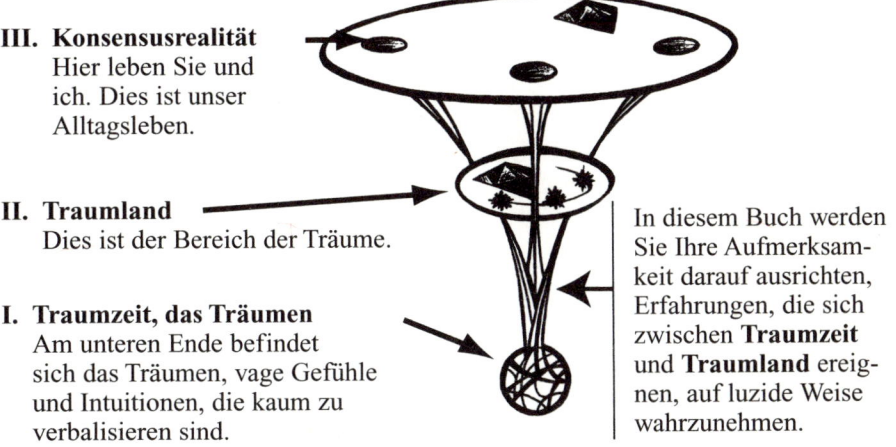

III. Konsensusrealität
Hier leben Sie und ich. Dies ist unser Alltagsleben.

II. Traumland
Dies ist der Bereich der Träume.

I. Traumzeit, das Träumen
Am unteren Ende befindet sich das Träumen, vage Gefühle und Intuitionen, die kaum zu verbalisieren sind.

In diesem Buch werden Sie Ihre Aufmerksamkeit darauf ausrichten, Erfahrungen, die sich zwischen **Traumzeit** und **Traumland** ereignen, auf luzide Weise wahrzunehmen.

Die Realität kommt vom Träumen

Schließlich sehen wir am oberen Ende des Kegels die Alltagsrealität oder besser „Konsensusrealität", mit ihren Objekten und Teilen. Aus dieser Darstellung wird ersichtlich, wie sich sowohl das Traumland als auch die Konsensusrealität aus dem Träumen heraus entwickeln.

Machen Sie sich keine Sorgen darüber, alle Einzelheiten dieses Diagramms zu erfassen, da wir später noch einmal darauf zurückkommen werden. Der Zweck dieses Diagramms besteht darin, die Urhandlung des Träumens aufzuzeigen und Sie auf die Schulung Ihrer Aufmerksamkeit und das Erlangen von Luzidität vorzubereiten.

Mit zunehmender Luzidität nehmen Sie wahr, daß alles, was Ihre Aufmerksamkeit erweckt, *alles*, einschließlich plötzlicher Einfälle, Symptome, Beziehungsthemen und Weltereignisse, von Tendenzen, vom Träumen, eingeleitet wird. Wir werden zusammen entdecken, inwiefern *im Träumen zu leben* bedeutet, in einer nichtdualistischen Welt mit weniger Spannungen und weniger Angst zu leben.

Ich habe dies von der Physik und der Weisheit der Ureinwohner gelernt. Sie können es vom Buddhismus, von diesem Buch und von sich selbst lernen, indem Sie Ihren eigenen Erfahrungen nachspüren und luzid leben. Es sind keine besonderen Fähigkeiten erforderlich. Jeder kann wiedererlernen, wie man in der träumenden Welt lebt. Die Macht, Zugang zur Traumzeit zu erlangen, ist jedermanns natürliches Erbe. Sie müssen lediglich Ihre Aufmerksamkeit umschulen, um Tendenzen wahrzunehmen, die Sie in Alltagsbegriffen kaum formulieren können. Die Schulung Ihrer Aufmerksamkeit wird Ihnen erlauben, in jener unglaublichen und beeindruckenden Realität zu leben, der träumenden Kraft hinter dem Alltagsleben.

Zur Erinnerung

Das Träumen bedeutet für die indigene Sicht der Realität, was das Quantenfeld mit seinen Tendenzen, imaginären Zeiten und seiner ungebrochenen Ganzheit für die Sicht der Realität heutiger Physiker bedeutet.

Mit zunehmender Luzidität nehmen Sie wahr, daß alles, was Ihre Aufmerksamkeit erregt, *alles*, einschließlich plötzlicher Einfälle, Symptome, Beziehungsthemen und Weltereignisse, von Tendenzen, vom Träumen, eingeleitet wird.

Kapitel 2
Luzidität und Traumarbeit
Abtrennung, ursprüngliches Bewußtsein und Schulung der Luzidität

Der Sinn, der sich aussprechen läßt, ist nicht der ewige Sinn.
Der Name, der sich nennen läßt, ist nicht der ewige Name.
„Nichtsein" nenne ich den Anfang von Himmel und Erde.
„Sein" nenne ich die Mutter der Einzelwesen.
Darum führt die Richtung auf das Nichtsein
zum Schauen des wunderbaren Wesens.[11]

Im letzten Kapitel erwähnte ich, daß vierundzwanzig Stunden luzid zu träumen die Fähigkeit bedeutet, Tendenzen kontinuierlich wahrzunehmen, die Ereignissen vorausgehen, jenen träumenden Hintergrund wahrzunehmen, der den Alltag verursacht. Wenn ich vom „Träumen" spreche, meine ich, daß wir unsere spürenden Fähigkeiten benutzen, um das Aufsteigen einer Erfahrung zu erkennen, noch bevor sie sich formulieren kann. Üblicherweise bezieht sich „Träumen" auf Phantasien und Träume, die sich nachts ereignen.

Angenommen, Sie sind ein wenig paranoid und träumen und phantasieren, die Menschen würden Sie nicht mögen. Diese Träume und Phantasien sind „normales" Träumen. Verfügen Sie jedoch über Luzidität und wären imstande, vierundzwanzig Stunden luzid zu träumen, würden Sie wahrnehmen, wie unglaublich sensibel, ja sogar außerordent-

---

[11] Laozi: *Taoteking. Das Buch vom Sinn und Leben*, Richard Wilhelm (Hrsg.). München: Diederichs, 1995, S.41

lich sensibel Sie bestimmten Gefühlen gegenüber sind, als wären Sie eine Blume, die die leichtesten Veränderungen des Windes wahrnimmt. Diese Sensibilität ist eine Tendenz, die Ihrer Annahme, daß andere Sie nicht mögen, vorausgeht. Mit zunehmender Luzidität erhöht sich Ihre Sensibilität, und in der Folge werden Sie weniger in dualistische Erfahrungen von „ich" und „die anderen" verwickelt. Es ist einzig das Gewahrsein der Sensibilität vorhanden.

Während Tausenden von Jahren war es für viele Menschen ein spirituelles Ziel, jene Tiefe der Erfahrungen zu erreichen, die für vierundzwanzig Stunden luzides Träumen charakteristisch ist. Taoisten bezogen sich auf Träume, Phantasien und die Alltagsrealität als das Tao, das ausgedrückt werden kann, und warnten, es sei *nicht das ewige Tao*. Seit mindestens dreitausend Jahren sprechen Taoisten von Weisen, die das Tao, das nicht gesagt werden kann, unmittelbar erfahren haben. Man könnte annehmen, sie sprächen vom vierundzwanzig Stunden luziden Träumen und von dem Träumen, auf das sich die Ureinwohner Australiens beziehen.

Chuangzi, der alte chinesische Weise, bezeichnete das Tao als die „Urkraft". Mit seinen Worten: „Es muß eine Urkraft geben, doch wir können keinen Beweis dafür entdecken. Ich glaube, sie handelt, doch ich kann sie nicht sehen. Ich kann sie fühlen, doch sie hat keine Form."[12]

Patanjali, der legendäre indische Yoga-Meister, empfahl im 4. Jahrhundert, „den Prozeß des Träumens oder den traumlosen Schlaf zu bezeugen".[13] Man könnte meinen, er habe empfohlen, Luzidität über die spürende Erfahrung zu erlangen, die gewöhnlichen Träumen vorangeht. Kurze Zeit später kamen tibetische Buddhisten auf eine von ihnen als „Traum-Yoga" benannte Methode, deren Ziel darin bestand, Tag und Nacht luzid zu sein. In *Schlaf, Traum und Tod* definiert der Dalai Lama Traum-Yoga in tibetischen Traditionen als „eine Praxis, die dem entspricht, was im Westen als luzides Träumen bezeichnet wird."[14]

In der westlichen Tradition bezieht sich luzides Träumen auf das im Schlaf erfolgende Erwachen in Träumen. Im Gegensatz dazu hat der

---

12 *Chuangzi* übers. von Gia-Fu Feng und Jane English. New York: Vintage Books, 1974, S. 24.
13 Siehe A. Shearers hervorragende Übersetzung des Originalwerks *Effortless Being. The Yoga Sutras of Patanjali*. London: Unwin, 1989, S. 64.
14 Siehe die wunderbare Mischung des Dalai Lama zwischen wissenschaftlichem und spirituellem Denken in: Francisco Varela, *Traum, Schlaf und Tod. Grenzbereiche des Bewußtseins: der Dalai Lama im Gespräch mit westlichen Wissenschaftlern*. München: Diederichs, 1998.

Traum-Yoga ein umfassenderes Ziel vor Augen, das vierundzwanzig Stunden luzides Träumen mit einschließt, das heißt, der spürenden Zustände gewahr zu sein, die allen Arten von Denken und Wahrnehmen vorausgehen. Tibetische Mönche beziehen sich auf dieses umfassendere Ziel als „das Große Erwachen".

Wie wir im letzten Kapitel gesehen haben, betrachten gegenwärtige und alte indigene Traditionen die Alltagswelt als eine Art Blume, die aus der träumenden Erde wächst. Der geschichtlichen Überlieferung nach bedurfte ein Mensch keines besonderen Rufes, um zu bemerken, daß die Realität aus der träumenden Erde aufsteigt; diese Praxis gehörte zur Entwicklung aller und war fester Bestandteil des Glaubenssystems.

Nach dem Stamm der Nai-mus-ena in Südamerika beispielsweise begann die Realität als ein traumähnliches Fragment ihrer großen Gottheit.[15] Und auch die frühen indischen Philosophen lehrten, die Welt sei aus der Traumkraft des Gottes Brahma entstanden.[16]

Die Hopi nannten ihren Schöpfer „A'NE HIMU", ein „machtvolles Etwas", das alle Manifestationen erschuf. Beachten Sie, daß dieses machtvolle „Etwas" kein direktes verbales Gegenstück im Alltagsleben besitzt. Es handelt sich um eine Kraft des Universums, die die gesamte reale Welt erschafft.

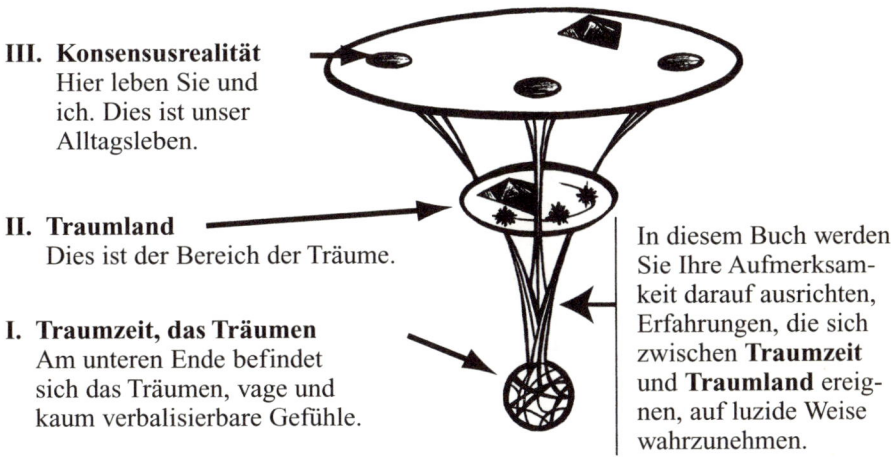

III. Konsensusrealität
Hier leben Sie und ich. Dies ist unser Alltagsleben.

II. Traumland
Dies ist der Bereich der Träume.

I. Traumzeit, das Träumen
Am unteren Ende befindet sich das Träumen, vage und kaum verbalisierbare Gefühle.

In diesem Buch werden Sie Ihre Aufmerksamkeit darauf ausrichten, Erfahrungen, die sich zwischen **Traumzeit** und **Traumland** ereignen, auf luzide Weise wahrzunehmen.

---

15 Coxhead und Hiller: *Dreams*, S. 4.
16 Ebd., S. 7.

Sie mögen sich an die Abbildung am Ende von Kapitel 1 erinnern, die darstellt, wie die Konsensusrealität aus dem Traumland und dem Träumen heraus entstand. Sie erscheint auf Seite 31 noch einmal.

Die Realität kommt vom Träumen

Ebene III, der Bereich der Konsensusrealität, befindet sich ganz oben. Das Traumland besteht aus Nachtträumen und Phantasien, die plötzlich während des Tages auftreten können. Träumen ist die Wurzel aller Dinge. Es ist Chuangzis „Urkraft" oder „das Tao, das nicht gesagt werden kann", das australische Träumen, Brahma, das „machtvolle Etwas" und die Gottheiten der Ureinwohner Amerikas, die das Träumen personifizieren.

In der Welt der Hopi ist die Alltagsrealität bereits „manifest"; sie betrachten reale Objekte als Teil der Vergangenheit. Mit anderen Worten, das Hopi-Konzept der Vergangenheit entspricht für alle anderen der Gegenwart, da nach dem Hopi-Denken die gegenwärtige Alltagsrealität die Folge einer Erfahrung ist, die sich bereits entfaltet hat. Die Hopi beziehen sich nicht auf Vergangenheit, Gegenwart und Zukunft, sondern sprechen statt dessen von Gegenwart und Vergangenheit als „dem, was manifest ist". Die Zukunft ist „das, was sich zu manifestieren beginnt". Die Zukunft ist das Träumen, das sich noch nicht entfaltet hat.

Die spürende Erfahrung der Nicht-Konsensusrealität ist eine Tendenz, die sich noch nicht im Sinne der Alltagskonzepte manifestiert hat. Mit der Technik, vierundzwanzig Stunden luzid zu träumen, nimmt man das Träumen wahr, man beachtet aufflackernde Signale wie plötzliche Gefühle, die man nicht erklären kann. Diese Erfahrung ist weiter entfernt vom Alltagsbewußtsein und erfordert für die meisten von uns, die wir in Mainstreamkulturen leben, eine Umschulung der Aufmerksamkeit, die uns zur Wahrnehmung dieser Signale befähigt.

Wie wir aus dem letzten Kapitel wissen, kann gemäß den australischen Aborigines nichts in der Alltagsrealität existieren, das nicht zuvor bereits im Träumen existiert hätte. Die Kulturen der Ureinwohner unterstützten Stammesangehörige in der Wahrnehmung des Träumens in der Gegenwart, da der Kontakt mit dem Träumen eine gute Zukunft garantierte.

Musik steht dem Träumen sehr nah.

In manchen Stämmen geht eine Person nach dem Erwachen als erstes in den Busch oder an die Küste und schafft ein Lied nach den Träumen der vorangegangenen Nacht. Sie glauben, daß die Tiere und Vögel den gesungenen Traum hören und erkennen, daß die singende Person mit der inneren Welt in Verbindung steht, und helfen ihr deshalb beim täglichen Jagen und Sammeln.[17]

Spirituelle Lehrer des neuzeitlichen Indien wie Sri Ramana Maharshi (1873–1950) betonten die Bedeutung eines Lebens nah am Träumen, dem Zustand, den sie „natürliches Leben" nannten; jene Einheit, die der Dualität vorangeht. Die indische Parallele zu vierundzwanzig Stunden luzidem Träumen bildet der hinduistische *sahaja samadhi*. Die *Encyclopedia of Eastern Philosophy and Religion* definiert den Sanskritbegriff *samadhi* als „einen Bewußtseinszustand jenseits von Wachen, Träumen und Tiefschlaf" und *sahaja* als „den natürlichen Zustand".

Ein weiterer spiritueller Lehrer, dessen Lehren das Träumen mit einbezogen, war Sri Aurobindo (1872–1950), der als indischer Nationalist und mystischer Philosoph eine Transformation durchlebte, während er 1908 wegen des Vorwurfs der Beteiligung an terroristischen Aktionen im Gefängnis saß. Er verließ das Gefängnis als großer spiritueller Lehrer und wies auf verschiedene Methoden hin, um luzid zu werden in dem göttlichen natürlichen Zustand, der das Leben hervorbringt.

Luzides Träumen

Anstatt den Fokus auf das Träumen selbst zu richten, haben sich westliche Ansätze zum luziden Träumen bislang auf das Erlangen von Luzidität in Nachtträumen konzentriert. Zu diesem Zweck haben moderne Lehrer wie Rudolf Steiner verschiedene Aspekte des luziden Träumens studiert. In den 70er Jahren lernten sowohl Alan Worsley in Großbritannien als auch Stephen La Berge in Kalifornien, nachts luzid zu träumen, und erzielten wissenschaftliche Durchbrüche in der

---

17 Robert Lawlor: *Am Anfang war der Traum. Die Kulturgeschichte der Aborigines*. München: Droemer Knaur, 1993, S. 40.

Traumforschung. Sie entdeckten, inwiefern Rapid-Eye-Movements, für sogenannte REM-Phasen typische rasche Augenbewegungen, darauf hinwiesen, daß eine Person gerade einen Traum durchlebt.

Rapid-Eye-Movements spiegeln die Bewegungen der Augen des Träumenden. Blickt der Träumende in einem Traum nach oben, bewegen sich auch die Augenbrauen nach oben. REM-Phasen können mittels EEG oder Elektroencephalogramm erkannt werden. Dank spezieller Schulung sowie mit Hilfe der Augenbewegungen während der REM-Phase konnten Menschen zum ersten Mal in der Wissenschaftsgeschichte von der Welt des Träumens berichten, und zwar während des Träumens. So wurde das westliche Konzept des luziden Träumens mit dem Erwachen in einem Traum in Verbindung gebracht.[18]

Vierundzwanzig Stunden luzid träumen

Der Dalai Lama wies unlängst darauf hin, daß tibetische Yogis Luzidität zunächst in der Meditation entwickeln, darauf in ihren Träumen und schließlich in tiefen, meditativen Zuständen während des Alltags. Der Dalai Lama nannte das Erreichen einer solchen Luzidität „die Große Verwirklichung".

Gemäß dem Dalai Lama ist die Große Verwirklichung ein „ursprüngliches Bewußtsein", das sich im Wachbewußtsein manifestieren kann, ohne daß sich der Praktizierende in einem Zustand der Meditation befindet. Es soll sich mitunter „zwischen Gedanken" ereignen. „Es ist ... die grundlegende, ursprüngliche Natur des Bewußtseins selbst. ... Als

---

18 Neuere Forschungen der Traumpsychologin Jayne Gackenback erweitern La Berges Konzept des luziden Träumens. In ihren Gesprächen mit dem Dalai Lama in *Schlaf, Traum und Tod* (S. 92 ff.) definiert Gackenback neue Aspekte des Bewußtseins zusätzlich zum luziden Nachtträumen. Sie spricht vom „Zeugenbewußtsein" als einem friedvollen inneren Gewahrsein oder einer Wachheit, die sich vollkommen vom Traum unterscheidet. „Vom Traumzeugen wird gesagt, daß die Person zwar den Traum manipulieren könnte, aber einfach nicht den Wunsch verspürt, es zu tun. ... Ich möchte nun noch einen dritten Zustand einführen, den vom Zeugenbewußtsein im Tiefschlaf. Dieser wird als traumloser Schlaf beschrieben, aller Wahrscheinlichkeit nach unter nicht-REM-Bedingungen, in dem man in einem ruhigen, friedlichen Zustand innerer Bewußtheit oder Gegenwart weilt — ein Gefühl unendlicher Ausdehnung und Freude, und sonst nichts." Weiterhin sagt Gackenback, daß luzide Träume aus jedem Traum entstehen können. „Und was dort entsteht, ist ‚Selbstreflexion'".

solches bildet es die Grundlage für alle mentalen Inhalte."[19] Dies ist noch eine weitere ewige Beschreibung dessen, was ich vierundzwanzig Stunden luzid träumen nenne.

Ihre persönliche Erfahrung des Träumens

Zur Veranschaulichung des universellen Interesses am Träumen und seiner grundlegenden Verbindung zu spirituellen Traditionen habe ich bislang auf verschiedene Lehren über vierundzwanzig Stunden luzides Träumen verwiesen.

Damit Sie vierundzwanzig Stunden luzid Träumen verstehen, werden Sie schon bald die Gelegenheit haben, Ihre eigene Erfahrung des Träumens zu erforschen. Doch lassen Sie mich zunächst etwas mehr über die Art und Weise sagen, in der sich das Träumen zeigt. Das Träumen drückt sich aus in Ihrem Bewußtsein, in allem, was Sie wahrnehmen. Es äußert sich in Ihren Alltagserfahrungen ebenso wie in Form Ihrer Träume, Phantasien und noch nicht verbalisierten spürenden Erfahrungen.

Wenn diese Traumerfahrungen sich zu manifestieren beginnen, erscheinen sie als subtile oder flackernde, nonverbale Sinneswahrnehmungen, Stimmungen und Intuitionen, die nur schwer in Worte zu übersetzen sind und die Sie selten mit Ihrem Alltagsverstand erfassen können.

Als nächstes erscheint das Träumen in Ihrem Bewußtsein in Form von fortdauernden und nicht mehr flackernden Signalen, Ideen und Wahrnehmungen. Sie bezeichnen diese Signale, Ideen und Wahrnehmungen wahrscheinlich als Schmerzen, Kummer, Träume und Gedanken. Der Hauptunterschied zwischen diesen Erfahrungen und den früheren subtilen, flackernden Sinneswahrnehmungen besteht darin, daß diese fortdauernden Wahrnehmungen in der Alltagssprache formuliert werden können.

---

19 Der Dalai Lama fährt fort: „Es ist eine Methode des tibetischen Traumyoga, die schlafende Person sanft mit den Worten ‚du träumst jetzt' anzusprechen, sobald man Anzeichen dafür hat, daß sie träumt" (Traum, Schlaf und Tod, S. 94). Im Glossar des Buches (S. 209) definiert er den Traumkörper ebenso wie den Traumyoga. „Traumkörper. Der in physischer Form erscheinende Körper im Traumzustand. Innerhalb des höchsten Yoga-Tantra schulen sich die yogischen Übungen der Vollendungsstufe im Umgang mit dem Traumkörper zur Simulation eines *Illusionskörpers*."

So zeigt sich das Träumen auf mindestens zwei Arten:

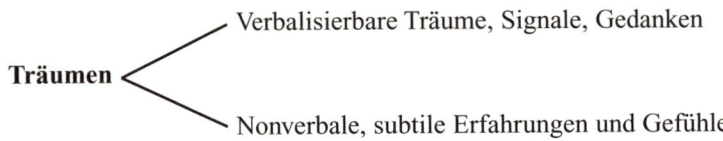

Wenn Sie wie die meisten Menschen sind, konzentrieren Sie Ihre Aufmerksamkeit auf Ihre verbalisierbaren Erfahrungen wie Beobachtungen, Ideen und Träume. Zur Wahrnehmung subtilerer, nicht verbalisierbarer Erfahrungen und Gefühle ist eine Art Umschulung oder Er-innerung nötig. „Er-innern" bedeutet, den Geist zu beobachten, den Sie bereits besitzen.

Trotz der universellen Bedeutung des Träumens als Grundlage des Bewußtseins werden Sie es vermutlich übergehen, da der kognitive Teil Ihres Verstandes dessen Bedeutung nicht unmittelbar erfassen kann. Das Tao, das nicht gesagt werden kann, ist in der Tat genau dies – nonverbal. Man kann vorher nicht genau wissen, was die vagen Erfahrungen des Träumens bedeuten. Deshalb sollten Sie für das folgende Experiment Ihren Verstand darum bitten, geduldig zu sein und sich zu entspannen, damit Ihre Aufmerksamkeit bei Erfahrungen verweilen kann, bevor es möglich wird, sie zu verstehen.

Nehmen Sie sich die Freiheit zu erkunden, zu forschen und genau auf Ihre Erfahrungen zu achten. Ich schlage vor, daß Sie die folgenden Fragen und Antworten Satz für Satz lesen und beantworten und für die nächsten paar Minuten Ihren inneren Erfahrungen nachgehen. Dabei ist es nützlich, Stift und Papier zur Hand zu haben. Ich hoffe, daß Ihnen diese Selbsterforschung Vergnügen bereitet.

Forschende innere Arbeit

Beginnen Sie dort, wo Sie gerade sitzen oder liegen, damit, Ihren Körper und Ihre Gefühle abzutasten; fragen Sie sich sanft nach Ihrer Erfahrung. Welche Empfindungen spüren Sie gerade jetzt? Ist es Ihnen möglich, sie in Worte zu fassen? Dies bedarf Ihres gewöhnlichen, bewußten Gewahrseins.

Bitten Sie nun Ihren kognitiven Verstand, eine Minute zu ruhen. Entspannen Sie sich, und holen Sie einmal Luft. Wenn Sie bereit sind, erforschen Sie Ihre Erfahrung und überprüfen Sie andere Gefühle, die Sie haben mögen, Gefühle, die noch nicht formuliert worden sind. Dies könnte dabei helfen, nichtwissend, verschwommen und offen zu sein. Das Erspüren subtiler Gefühle entwickelt Ihr „ursprüngliches Bewußtsein", das heißt Ihre Luzidität.

Seien Sie geduldig mit Ihrem Gewahren dieses unformulierten Bereichs Ihrer Erfahrung. Geben Sie sich Zeit, diesen Bereich zu erkunden. Nehmen Sie nonverbale Erfahrungen wahr, indem Sie so luzid wie möglich sind. Stellen Sie sich vor, Sie sind eine Forscherin, die ein unbekanntes Gebiet des Lebens erkundet. Vielleicht nehmen Sie Entspannung oder nervöse Gefühle oder Anspannung wahr.

Gehen Sie jetzt weiter; nehmen Sie diese subtilen Empfindungen wahr, während sie sich verändern, entfalten oder zu Bildern oder anderen Gefühlen werden, und folgen Sie ihnen. Dazu fokussieren Sie einfach geduldig, sanft und exakt auf diese subtilen Erfahrungen. Halten Sie sie fest und beobachten Sie ruhig, wie sie sich entwickeln. Geben Sie ihnen Zeit; sie werden in Form von Bildern, Klängen, Bewegungen, Geschichten, Liedern und so weiter etwas über sich selbst aussagen, sich zeigen und erklären. Notieren Sie die Begebenheiten, die Sie wahrnehmen. Haben Sie nun, da sich diese Begebenheiten in Form von Bildern oder Gedanken entfaltet haben, eine Ahnung von ihrer möglichen Bedeutung?

Fragen Sie sich als nächstes nach Ihren Träumen der letzten Zeit. Erinnern Sie sich an einen Traum, den Sie kürzlich hatten? Wenn nicht, betrachten Sie den letzten Traum, an den Sie sich erinnern, selbst wenn er Jahre zurückliegt. Wer kam darin vor? Was taten Sie in dem Traum? Erinnern Sie sich, wie sich die Atmosphäre in dem Traum anfühlte?

Beschäftigen wir uns nun mit einer neuen Art der Traumarbeit. Rufen Sie sich die Ergebnisse des Träumens ins Gedächtnis, das heißt, des luziden Erforschens Ihrer subtilen Erfahrungen. Finden die Erfahrungen, die von Ihren subtilen Empfindungen stammen, auf irgendeine Art und Weise Ausdruck in Ihren Träumen? Stellen Sie einmal Vermutungen darüber an, wo die subtilen Empfindungen in Ihren Traum hineinpassen könnten. Befinden sie sich im Hintergrund des Traumes, oder erscheinen Sie direkt im Traum als eine seiner Figuren oder Ereignisse? In welcher Art und Weise erklären Ihre subtilen Empfindungen Ihren

Traum? Luzidität über traumähnliche Tendenzen und Empfindungen zu erlangen kann Ihnen einen Hinweis geben für Ihr Leben in diesem Moment und darauf, wer Sie sind und wie Sie Ihr Alltagsleben auf Ihr Träumen ausrichten können. Versuchen Sie, diese Hinweise darauf, wer Sie sind oder was Ihre Richtung im Leben ist, zu spüren. Was brauchen Sie, um näher an jenen Empfindungen zu leben?

In dieser kurzen Übung haben Sie die Tendenzen erforscht, die Laozi „das Tao, das nicht gesagt worden ist" nannte. Sie mögen wahrgenommen haben, auf welche Art und Weise Ihre tiefsten, nahezu unformulierbaren Erfahrungen und Tendenzen zu einem Verständnis der Bilder in Ihren Träumen führen.

Das Entscheidende ist, daß Träumen die Wurzel der Realität darstellt. Luzidität ist Ihnen dabei behilflich, Träume zu verstehen, und mag sogar dem Verständnis Ihrer Körpersymptome dienlich sein. Mit anderen Worten, indem Sie Luzidität über das Träumen in Form von Gefühlen und Körperempfindungen erlangen, gewinnen Sie eine neue Sicht auf Träume und vielleicht auf einige der geheimnisvollen Erfahrungen, die Sie im täglichen Leben gemacht haben. Nehmen Sie sich einen Moment Zeit, und denken Sie über Ihr Alltagsleben nach. Überlegen Sie sich die Bedeutung von Luzidität über das Träumen, über subtile Tendenzen, und inwiefern diese Ihnen eine neue Orientierung ermöglichen könnten.

Indem Sie sich in dieser Fähigkeit üben, werden Sie feststellen, inwiefern eine erhöhte Luzidität Ihr Gefühl für das Alltagsleben bereichert. Während Sie lernen, sich zwischen dem Träumen und der Realität vor- und zurückzubewegen, werden Sie allmählich spüren, wie das Alltagsleben aus dem Träumen entsteht und wie das Träumen einem magischen Symbol für eine mystische Realität gleichkommt.

Die Abtrennung vom Träumen

Luzidität lehrt Sie, daß der Ursprung Ihrer Gedanken, Beobachtungen und Träume genau in diesem Moment liegt, im Hintergrund der alltäglichen Konsensusrealität. Während Sie am Tag zunehmend luzider werden, können Sie vorhersagen, was Sie denken, träumen und tun werden, noch bevor Sie abends schlafen gehen.

Vielleicht besteht der einzige Grund, warum Nachtträume mitunter so schwer verständlich zu sein scheinen, darin, daß man gewöhnlich Tendenzen, vagen Empfindungen, Ahnungen, Gefühlen, Kummer und Schmerzen nicht genug Aufmerksamkeit schenkt. Man nimmt das Träumen erst dann wahr, wenn es zum Punkt der Entfaltung gelangt, wenn eine Körperempfindung bereits schmerzt. Sie schenken Ihren Gedanken wahrscheinlich nur dann Aufmerksamkeit, wenn sie schon annähernd formuliert sind. Mit zunehmender Luzidität werden Sie Ihre Erfahrungen wahrnehmen, bevor sie die Ebene erreichen, auf der sie deutlich gefühlt, überdacht und erinnert werden können.

Der psychologische Grund dafür, das Träumen zu ignorieren, besteht darin, daß Sie gelernt haben, sich von diesen elementaren Tendenzen, Empfindungen, präverbalen Gefühlen und Gedanken abzutrennen. Folglich tendieren Sie heute dazu, all das, was Sie nicht mit Ihrem gewöhnlichen Verstand erfassen können, zu übergehen und sich davon abzutrennen.

Mit anderen Worten: Träume sind nicht deshalb schwer verständlich, weil sie auf natürliche Weise geheimnisvoll wären, sondern weil Sie sich selbst von ihrer Quelle abgetrennt haben. Aus unserer sich entwickelnden Perspektive der Luzidität sind Träume das Produkt des Träumens, so wie ein Baum die Folge seines Samens in der Erde ist.

Nachdem sie entdeckt haben, daß Luzidität Träume erklärt, mögen sich manche Menschen fragen, ob das Nachtträumen durch zunehmende Luzidität tagsüber beendet wird. Ganz und gar nicht. Die Träume werden nicht aufhören. Sie scheinen eher klarer zu werden. Mit anderen Worten, die Träume verschwinden nicht, während man Luzidität erlangt; sie werden verständlicher.

Ein persönliches Beispiel

Eines Abends, während ich mit der Arbeit an diesem Buch begann, träumte ich, daß ich in eine Stadt namens Livingstone fuhr. Als ich am nächsten Morgen erwachte, assoziierte ich zu dem Ort. Zu dem Namen „Livingstone" assoziierte ich einen Stein, einen lebendigen Stein, den Stein der Alchemisten. Der Stein war das Ziel der Essenz ihres Werkes, des *Opus Magnum* oder *Großen Werks*. Ziel dieses Werkes war es,

Unsterblichkeit zu erlangen oder steinähnlich zu werden, das heißt unveränderlich und frei von Zeit.

Sobald ich mir diese Assoziationen zu dem Wort Livingstone ins Gedächtnis rief, dachte ich: „Aha! Das ist es! Livingstone ist ein Teil von mir, der unsterbliche Teil; es ist ein Ort, an den ich reise." Jetzt verstand ich meinen geheimnisvollen Traum. Er hat mit dem Weg zu tun, auf dem ich mich mit diesem Buch befinde. Mein Traum handelt von Unsterblichkeit, von demjenigen Teil unserer selbst, der frei ist von Zeit und sozialen Zwängen.

Das Assoziieren zu Träumen ist eine der machtvollsten und populärsten Methoden, die wir zum Verständnis von Träumen besitzen. Vor etwa einhundert Jahren brachten Freud und Jung uns das Assoziieren zu Traumbildern bei, und diese machtvolle Methode mag sogar noch wesentlich weiter zurückreichen.

Die Frage, die sich an dieser Stelle ergeben könnte, lautet folgendermaßen: Warum müssen wir zu einem Traum assoziieren, um seine Bedeutung zu verstehen? Anders gefragt, könnte diese Frage auch lauten: Wie haben wir uns überhaupt von unseren Träumen abtrennen können? Warum brauchte ich die Assoziation zu Livingstone, um den Traum zu verstehen?

Diese Frage beantwortet sich aus der Erfahrung; man trennt sich vom Träumen ab, indem man Tendenzen marginalisiert, da sie dem gewöhnlichen Verstand zu vage, zu unverständlich sind. Würden wir uns nicht vom Träumen abtrennen, müßten wir nicht zu unseren Träumen assoziieren, um ihre Bedeutung zu entdecken. Dies führt uns zu einer anderen Frage: Wovon genau habe ich mich abgetrennt in meinem Traum von Livingstone? Worin bestand das Träumen hinter meinem Traum von Livingstone? Was war der Kern dieses Traums?

Am Abend vor dem Traum fühlte ich mich sehr entspannt, sehr „stoned", eine Empfindung, die bis in den nächsten Tag hinein fortdauerte. Die unbestimmte Empfindung hinter dem Traum besteht in einem Gefühl von Zeitlosigkeit und Losgelöstheit. Ich ignorierte dieses Gefühl, und so erinnerte mich der Traum an dieses Gefühl ebenso wie an die Traumerfahrung hinter dem als „Livingstone" benannten Traumbild.

Bisher drehen sich große Teile der Psychotherapie und Traumarbeit um den Prozeß, sich wieder mit Gefühlen und Handlungen zu verbinden, die vom Alltagsbewußtsein abgespalten wurden. Unser neues Konzept, vierundzwanzig Stunden luzid zu träumen, rückt das Therapiekonzept näher an die spirituelle Praxis heran. Anstatt zu Träumen zu assoziieren, können wir lernen, mit dem Träumen in Kontakt zu treten, bevor die Abtrennung stattfindet, und erlangen auf diese Weise die Fähigkeit, Träume zu verstehen, noch bevor sie sich ereignen.

Vierundzwanzig Stunden luzid zu träumen bedeutet, jeden Augenblickes gewahr zu werden, subtile Gefühle, die Samen der Realität, zu beachten, *bevor* sie sich entfalten und in jene Teile differenziert werden, die in Träumen und Symbolen erscheinen.

Zur Erinnerung

Dem alten chinesischen Weisen Chuangzi gemäß war das Tao „die Urkraft". Er sagte: „Es muß eine Urkraft geben, doch wir können keinen Beweis dafür entdecken. Ich glaube, sie handelt, aber ich kann sie nicht sehen. Ich kann sie fühlen, doch sie besitzt keine Form."[20]

Das Träumen erscheint im Alltagsleben zunächst in Form aufflackernder, nonverbaler Sinneswahrnehmungen, Stimmungen und Intuitionen. Später erscheint es in Gestalt fortdauernder Signale, Ideen und Wahrnehmungen, als verbalisierbare Träume und Visionen, die in Begriffen der Alltagssprache zum Ausdruck gebracht werden können.

Wenn man sich vom Träumen abtrennt, muß man zu Träumen assoziieren.

---

20 Chuangzi, S. 24.

Kapitel 3

Erleuchtung, Ost und West
Ein multikulturelles Verständnis von Erleuchtung

Im Buddhismus bedeutet „Erleuchtung" einen „endgültigen glückseligen Zustand, der durch die Abwesenheit von Verlangen oder Leiden gekennzeichnet ist".[21]

In Kapitel 2 sahen wir, daß die Arbeit von Stephen La Berge über luzides Träumen den Ursprung des westlichen Konzepts der Luzidität bildet. Für La Berge bedeutet luzides Träumen, sich seiner selbst bewußt zu werden, während man nachts träumt und indem man während des Träumens wahrnimmt, daß man träumt. Er wies darauf hin, daß man luzides Träumen zur Interaktion mit Figuren, zur Vermeidung von Alpträumen sowie zur Lösung von Problemen benutzen könne.

Die Methode, vierundzwanzig Stunden luzid zu träumen, erweitert das Konzept der Luzidität, indem es Sie dazu ermuntert, des gesamten Prä-Traumstadiums gewahr zu werden – des vagen Feldes von Erfahrungen, die sich ereignen, noch bevor man einen Traum hat. Ich schlage eine neue Bedeutung für den Begriff Luzidität vor: Gewahren der Quelle des Traums, Gewahren des Tao, das nicht gesagt werden kann.

Bis jetzt bedeutete Luzidität, in einem Traum zu spüren, daß man sich selbst in einer Gruppe von Figuren, Ereignissen und Objekten befindet. Ich würde mir wünschen, daß der Begriff Luzidität von nun an nicht nur das Wissen darum umfaßt, daß man in Nachtträumen träumt, sondern auch die Wahrnehmung dessen, daß man träumt, noch bevor in der Nacht Traumfiguren entstehen.

---

21 Aus *Merriam-Webster's Collegiate Dictionary*, electronic edition, 1.5, 1994–96.

Die folgenden zwei Abbildungen stellen diese beiden verschiedenen Bedeutungen dar. Der ganze Kreis zur Linken mit allen seinen Figuren soll Ihren Nachttraum repräsentieren. Rechts sehen Sie Ihren Traum noch einmal, doch dieses Mal ist der gesamte Kreis schattiert. Der schattierte Bereich repräsentiert die subtilen Empfindungen und Gefühle im Hintergrund des Traums, jene spürenden Erfahrungen, die den Traum verursachten. Ihr gewöhnliches Alltagsselbst wird in beiden Darstellungen durch die Figur im inneren Kreis verkörpert.

Die ursprüngliche und die neue Bedeutung der Luzidität

Links sind Sie luzid darüber, sich in einem Traum zu befinden. Rechts sind Sie luzid über das Träumen, den (schattierten) Bereich des Spürens, der den Traum hervorbringt.

Nach der ursprünglichen Bedeutung des luziden Träumens, dargestellt durch das erste Bild links, sind Sie eine sich umherbewegende Figur, die ihrer selbst und anderer Figuren in einem Traum gewahr ist.

Auf dem rechten Bild, der neuen Bedeutung des luziden Träumens gemäß, identifizieren Sie sich nicht mehr nur mit sich selbst, sondern vielmehr mit dem gesamten Träumen, das die Figuren im Traum hervorruft. Eine dieser Traumfiguren ist das Alltags-Ich. Ihre neue Identität hingegen geht mit der spürenden Erfahrung hinter dem Traum einher, die nicht ganz in Worte gefaßt werden kann. So identifizieren Sie sich mit dem unterschwelligen, vom Bereich des Spürens (der gesamte schattierte Bereich) herstammenden Gefühl, das den Traum und alle seine Teile hervorruft, natürlich einschließlich Ihres Kleinen Ich.

Gemäß der neuen Bedeutung des luziden Träumens spüren Sie die vagen Empfindungen des Träumens und identifizieren sich mit ihnen. Wenn Sie sich diese Empfindungen als eine Art Suppe vorstellen, ist Ihre neue Identität der flüssige Teil der Suppe ebenso wie alle anderen Figuren einschließlich des Kleinen Ich.

Ein Beispiel

Ziehen wir ein Beispiel heran zum leichteren Verständnis der neuen Bedeutung, vierundzwanzig Stunden luzid zu träumen. Eines Abends erfuhr einer meiner Klienten, dem es eigentlich ganz gut gegangen war, eine Frustration, weil seine Computer-Software nicht mehr richtig funktionierte. Sobald sein Computer Schwierigkeiten machte, fühlte er, wie er sich anspannte. Bald wurde er so ärgerlich, daß er Lust bekam, seinen Computer zum Fenster hinauszuwerfen. Er hatte nun die Wahl, seine Frustration entweder zu ignorieren oder sie wahrzunehmen, obwohl sie nur von kurzer Dauer war.

Da wir gemeinsam an Luzidität gearbeitet hatten, nahm er wahr, daß er wählte, sich von seiner Frustration abzutrennen. Durch diese Wahl fühlte er sich aber nicht besser; sie marginalisierte bloß sein Unbehagen, und er fühlte sich schlechter.

Um es kurz zu machen: Nachdem er einen Moment lang sein Schicksal verfluchte, realisierte er, daß er, um das Computerproblem zu lösen, mit seinem Frustrationsgefühl Geduld haben müsse, anstatt es beiseitezuschieben oder zu marginalisieren. Er sagte: „Ich entschied mich, damit aufzuhören, alles zu übergehen. Ich versuchte, diese Frustration zu fühlen und ihre unformulierbaren Wurzeln zu erfahren. Dies hatte den paradoxen Effekt, daß ich mich entspannte, was es mir ermöglichte, das Problem tatsächlich zu lösen. Da es schon spät war, ging ich zu Bett."

In jener Nacht träumte er von einem hyperaktiven Kind, das wütend geworden war, da es irgendwie sein Fahrrad kaputt gemacht hatte. Er beruhigte das Kind und reparierte sein Fahrrad. Als er am Morgen erwachte, verstand er seinen Traum sofort, da er am Abend zuvor Luzidität erlangt hatte über die spürende Erfahrung seiner Frustration. Das Kind und sein Fahrrad waren Symbole seiner eigenen Frustration, lernen zu müssen, seinen Computer zu benutzen. Er war sich des Träumens bewußt, bevor er einen Traum hatte.

Im rechten Diagramm auf Seite 43 ist die Figur des Traumfeldes gewahr, ebenso wie der Frustration und Beruhigung sowie der Interaktionen zwischen den anderen Traumfiguren und ihr selbst. Während man Luzidität über seine nahezu nicht verbalisierbaren, spürenden Erfahrungen erlangt, beginnt man durch die Augen dessen zu sehen, was man als den „Traummacher" bezeichnen könnte, nämlich die eigenen spürenden Erfahrungen. Von diesem Standpunkt und dieser Erfahrung her gesehen, hat man das Gefühl, von etwas Ehrfurchtgebietendem bewegt zu werden, und man sieht die verschiedenen Figuren, die sich aus jenem Gefühl heraus entfalten. Luzidität vermittelt Einsicht in das Leben, die Kenntnis von der Macht des Träumens.

Ich liebe Träume, und es bereitet mir Freude, sie zu erforschen und zu untersuchen. In diesem Buch wird es nicht unser Ziel sein, Träume zu interpretieren, es wird nicht unser Ziel sein, in Träumen Luzidität zu erlangen, sondern ihre Bedeutung zu kennen, bevor sie auftreten.[22] Unser Ziel wird sein, vierundzwanzig Stunden luzid zu träumen. Hat man Luzidität erlangt, nimmt man sein gewöhnliches Kleines Ich wahr und auch ein größeres, ein Großes Ich, das ganze Feld und Gefühl, das einen umgibt.

Der einzige Grund, warum Sie nicht ständig durch den einsichtsvollen Geist Ihres größeren Ich leben und sehen, besteht darin, daß Ihr Kleines Ich das Gefühl hat, spürende Erfahrungen seien unnötig, unrichtig oder unverständlich. Wenn Sie an der Entwicklung einer erhöhten Luzidität interessiert sind, empfehle ich Ihnen, den Fokus auf Ihre Gefühle von Wohlsein oder Unwohlsein, Erschöpfung oder Unruhe, Depression oder Wut zu richten. Anstatt Substanzen oder Drogen zu nehmen, um diese Gefühle zu reduzieren, fokussieren Sie auf Ihr Bewußtsein. Unterstützen Sie nicht die Nahrungs- oder Arzneimittelindustrie, die Ihnen dabei hilft, das Träumen ebenso wie Ihr Großes Ich zu marginalisieren.

Marginalisieren bedeutet, daß etwas, das im Zentrum Ihrer Aufmerksamkeit stand – wie Frustration oder Müdigkeit – nun am „Rand" Ihres Fokus plaziert ist, wo Sie es kaum sehen können. Siehe die graphische Darstellung auf Seite 46.

---

[22] Für Methoden der Trauminterpretation siehe *The Dreammakers Apprentice. Using Heightened States of Consciousness to Interpret Dreams.* Charlottesville: Hampton Roads Publishing, 2002. (Deutsche Übersetzung in Vorbereitung. Anm. d. Übers.)

| Dieser Blitz befindet sich im Zentrum Ihrer Aufmerksamkeit. | Hier ist der Blitz marginalisiert worden. |

Marginalisierung ist ein tiefer Prozeß, der für gewöhnlich abläuft, ohne daß man ihn überhaupt wahrnimmt. Natürlich kann man Erfahrungen unterdrücken, doch um das zu tun, muß man um ihre Existenz wissen. Marginalisierung ist subtiler; man benötigt Achtsamkeit, Konzentration und Übung, um wahrzunehmen, auf welche Art und Weise das Träumen an den Rand des Bewußtseins gedrängt wird.

Der Buddhismus empfiehlt schon seit langem die Entwicklung der „reinen Aufmerksamkeit", was bedeutet, Bewußtsein zu erlangen über *alles*, was man erfährt, einschließlich der Entstehung der eigenen Erfahrungen. Während die Psychologie sich entfaltet, wird auch sie lernen, Luzidität zu erlangen, was die Marginalisierung umkehrt. Dadurch, daß man sich für alles öffnet, was man erfährt, lernt man sein gesamtes Selbst kennen. Indem man kennt, was man erfährt, den Teich und alle Fische darin, löst man sich davon, bloß einer der kleinen Fische zu sein, und beginnt, sich mit all den anderen Fischen zu identifizieren ebenso wie mit dem Prozeß der Wandlung selbst.

Verschiedene Ebenen der Realität

Wie wir in Kapitel 1 gesehen haben, können die eigenen Erfahrungen im Sinne von drei verschiedenen Bereichen verstanden werden, die nicht durch klare Grenzen festgelegt sind, sondern ineinander fließen. Bereich I umfaßt die Welt des Träumens. Bereich II ist der Bereich des Traumlandes. Diesem Bereich gehören die erinnerbaren Nachtträume an. Bereich III stellt die Konsensusrealität dar, die Alltagswelt.

Traumzeit oder spürende Realität

In diesem Bereich nimmt man tiefe Erfahrungen wahr. Hier geht es um für gewöhnlich nicht beachtete Gefühle und Empfindungen, die sich noch nicht in Form von sinnvollen Bildern, Klängen und Empfindungen zum Ausdruck gebracht haben. Diese ignorierten oder marginalisierten Gefühle und Empfindungen gehören dem Bereich des Spürens an, das heißt, sie sind präverbaler Natur.

Traumland

Im Bereich des Traumlandes nimmt man Träume, Phantasien, Figuren und Objekte wahr, während man wach ist oder schläft. Diese Erfahrungen sind leichter in Worte zu fassen als die in Alltagsbegriffen kaum formulierbaren Erfahrungen des Träumens.

Alltagsrealität

In der Alltagsrealität mag man seine gewöhnliche Aufmerksamkeit benutzen, um Beobachtungen über sich selbst, andere, Objekte und Ideen wahrzunehmen und mit anderen zu teilen. Die Alltagsrealität kann in Begriffen von Zeit und Raum beschrieben werden im Gegensatz zum Träumen und dem Bereich des Traumlandes, dessen Zeiten und Räume sich gewaltig von denjenigen der Alltagsrealität unterscheiden.

Während der größte Teil der Traumarbeit bestrebt ist, die Inhalte von Träumen des Bereichs II zu verstehen und sie mit der Alltagsrealität oder Bereich III zu verbinden, richtet vierundzwanzig Stunden luzides Träumen den Fokus hauptsächlich auf Bereich I, den Bereich des Spürens, die Wurzel der Realität.

Anmerkungen zu neuen Begriffen

Es mag Ihnen aufgefallen sein, daß ich bestimmte Worte auf eine spezielle Art und Weise gebrauche. Vielleicht benutzen Sie für gewöhnlich nicht solche Begriffe wie „spürend", „Luzidität" oder „Träumen", und vielleicht benutzen Sie sie in einer anderen Bedeutung als hier. Ich entschuldige mich dafür, alte Begriffe in einer neuen Weise zu benutzen, da es kompliziert sein kann, neue Begriffe zu lernen oder alte auf eine etwas neue Weise zu gebrauchen.

Ich habe versucht, ältere Begriffe soweit wie möglich beizubehalten, hielt es aber für unumgänglich, neue Bedeutungen für ältere Begriffe zu entwickeln, da die älteren Wörter häufig das Träumen und den spürenden Hintergrund der Realität marginalisieren. Ich hoffe, daß Sie meine Erfahrung bezüglich der Wörter teilen können; sie sind bloß insofern von Bedeutung, als sie auf Erfahrungen hindeuten, die kaum formulierbar sind.

Zum Beispiel definiere ich den Begriff „Bewußtsein" neu. Nach *Webster's* Wörterbuch der englischen Sprache bedeutet Bewußtsein einen Zustand, in dem man etwas in sich selbst oder außerhalb seiner selbst gewahr ist. Es bedeutet „Geist" oder die „höhere Ebene des geistigen Lebens, deren eine Person bewußt ist, im Gegensatz zum Unbewußten".

Ich würde dem Begriff Bewußtsein gerne eine spezifischere Bedeutung zuschreiben, nämlich die Fähigkeit, Teile der Konsensusrealität ebenso wie Teile von Träumen zu beobachten und diese Teile als Aspekte seiner selbst zu betrachten. In dieser neuen Definition handelt Bewußtsein von Teilen und ihrer Beziehung zueinander.

„Spürend" ist ein anderes wichtiges Wort. Es bezieht sich auf das kontinuierliche und automatische Bewußtsein subtiler, für gewöhnlich marginalisierter Erfahrungen und Empfindungen. Alle Menschen haben Zugang zum Bereich des Spürens. Buddhistische Lehrer wie Thich Nhat Hanh und einige Urvölker gehen davon aus, daß diese Spürfähigkeit überall ist, auch in den Steinen und Bäumen.

Wird man seiner spürenden Erfahrung gewahr, anstatt sie zu marginalisieren, ist man luzid. Luzidität bedeutet Bewußtheit über die spürende Erfahrung, die allem, was man denkt, sieht, hört und tut vorausgeht. Luzidität führt zu einer neuen Sichtweise des Lebens, zur Weisheit oder Einsicht des Träumens. Im Zustand der Luzidität spürt man Tendenzen ebenso wie tatsächliche Gegebenheiten.

Später in diesem Buch werde ich aufzeigen, daß der Unterschied zwischen Luzidität (über spürende Erfahrungen) und Bewußtsein (über Teile) einen Eckpfeiler der neuen Psychologie darstellt, die spirituelle und meditative Traditionen ebenso wie Traditionen der Ureinwohner mit einem sozial orientierten, auf Teile ausgerichteten Denken verbindet.

Luzidität handelt von spürender Erfahrung, während Bewußtsein mit allem verbunden ist, was sich aus der spürenden Erfahrung heraus entfaltet.

Luzidität und Bewußtsein sind verschiedene Ebenen der Bewußtheit. Die meisten von uns sind entweder luzid und leben in der spürenden Welt, oder sie sind bewußt und fokussieren auf alltägliche Ereignisse und soziale Fragen. Ich benutze den Begriff Erleuchtung für das gleichzeitige Vorhandensein von Luzidität *und* Bewußtsein, was bedeutet, ein Gefühl zu haben für den Ursprung aller Dinge und gleichzeitig mit voller Bewußtheit in der erstaunlichen Vielfalt dieser Welt zu leben.

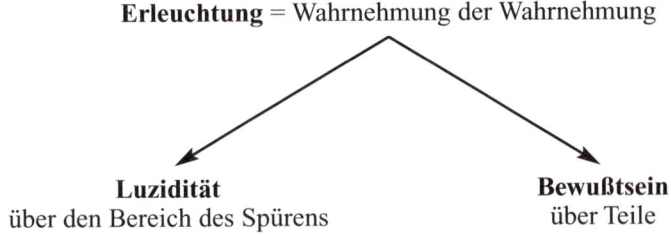

Obgleich einzelne Lehrerinnen und Lehrer unterschiedlich sind, legen östliche meditative Rituale oftmals großen Wert auf Luzidität. Die westliche Psychologie ordnet spürende Erfahrungen dem „Unbewußten" zu und konzentriert sich statt dessen auf das „Bewußtsein", wie ich es hier definiere.

Im Gegensatz zu meinem Gebrauch des Begriffes „Erleuchtung" beziehen sich die meisten Schülerinnen und Schüler des Buddhismus oder anderer Religionen indischen Ursprungs auf Erleuchtung als einen Geisteszustand, in dem man über Begierde und Leiden hinausgegangen ist, um Glückseligkeit zu erlangen. Die größten Lehrer unterstützen nicht nur das Verlassen der Welt, sondern sie unterstützen ebenso das Leben im Hier und Jetzt.

So spricht Sri Ramana Maharshi beispielsweise von einer Art Entspannung, die mit einem Leben nah am Träumen einhergeht. Er sagt, „das *Samadhi*, über das ich zu ihnen spreche, ist anders. Es handelt sich um *sahaja samadhi*. Man realisiert, daß man durch das tiefere, Wahre Selbst im Innern bewegt wird, und bleibt unberührt von dem, was man sagt oder tut. Man hat keinen Kummer, Ängste oder Sorgen, da man realisiert, daß es nichts gibt, was einem als Ego gehört, und daß alles von etwas getan wird, womit man sich in bewußter Einheit befindet."[23] Maharshi führt weiterhin aus, daß dieses *Samadhi* keinen Rückzug von der Welt bedeutet, sondern ein erfülltes Leben in ihr.

Samadhi stellt eine Art Erleuchtung dar, die meiner gegenwärtigen Definition ähnlich ist. Luzidität über die spürende Ebene der Erfahrung zu erlangen eröffnet die Möglichkeit einer Existenz außerhalb der Alltagsrealität von Konflikten und Polarisierung, während man zugleich der Probleme und Polarisierung, Vielfalt und Spannung der Alltagswelt gewahr ist.

Die Begriffe „Ost" und „West" wurden lange vom Westen benutzt, um auf Asien einerseits und die Vereinigten Staaten und Europa andererseits zu verweisen. Diese Begriffe sind in der Psychologie nicht mehr gültig, da jeder und jede von uns über „östliche" und „westliche" (ebenso wie südliche und nördliche) Aspekte verfügt, unabhängig davon, wo wir leben.

Lassen Sie mich, immer noch unter Verwendung der alten Ost-West-Achse, sagen, daß westliches Denken hauptsächlich kognitiv ist; es schult uns, im Sinne von Teilen zu denken, und unterstützt „Individualität". Im Gegensatz dazu sehen sogenannte östliche Einstellungen die Entwicklung unseres Identitätsgefühls innerhalb einer Gruppe als ein Zeichen für Unbewußtheit. Wenn ich in östlichen Traditionen auffalle oder als Individuum meine Meinung äußere, könnten andere das Gefühl haben, ich müsse mehr darüber lernen, die Gruppenatmosphäre zu spüren.

Es gibt keine bestimmte westliche oder östliche Psychologie; beide sind Punkte in einem breiten Spektrum der menschlichen Erfahrung. Was ich als spürendes Bewußtsein bezeichne, steht in enger Verbindung mit traditionellen östlichen, afrikanischen und südamerikanischen Einstellungen gegenüber dem Bewußtsein ebenso wie mit Haltungen der Ureinwohner. Dieses Bewußtsein ist an Einheit interessiert, an der subtilen Erfahrung und daran, daß alle Dinge miteinander verbunden sind; es ist an der Ähnlichkeit zwischen Dingen interessiert ebenso wie daran, sich mit allen Dingen verbunden zu fühlen.

---

23 Diese Worte entstammen *The Teachings of Ramana Maharshi,* herausgegeben von Arthur Osborne: Samuel Weiser, New York. Mein Dank gilt Jim Chamberlin, der mir Maharshis Werk nahegebracht hat.

Im Gegensatz dazu konzentrieren sich westliche Traditionen oftmals auf die Stärkung des Kleinen Ich oder des „Ego". Der Fokus liegt auf der Wertschätzung der eigenen Identität und Verschiedenheit von anderen oder der Beziehung zu anderen. Befindet man sich im westlichen Bewußtseinsmodus, tendiert man dazu, die spürende Erfahrung zu marginalisieren; befindet man sich im östlichen Bewußtseinsmodus, tendiert man zur Marginalisierung des Gefühls, ein Individuum inmitten eines Feldes zu sein. Folglich könnte man sich selbst und andere, die keine Anführerinnen und Anführer sind, marginalisieren. Siehe Darstellung unten.

Im Kreis bezieht sich die linke oder westliche Seite darauf, Teile von Dingen und Erfahrungen zu verstehen, was mit der Idee einhergeht, das eigene Ego, das Selbst und seine Teile zu kennen.

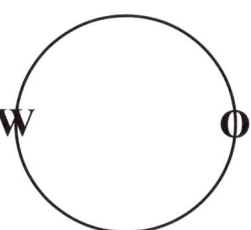

Die rechte oder östliche Seite des Kreises bezieht sich mehr auf ein spürendes Bewußtsein dessen, ein Aspekt des Ganzen, des Träumens zu sein.

Beide Formen des Bewußtseins sind wichtig. Ihre Kombinationen schaffen die Schönheit und Vielfalt der Kulturen in unserer Welt. Wie jeder von uns die Realität definiert und ihr gegenüber fühlt, bestimmt, wer wir sind und wo wir leben möchten. Ohne einen Überblick über die Vielfalt des Bewußtseins mögen Menschen, die das Leben in einem östlichen oder westlichen Modus erfahren, Schwierigkeiten damit haben, einander zu verstehen. Die westliche Orientierung innerhalb des eigenen Selbst meint, die östliche Seite könne nicht klar und definitiv sein, während der östliche oder südliche Modus findet, daß der westliche Modus das Gefühl der Verbundenheit von allem zerstört.

Dem Rinzai-Zen, einer Richtung des japanischen Buddhismus, ist eine spürende Sicht der Realität zu eigen, was zusammengefaßt in der Wendung „jeder Tag ist ein guter Tag" zum Ausdruck kommt.[24] Für den typisch westlichen Geist klingt dies sehr geheimnisvoll. In den vorliegenden Begriffen, nach denen die Alltagsrealität spürende Erfahrung

---

24 Ich danke dem Zen Meister und führenden Roshi der Rinzai-Sekte in Japan, Keido Fukushima Roshi, für diese Information.

manifestiert, ist jeder Tag eine Chance zu Luzidität, eine Chance, das Ganze zu spüren, während es sich entfaltet. So bezieht sich „jeder Tag ist ein guter Tag" auf eine luzide Erfahrungswelt jenseits der Dualität von gut und schlecht, richtig und falsch.

Von einem streng westlichen Erfahrungsmodus her gesehen, ist definitiv nicht jeder Tag ein guter Tag. In einem westlichen Sinne sind manche Tage lausig, da man ein Teil des Feldes ist und ein anderer Teil desselben Feldes einem Schwierigkeiten bereiten könnte.

Beide Standpunkte sind wichtig; denn wenn Sie zur spürenden Erfahrung zurückgehen, ist das, was Ihrem „Kleinen Ich" als „schlecht" oder „falsch" erscheint, von einem umfassenderen Gesichtspunkt her betrachtet, einfach das Feld, Ihr größeres Ich, das Sie auf seine verschiedenen Formen aufmerksam macht. Aus dieser Perspektive entfaltet sich das Leben selbst auf seine unglaublich vielfältige Weise. Das Wesen von Ereignissen, ihre spürende Essenz, ist weder gut noch schlecht, sondern vielmehr ehrfurchtgebietend, tief; die spürende Essenz geht den Konzepten von Gut und Schlecht voran.

Aus der Sicht des Großen Ich hat Zen recht. „Jeder Tag ist ein guter Tag." Gleichzeitig können manche Tage, wenn man nicht mit jenem spürenden Aspekt der Realität in Kontakt ist, für das Kleine Ich einfach schrecklich sein.

Befinden Sie sich in einer „erleuchteten" Stimmung, können Sie, ungeachtet der Tradition oder des Landes, aus dem Sie stammen, sagen, „dieser Tag ist gut" und damit meinen, daß er sowohl gut als auch schrecklich ist. Nehmen wir zum Beispiel an, irgendeine Krankheit bedroht Sie mit dem bevorstehenden Ende Ihres Lebens. Das Kleine Ich hält dies für eine furchtbare Situation. Doch wenn Sie tief in sich hineingehen, wenn Sie die spürende Erfahrung im Hintergrund finden, wenn Sie luzid sind, dann wird irgendeine erstaunliche Erfahrung oder Geschichte zum Vorschein kommen.

Denken Sie über die Geschichte einer Frau nach, die sich den Fuß gebrochen hat. Wie kann das einen „guten Tag" bedeuten? Als ich die Frau, die sich den Fuß gebrochen hatte, bat, in die Essenz der Gefühle ihres gebrochenen Fußes zu gehen, wurde sie luzid. Sie sagte, das Feld um ihren Fuß wolle Stille, keine Bewegung, kein Gehen. Indem sie über den gebrochenen Fuß und den „Samen" oder die Essenz meditierte, die sich in den gebrochenen Fuß entfaltet hatte, entdeckte sie, daß sie nicht gehen konnte, aber auch, daß sie nicht gehen wollte. Im Gegensatz zu ihrer gewöhnlichen Alltagseinstellung entdeckte sie nun, daß sie nicht gern aus dem Haus ging. Sie liebte die Ruhe, die schon früher versucht hatte, ihr Bewußtsein zu erreichen, von ihr jedoch marginalisiert wurde.

So ist jeder Tag ein guter Tag; der gebrochene Fuß ist ein guter Fuß. Und zur selben Zeit war der Tag schrecklich. Die Art, wie man das Leben betrachtet, hängt mit Bewußtsein und dem jeweils eingenommen Standpunkt zusammen. Vom Standpunkt des Kleinen Ich aus ist das Leben gut oder schlecht. Aus der Sicht des Großen Ich, des spürenden Ich, ist jeder Tag vollkommen.

Der Zen-Tiger

Eines Abends, als Amy und ich über Erleuchtung sprachen, schuf ich die Erweiterung einer klassischen Zen-Geschichte. Sie brachte mich zum Lachen, und ich hoffe, Sie ebenfalls. Dies ist die Geschichte mit meinen Ergänzungen.

Eine Zen-Schülerin geht in ihre Übungsgruppe und fragt den Lehrer in Gegenwart der anderen Schüler: „Könnten Sie bitte den Sinn des Lebens erklären?" Der Zen-Lehrer antwortet: „Ja, wenn nicht so viele Menschen da sind."

Am nächsten Tag, nachdem all die anderen Menschen den Raum verlassen haben, kommt die Schülerin wieder und sagt: „Würden Sie mir nun, da alle anderen den Raum verlassen haben, den Sinn des Lebens erklären?" Und der Lehrer erwidert: „Zu viele Menschen da!"

Vom spürenden Standpunkt aus sind zu viele Menschen zugegen, das heißt, zu viele Teile, die auf das Bewußtsein fokussieren. Obgleich im Sinne der Konsensusrealität alle Menschen den Raum verlassen hatten, war noch zu viel Alltagsbewußtsein zugegen, als die Studentin ihren Lehrer ein zweites Mal aufsuchte.

Es geht darum, daß die gewöhnliche Person noch zu sehr im Vordergrund steht. Ein zu großer Teil der mit der Konsensusrealität identifizierten Person sucht nach Teilen und Antworten. Die Person, die nach dem Sinn des Lebens fragt, richtet ihren Fokus zu sehr auf das gewöhnliche Leben. In diesem Sinne sind zu viele Menschen zugegen.

Nachdem ich ein paar Minuten über diese Geschichte nachgedacht hatte, tauchte eine neue Möglichkeit in meinem Geist auf. Ich stellte mir vor, daß die Zen-Schülerin eine Spontanerleuchtung erfuhr; sie wurde luzid und bewußt. Plötzlich verstand sie ihren Lehrer. Überdies wurde sie der wunderbaren Vielfalt an Teilen in ihrem Feld gewahr, der Schülerin und des Lehrers und der „zu vielen Menschen".

Sie achtete nicht nur das Große Ich sondern auch das Kleine Ich und sagte: „Danke, lieber Lehrer, aber keiner von uns sollte die Konsensusrealität unterdrücken. Unser Kleines Ich ist es, das sich nach der notwendigen Belehrung sehnt. Ferner, da Sie und ich Teil der spürenden Essenz aller Dinge sind, sind Sie und ich vielleicht sowohl Schüler als auch Lehrer, ebenso wie die ‚vielen Menschen'." Als er dies hörte, weiteten sich die Augen des aufgeschlossenen Lehrers, während er sich vor ihr verneigte.

Nachdem ich einem Freund diese Geschichte erzählt hatte, brachte er im Gegenzug eine andere vor. Seine Version einer weiteren Zen-Geschichte lautet folgendermaßen:

Ein Mann hat einen schlechten Tag. Während er die Straße entlanggeht, taucht plötzlich aus dem Nichts ein Tiger auf und jagt ihn bis zum Rand einer Klippe. Er springt, bekommt aber im Fallen eine kleine Liane zu fassen. Wenn er nach unten blickt, gewahrt er einen bodenlosen Abgrund unter sich. Richtet er seinen Blick nach oben, sieht er den geifernden Tiger über seinem Kopf warten. Unser armer Mann blickt nach vorn und entdeckt eine Maus, die an der Wurzel der ihm Halt bietenden Liane nagt. Gleich neben der Liane erblickt er auch eine wundervolle Erdbeere und sagt: „Oh, wie schön!"

Ich liebe diese Geschichte ebenfalls. Der Mann in der Geschichte ist sehr losgelöst von der „Teil"-Sicht der Realität und von der Katastrophe, die sein Kleines Ich bedroht. Obgleich der Tod sein Kleines Ich von oben und von unten bedroht, obgleich es nichts mehr gibt, woran er sich festhalten könnte, nimmt er die Erdbeere vor sich wahr. Anstatt diese kleine Erdbeere zu marginalisieren, erfährt er sie auf eine spürende Art und Weise und tritt in einen Glückseligkeitszustand ein, trotz der Tatsache, daß seine Situation vom Standpunkt der Konsensusrealität aus verheerend erscheint. Er löst sich von der Alltagsrealität, von den Folgen für sein Kleines Ich oder dessen Zukunft, indem er sich darauf konzentriert, den Moment zu entfalten, das Träumen jener Erdbeere.[25]

---

[25] Traditionen der Ureinwohner Amerikas betrachten die Erdbeere als ein Symbol der Unsterblichkeit.

Vom Standpunkt der Konsensusrealität aus könnte man meinen, er sei verrückt gewesen. Doch für den Mann, der an der angenagten Liane hängt, ist das Schicksal des Kleinen Ich nicht von Bedeutung. Seine Sicherheit liegt im Träumen, im Entfalten dessen, was seine Aufmerksamkeit erregt. Erleuchtung ist sein Gewahren der träumenden Erdbeere ebenso wie des Tigers über ihm und des Todes unter ihm. Doch vom Gesichtspunkt der Konsensusrealität her ist diese Geschichte kein Zeichen von Erleuchtung, sondern von äußerster Verrücktheit.

In jedem Fall hätte unser Mann zunächst, wäre er im spürenden Bewußtsein gewesen, den Angriff des Tigers voraussahen können, bevor es dazu kam. In diesem Fall hätte er irgendein seltsames, nicht zu beschreibendes Gefühl wahrgenommen, wäre luzid geworden über seine eigene Tendenz zu brüllen und wütend zu sein, hätte seine eigene mächtige Natur erkannt. Er hätte dies dem Bereich des Spürens angehörige Brüllen entfaltet und das gesamte Feld erfaßt, einschließlich seines Kleinen Ich, seiner Angst vor dem Tod, dem wütenden Tiger und der Erdbeere der Unsterblichkeit.

Deshalb hätte der Mann gebrüllt wie ein Tiger, noch bevor der Tiger begann, ihn anzugreifen, bevor der Tiger eine Chance gehabt hätte, sich zu bewegen. In diesem Fall könnten sowohl er als auch der reale Tiger einander erblickt haben, wären aber nicht daran interessiert gewesen, sich noch einmal anzusehen. Jedenfalls versuchte der Mann, der in der ursprünglichen Geschichte von einem Tiger verfolgt wurde, seiner spürenden Erfahrung zu folgen, und er tat dies erst am Rande der Klippe, obgleich Sie und ich gehofft hätten, er möge dies früher getan haben.

Der alte chinesische Weise Chuangzi meinte wahrscheinlich Luzidität, als er im vierten Jahrhundert v. Chr. sagte: „Wenn man seinem Selbst treu ist und dessen Lehre folgt, wer braucht da ohne Lehrer zu sein?"[26]

Chuangzi vertritt den Standpunkt, daß jeder einen wahren Lehrer besitzt, das spürende Feld, das Tao, das nicht verbalisiert werden kann. Wenn man darüber nachdenkt, haben Sie und ich denselben erstaunlichen Lehrer wie alle anderen. In gewisser Hinsicht gibt es einen Guru, die ursprüngliche, spürende Kraft des Träumens und ihre tausend Gesichter. Wir alle sind Schülerinnen und Schüler desselben Lehrers und in gewisser Weise verschiedene Gesichter derselben Schülerin.

---

26 Chuangzi, S. 26.

Chuangzi lehrt, daß seinem wahren Selbst zu folgen bedeutet, seinem größten Lehrer zu folgen. Es gibt nichts Besseres, als diesen Lehrer zu kennen. Was sonst könnte helfen, wenn ein Tiger im Begriff ist, einen anzugreifen?

Zur Erinnerung

Vierundzwanzig Stunden luzid zu träumen bedeutet, sich mit der spürenden Essenz zu identifizieren, die Träumen und realen Ereignissen vorausgeht.

Marginalisierung heißt, daß irgend etwas den im Zentrum der eigenen Aufmerksamkeit stehenden Teil – wie zum Beispiel Frustration oder Müdigkeit – „nimmt", ihn an den „Rand" des Bewußtseins setzt und auf diese Weise ignoriert.

Der Begriff „spürend" bezieht sich auf das automatische Gewahren subtiler, für gewöhnlich marginalisierter Erfahrungen und Empfindungen. Alle Menschen haben Zugang zum Bereich des Spürens. Buddhistische Lehrer und Angehörige der Urvölker gehen davon aus, daß diese Spürfähigkeit überall ist, auch in den Steinen und Bäumen.

Aus der Sicht des Großen Ich hat Zen recht. „Jeder Tag ist ein guter Tag." Gleichzeitig können manche Tage, wenn man nicht mit jenem spürenden Aspekt der Realität in Kontakt ist, für das Kleine Ich die Hölle sein.

Es gibt nichts Besseres, als dem eigenen wahren Lehrer zu folgen, dem eigenen wahren Selbst. Was sonst könnte helfen, wenn ein Tiger im Begriff ist, einen anzugreifen?

Kapitel 4

Purpurfarbener Buddhismus

Die Lehren des Abhidharma und eine gewöhnliche Erkältung

Wahrlich unermeßlich ist das Tao,
Aus sich selbst heraus wirkend, scheinbar ohne zu handeln,
Das Ende aller Zeiten und der Anfang aller Zeiten,
Bestehend vor der Erde, und eher als der Himmel vorhanden,
Schweigend umfassend die Ganzheit der Gezeiten,
Ununterbrochen fortbestehend durch alle Äonen,
Im Osten lehrte es den Vater Konfuzius,
Im Westen bekehrte es den ‚goldenen Mann' [Buddha].
Genommen als Norm von einem Hundert von Königen,
Überliefert durch Generationen von Weisen,
Ist der Urahn von allen Lehren,
Das Mysterium jenseits aller Mysterien.[27]

Dieses uralte Zitat legt nahe, daß das Tao, das Träumen, allem vorangeht und der Urahn aller spirituellen Lehren ist. Als Urahn aller Lehren schuf das Tao die Lehren des Buddha über tiefe, spürende Meditationserfahrungen, ebenso wie alle anderen Religionen und Traditionen, einschließlich der westlichen Wissenschaft.

Im Vergleich zur uralten Wissenschaft der Ureinwohner und zum Taoismus, der vor dreitausend Jahren entstand, ist die westliche Psycho-

---

[27] Aus: *Tao. Die Philosophie von Sein und Werden*, von Philip Rawson und Laslo Legeza. London: Thames and Hudson, 1979, S. 8. Ursprünglich eine Ming-Felseninschrift, datiert von 1556.

logie ein kaum hundert Jahre altes Baby. Freud schrieb seine ersten Abhandlungen über die Interpretation der Träume um 1900. Erst in den letzten dreißig Jahren wurden in der Psychologie die strukturellen Komponenten der Wahrnehmung im Sinne von Kanälen und Signalen verstanden.[28] Das Wissen um die Manifestation der spürenden Erfahrung in Form von Teilen und Prozessen ist erst im Entstehen begriffen, und innerhalb der westlichen Art und Weise, Verhaltensweisen im Sinne von Teilen und spezifischen Prozessen zu verstehen, wird viel Forschungsarbeit notwendig sein. Denn auch dieses Wissen muß sich aus dem Träumen entfalten.

Im Gegensatz zur modernen Wissenschaft ist das uralte Wissen um spürende Aspekte des Bewußtseins in Asien mehrere tausend Jahre lang verfügbar gewesen. Die Anwendung eines solchen Wissens in der Therapie beginnt gerade erst. Die lange Geschichte im Hintergrund von Hinduismus und Buddhismus hat der modernen Psychotherapie viel zu bieten, und die Weisheit dieser Traditionen ist innerhalb der zeitgenössischen Psychologie noch nicht vollkommen erschlossen worden.

Stadien der Wahrnehmung im Buddhismus

Bisher haben wir verschiedene Stadien der Wahrnehmung betrachtet, einschließlich des Träumens, des Traumlands und der Konsensusrealität des Alltags. Um Erfahrungen des Träumens wahrzunehmen, muß man über Luzidität verfügen. Dann kann man diese Erfahrungen verfolgen, während sie sich ins Traumland und die Konsensusrealität hinein entfalten.[29]

Die Alltagsrealität im Westen und in den meisten Großstädten der Welt unterdrückt das Träumen, dessen zeitliche Abstimmung nicht line-

---

28 Die Entwicklung der westlichen Psychotherapie ist eng verbunden mit der modernen Wissenschaft. So gingen zum Beispiel die Signal- und Kanalkonzepte zum Teil aus dem Studium der Informationsverarbeitung in der Elektrotechnik hervor.
29 Vergegenwärtigen Sie sich noch einmal, daß das Realitätskonzept ein kulturelles Konzept ist, keine absolute Wahrheit. Ich benutze den Begriff Konsensusrealität, um auf die implizite Konsensusrealität einer gegebenen Gruppe zu verweisen. In dem hier vorliegenden Buch, das für eine multikulturelle Bevölkerung geschrieben wurde, bedeutet Konsensusrealität kosmopolitische Realität. Die Konsensusrealität marginalisiert die spürende Erfahrung.

ar ist. Veränderte Bewußtseinszustände und nebelhafte, traumartige Zustände gehören der Nicht-Konsensusrealität an. Während die veränderten Bewußtseinszustände ebenfalls real sind, besteht kein Konsens über die Realität traumartiger Erfahrung, die als subjektiv oder innerlich betrachtet wird. Die Nicht-Konsensusrealität schließt das über Teile und Bilder verfügende Traumland ebenso in sich ein wie den Bereich des Spürens, der nonverbale Erfahrung bedeutet. Die Konsensusrealität ist die Welt der experimentellen Physik, in der Signale gemessen und Beobachtungen angestellt werden können. Vom kosmopolitischen Standpunkt aus scheint die Konsensusrealität objektiver zu sein, die Nicht-Konsensusrealität subjektiver.

I. Traumzeit ⎫
II. Träume   ⎬ NKR oder Nicht-Konsensusrealität (I, II)
III. Alltagsrealität ⎫
              ⎬ KR oder Konsensusrealität (II, III)

Um zu verstehen, wie unsere nonverbalen, spürenden Erfahrungen sich in Träume und die Alltagsrealität entfalten, müssen wir das obige Schema der Wahrnehmung differenzieren. Eine solche Differenzierung findet sich in den alten buddhistischen Texten, die als *Abhidharma* oder „höhere Lehren" bezeichnet werden. Der *Abhidharma*, geschrieben im dritten Jahrhundert v. Chr., enthält philosophische, psychologische und belehrende Erörterungen und Klassifizierungen.[30]

Wenn Sie nicht mit dem Buddhismus vertraut sind, werden Sie sicher fragen, warum ich die Lehren dieses alten Textes mit Ihrer eigenen Traumarbeit, mit Ihrer Alltagsrealität, in Verbindung bringe. Warum sich mit etwas befassen, das Ihrem Wissen so offenkundig fremd ist? Die Antwort lautet, daß der *Abhidharma* Sie mehr über Ihre Fähigkeit zu lehren vermag, das Träumen in Form von spürenden Erfahrungen wahrzunehmen. In den folgenden Kapiteln werden wir entdecken, daß Luzidität Sie befähigen wird, persönliche, physische, emotionale

---

30 „Buddhismus", *Microsoft Encarta 97 Encyclopedia*. Microsoft Corporation, Seattle, 1996. Alle Rechte vorbehalten. Der Abhidharma-Pitaka besteht aus sieben verschiedenen Werken. Sie enthalten detaillierte Klassifizierungen psychologischer Phänomene, metaphysische Analysen und ein Wörterbuch für Fachvokabular. Obschon fachlich maßgeblich, haben die Texte in dieser Sammlung wenig Einfluß auf den Laien-Buddhisten. Der vollständige, sehr erweiterte Kanon liegt ebenfals in tibetischen und chinesischen Übersetzungen vor.

und sogar politische Probleme zu lösen, die Sie für hoffnungslos hielten.

Der *Abhidharma* des Buddhismus kann bei der Lösung dieser Probleme äußerst hilfreich sein, da er sich leicht an veränderte Umstände und eine Vielfalt von Kulturen anpaßt. Ferner begrüßt er die moderne Wissenschaft, obgleich der Buddhismus den Materialismus philosophisch ablehnt. In der Tat wird behauptet, daß der Buddha mit einem experimentellen Ansatz an Fragen der letzten Wahrheit heranging.[31]

Der *Abhidharma* analysiert verborgene Einzelheiten des Wahrnehmungsprozesses und erläutert, daß ein geübter Meditierender während des Prozesses der Beobachtung zwischen siebzehn und fünfundvierzig spezifische Schritte oder „Augenblicke" verfolgen kann. Diese Schritte gehen allem voran, was man sieht oder hört.

Diesem alten Text zufolge ereignet sich ein vollständiger Wahrnehmungsprozeß wie der, den Klang eines Objekts zu hören, zu wissen, was es ist, es zu sehen und zu erkennen, in Schritten. Der britische Psychologe Brian Lancaster verweist auf buddhistische Gelehrte, die die Wahrnehmung anhand der Erfahrungen eines schlafenden Mannes darstellen.[32]

Meine Wiedergabe dieses Beispiels lautet folgendermaßen: Stellen Sie sich eine schlafende Person unter einem Obstbaum vor, die langsam erwacht. Der Wind spielt mit den Zweigen über ihr, so daß eine Frucht herabfällt und das Ohr der Person streift. Sie wird aus dem Schlaf geweckt, spürt die Frucht und ißt sie schließlich.

Der *Abhidharma* teilt diesen Prozeß des Wahrnehmens und Essens der Frucht in siebzehn Schritte ein. Die ersten acht Stadien der Wahrnehmung laufen ab, während die Person schläft. Während des Schlafens nimmt sie wahr, wie der Wind die Zweige bewegt und die Frucht in der Nähe zu Boden fällt.

Bis die Person das Stadium der Wahrnehmung erreicht hat, in dem sie aus dem Schlaf geweckt wird, hat sie schon die ersten acht Stadien der Wahrnehmung durchlaufen. Während der nächsten neun Schritte erkennt und ißt sie die Frucht. Diese neun letzten Schritte umfassen die Handlungen, die Frucht aufzuheben, sie zu „empfangen", sie durch

---

[31] Ebd.
[32] Siehe Brian Lancasters hervorragendes Buch *Towards a Synthesis of Cognitive Science and Buddhist Abhidhamma Tradition*, S. 124–128.

Drücken und Riechen zu „untersuchen" und zu erkennen, was sie ist. Dann wird sie „etabliert" und schließlich als Frucht „registriert".

Dieses Beispiel entspricht der Geschehensabfolge, die sich bei jeder Wahrnehmung abspielt. In ihren frühesten Stadien besteht Beobachtung darin, sich eines Objekts bewußt zu sein, das man schließlich beobachten wird. Später im Beobachtungsprozeß beginnt man das Objekt wahrzunehmen, entscheidet, worum es sich dabei handelt und ob man es betrachten wird; zuletzt beobachtet man es.

Schrittweise Entwicklung der Wahrnehmung im Abhidharma

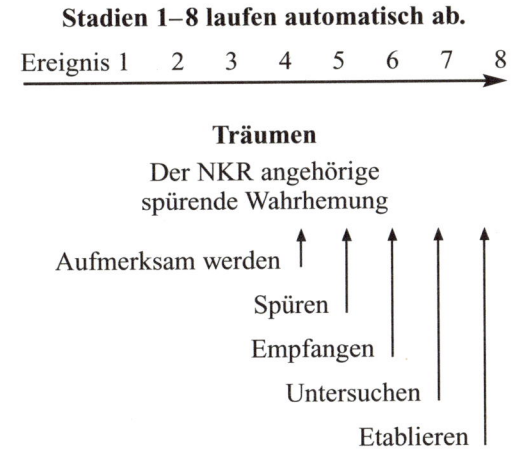

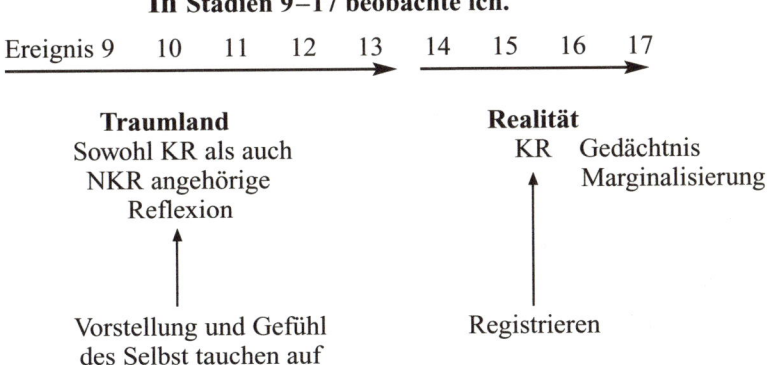

Die Graphik auf S. 61 präsentiert eine überarbeitete Zusammenfassung der buddhistischen Stadien der Wahrnehmung. Die siebzehn verschiedenen Stadien der Wahrnehmung passen in die weit gefaßten Kategorien von Träumen, Traumland und Konsensusrealität.

Träumen oder spürende Wahrnehmung

Ich bezeichne die ersten acht Stadien als *spürende Wahrnehmung*, da sie ohne die Präsenz des gewöhnlichen Bewußtseins auftreten. Der Körper spürt äußere Ereignisse und reagiert auf sie, ohne irgendeine bewußte Mitwirkung des Geistes.

Die ersten „Augenblicke" der Wahrnehmung bestehen aus einer Störung des Unbewußten; in der Tat wird der erste Schritt als „das Unbewußte stören" bezeichnet. Dann gibt es ein Gefühl, daß etwas geschieht, das die Bezeichnung „sich der Sinnestür zuwenden" trägt. Mit anderen Worten: Nachdem das Unbewußte gestört ist, werden die Sinne tätig. Gleich darauf stellt sich die Empfindung ein, sich einer Sache bewußt zu werden, doch ohne jegliches Erkennen des Objekts in diesem Stadium. Dieses Stadium wird „charakterisiert durch ein Gefühl des Kontakts zwischen dem Sinnesorgan und dem Sinnesobjekt. Man sieht ein Objekt, weiß aber noch nichts darüber".[33]

Dem *Abhidharma* zufolge sind die frühesten Stadien der Wahrnehmung charakterisiert durch das Gewecktwerden und die Feststellung, ob dem Unbewußten etwas angenehm oder unangenehm ist. Hierauf folgt, was der *Abhidharma* als „untersuchen" bezeichnet, das heißt Dinge einordnen. An dieser Stelle wird die Natur des Objekts beurteilt. Es ist gegenwärtig, doch es gibt noch keine alltägliche Reaktion darauf. Hier werden Assoziationen zum mit den Sinnen wahrgenommenen Objekt untersucht. Dann folgt „Etablieren", wodurch eine Reaktion auf das Objekt festgelegt wird, obgleich man seiner noch immer nicht auf intelligente Weise gewahr ist. Alle diese Wahrnehmungsrozesse laufen mehr oder weniger automatisch ab.

---

33 Ebd., S. 126.

Traumland

Während der nächsten neun Stadien setzt Bewußtsein ein. In den ersten sechs dieser neun Stadien ist ein unbestimmtes „Ichgefühl" vorhanden. Dies ist der Moment, da man erwacht und sich das Alltagsselbst vage bewußt wird, daß das Objekt, das man betrachten wird, existiert.

Darauf folgt ein Wahrnehmungsstadium, das der *Abhidharma* als „in Betracht kommen" bezeichnet. Hier entdeckt man das zu sehende Objekt und beurteilt, ob es gleich ist wie man selbst oder anders, und man entwickelt eine Abneigung oder Zuneigung gegenüber dem Gesehenen.

An dieser Stelle nimmt man objektive Bedeutung zum ersten Mal wahr. Man beginnt über seine Erfahrungen, die das Objekt betreffen, nachzudenken, als handele es sich dabei bloß um eine äußere Realität. Sehgewohnheiten kommen ins Spiel, und das Selbstgefühl als ein Subjekt wird aktiviert.

Konsensusrealität

Schließlich „registriert" man die Tatsache, eine Wahrnehmung gehabt zu haben. Dies wird in der buddhistischen Lehre mit „dasselbe Objekt haben" übersetzt. In diesem Stadium fühlt man, daß man über das Objekt reflektieren und sich daran erinnern kann. Dies ist der Anfang dessen, was wir Kurzzeitgedächtnis nennen.

Ich habe das buddhistische Wahrnehmungssystem in die weiter gefaßten Bereiche von Träumen, Traumland und Alltagsrealität eingeordnet.

Die graphische Darstellung auf S. 61 verdeutlicht, daß die ersten Stadien – das Träumen – vollkommen automatisch ablaufen. Das „Ich" ist nicht gegenwärtig, es „schläft" oder ist unbewußt. Dieses „Ich" – das heißt, das Kleine Ich, mit dem man sich gewöhnlich als Wahrnehmender identifiziert – tritt im buddhistischen Wahrnehmungssystem nicht vor dem achten Stadium in Erscheinung.

Hier beginnt das Traumland, und das „Ich" fängt zu funktionieren an. Es mag Ereignisse, mag sie nicht oder ignoriert sie. An dieser Stelle erinnert man sich an zurückgewiesene Phantasien und Träume. Das

„Ich" wird mit Widerstand oder „Grenzen" gegenüber Erfahrungen assoziiert. Ereignisse, die als zu weit entfernt oder unwichtig erscheinen, werden hier blockiert und setzen ihren Weg nicht fort, um im Alltagsbewußtsein registriert zu werden.

Wenn Sie die unter dem Obstbaum schlafende Person wären, könnten Sie sagen:

1. Du schläfst und dein Kopf ist bedeckt;
2. und 3. eine Brise weht, eine Frucht fällt nah an deinem Kopf herunter;
4. das Geräusch weckt dich aus dem Schlaf;
5. du nimmst deine Kopfbedeckung ab und nimmst wahr;
6. deine Hand nimmt die Mango;
7. du untersuchst sie durch Drücken;
8. du erkennst die Frucht an ihrem Geruch;
9. bis 15. du entschließt dich, die Frucht zu mögen, und ißt sie;
16. und 17. du genießt ihren Nachgeschmack.[34]

Ohne Meditationsschulung nimmt niemand alle diese Stadien wahr. Buddhistischen Gelehrten zufolge können mit Schulung buchstäblich Milliarden solcher Augenblicke wahrgenommen werden, die mit Lichtgeschwindigkeit auftreten sollen.

Die Kraft von Objekten und Ereignissen

Woran liegt es, daß wir – selbst nach ausgiebiger Schulung – bestimmte Dinge nie wahrzunehmen scheinen? Dem *Abhidharma* gemäß hatten die Dinge selbst nicht genügend Kraft, das Bewußtsein zu erreichen. In der Tat werden Ereignisse im Vergleich zu ihrer Kraft kategorisiert. Diese Kraft bestimmt, ob sie das Alltagsbewußtsein erreichen oder nicht. Es gibt drei Kategorien von Kraft: sehr schwach, schwach und groß.

Mit anderen Worten, „man selbst" ist nicht vollkommen dafür verantwortlich, was das Alltagsbewußtsein erreicht, da die Objekte oder

---

[34] Meine Auflistung folgt mehr oder weniger derjenigen von Lancaster, 1997.

Ereignisse selbst über Kraft verfügen und zum Bewußtsein beitragen. Diese Denkweise ist der Idee der Aborigines ähnlich, nach der alle Dinge dieser Welt durchdrungen sind vom Träumen, das sich in die Alltagsbeobachtungen entfaltet.

Die Sache ist die, daß man nicht alleine wahrnimmt; jede Wahrnehmung, einschließlich Intuitionen, plötzlich aufflackernde Gedanken und Empfindungen, entsteht „mit" oder hat Teil an den „eigenen" Wahrnehmungen.

Um die Lehren der indigenen Wissenschaft und der buddhistischen Analyse für die Therapie nutzbar zu machen, werde ich die sehr schwachen, die schwachen und die großen Kräfte in „Marginalisierung" und „Grenzen" umbenennen.

Marginalisierung:

Während der Stadien eins bis acht wecken sehr schwache Objekte einen nicht aus der eigenen Unbewußtheit ihnen gegenüber auf, oder man erfährt sie vielleicht spürend, kann sich später aber nicht daran erinnern. Diese Objekte verfügen nicht über die „Traumkraft", Träume oder Phantasien zu erreichen, und doch spürt sie der Körper. Da die Empfindungen zu schwach, dem Geist zu fremd oder zu unangenehm sind, werden sie marginalisiert. Stadien eins bis acht des *Abhidharma* stellen Augenblicke dar, in denen Marginalisierung stattfindet. Etwas von einem selbst, nennen wir es den Körper, nimmt ein Ereignis wahr, ist nicht einverstanden damit und hat eine Abneigung dagegen.

Der *Abhidharma* sagt bloß, daß das Ereignis sehr schwach war. Zum Beispiel mag man im Schlaf mit der Hand eine Mücke verscheucht haben, aber man kann sich nicht an die Mücke erinnern. Jene der Spürebene angehörige, marginalisierte Mückenerfahrung war ein *Dharma*. Gemäß dem Ehrwürdigen Nyanaponika Thera und seinen *Abhidhamma Studies* „sind die Dharmas flüchtige Erscheinungen, vorübergehende mentale und physische Ereignisse ... mit der einzigen Ausnahme des unbedingten Elementes *Nirvana* oder Befreiung".[35]

---

[35] Siehe seine klaren und einfachen Ausführungen in: Venerable Nyanaponika Thera: *Abhidhamma Studies, Buddhist Explorations of Consciousness and Time.* Boston: Wisdom Publications, 1998, xvi.

Ich nenne diese flüchtigen Erscheinungen, diese vorübergehenden mentalen und physischen Ereignisse „Flirts". Ereignisse flirten in den ersten Stadien des Bewußtseins mit uns, doch wenn wir ihrem Auftreten gegenüber nicht aufmerksam sind, werden sie marginalisiert und erreichen unser Alltagsbewußtsein nicht. Um Ereignisse oder Flirts während der ersten acht Stadien wahrzunehmen, benötigen wir Luzidität. Mit anderen Worten, die Traumkraft eines sehr schwachen Ereignisses setzt sich zusammen aus der Natur des Beobachters wie auch des Ereignisses selbst.

Grenzen:

Schwache Objekte gelangen bis zum Punkt des „Etablierens". Dies bedeutet, daß sie das Stadium erreichen, in dem das „Ich" auftaucht und wahrnimmt. Während schwache Objekte zwar über das Stadium acht hinausgelangen, sind sie der Identität jedoch zu fremd oder zu unangenehm, als daß diese auf sie fokussieren und sich an sie erinnern würde.

Viele der ersten Streßsymptome sind schwache Objekte. Man spürt leichte Beschwerden, die über die Barriere der Marginalisierung hinausgelangen, doch sie sind für die Person, die man ist, so unangenehm oder störend, daß man sich entschließen mag, sie zu ignorieren. Diese Flirts scheinen einfach nicht in die eigene Alltagsrealität zu passen, oder sie erscheinen als zu unwichtig, um den Fokus darauf zu richten. Sie sind wie Träume, die man vergißt. Sie erreichen das Alltagsbewußtsein nicht, und zwar infolge einer „Grenze" oder Barriere zwischen der Person, die man ist, und diesen „Nicht-ich"-Erfahrungen.

Grenzen lassen das Leben bequemer erscheinen. Zum Beispiel, wenn man sich über jemanden ärgert, das Gefühl aber unterdrückt, da man denkt, man solle sich nicht über jene Person ärgern.

Verdrängung:

Große Objekte sind Ereignisse, die es bis an die Oberfläche der Alltagsbeobachtung schaffen, über Marginalisierung und Grenzen hinaus. Sie besitzen die Kraft, sich dem Bewußtsein „aufzuzwingen", selbst wenn man nicht spürend ist und selbst wenn man Grenzen gegen sie hat. Wie bei einem schmerzenden Symptom wird man dazu gedrängt, dieses Ereignis wahrzunehmen und sich daran zu erinnern, doch man kann noch immer beschließen, es zu *verdrängen*.

Sagen wir zum Beispiel, etwas verletzt, deprimiert oder ärgert einen. Obgleich man den Versuch unternehmen mag, es zu ignorieren, ist es unvermeidbar, darum zu wissen. Es schmerzt zu sehr. Doch anstatt den Fokus darauf zu richten, geht man ins Kino, ißt etwas oder nimmt ein Aspirin. Dies ist Verdrängung.

Sie sollten beachten, daß der *Abhidharma* einen selbst, den Wahrnehmenden, und auch das im Geist auftauchende Objekt oder Problem, nicht vollkommen verantwortlich macht für das, was wahrgenommen wird. Statt dessen spielt die Kraft des Objekts, seine sehr schwache, schwache oder große Kraft, eine Rolle bei der Bestimmung der eigenen Fähigkeit, es zu beobachten.

Selbstkritik nach dem Friseurbesuch

Hier ist ein weiteres Beispiel für Marginalisierung und Grenzen. Als Amy, meine Partnerin und Ehefrau, vor einigen Monaten in den Bergen war, fühlte sie, daß sie etwas beunruhigte, aber sie wußte nicht, was es war. Sie marginalisierte das Gefühl, da es zu subtil war, als daß sie ihm hätte Aufmerksamkeit schenken können.

Ihr Körper fühlte sich elend an; sie fühlte sich ungewöhnlich müde. Nach der buddhistischen Denkweise stellte das Gefühl, sich „elend zu fühlen", in diesem Augenblick ein sehr schwaches Objekt für Amy dar. Das Gefühl hatte nicht die Kraft, sich vollständig zu manifestieren, selbst in ihren Träumen. Hätte man Amy gefragt, ob irgend etwas sie beunruhige, würde sie aller Wahrscheinlichkeit nach geantwortet haben, daß alles in Ordnung sei. Während sie irgendwie spürte, daß sie etwas beunruhigte, hätte sie das Problem nicht benennen können.

Als wir eines Abends wanderten, entschloß sich Amy, luzid zu werden. Sie benutzte ihre geschulte Aufmerksamkeit, um die Marginalisierung zu überwinden und meditierte über sich selbst, indem sie den Fokus auf die subtile nonverbale Erfahrung des „Sich-elend-Fühlens" richtete.

Während sie sich auf ihr Träumen konzentrierte, erinnerte sie sich an etwas, was eine lächerliche Erinnerung zu sein schien. Sie erinnerte sich, daß vorher ein Gedanke über ihr Haar mit ihr „geflirtet" hatte. Sie war beim Friseur gewesen und hatte sich einige blonde Strähnen in ihr braunes Haar färben lassen. Sobald sie in den Bergen war, hatte sie jedoch das Gefühl, durch die blonden Strähnen „zu sehr wie eine Frau aus der Stadt" auszusehen. Nachdem sie sich an den Gedanken erinnerte, der zuvor mit ihr geflirtet hatte, wurde ihr bewußt, daß er der Grund war für ihre gedrückte Stimmung. Sie entschloß sich, dieses sehr schwache Ereignis anzunehmen und noch weiterzugehen. Sie ging über jede Grenze, die sie dagegen hatte, über diese „verfluchte gelbe Strähne" in ihrem Haar nachzudenken und über die Menschen in den Bergen, denen sie nicht gefallen könnte.

Amy sann über diesen Konflikt nach und gelangte zu einer verblüffenden Einsicht. Sie sagte, das Träumen hinter den „Menschen, die in den Bergen leben", denen ihre Frisur nicht gefallen könnte, sei ein Geist der Ureinwohner, ein starkes Gefühl für die Kraft der Berge und der Erde. „Aha", sagte sie. „Jetzt ist mir ein anderer Gedanke eingefallen, der an meiner Aufmerksamkeit vorbeiraste. Als ich früher an jenem Tag in den Spiegel blickte, sah diese Strähne ein wenig indigen aus. Tatsächlich gab es gar keinen wirklichen Konflikt. Das Träumen hinter den Bewohnern der Berge und der gelben Haarsträhne war ein- und dasselbe – die kraftvolle Lebensart der Ureinwohner."

Amy sagte, sie habe diese Kraft gefühlt, sie aber bislang marginalisiert. Mit anderen Worten, das Ereignis, das ihr gedämpftes Körpergefühl auslöste, war ein subtiler Konflikt, den sie zwischen den in den Bergen lebenden Ureinwohnern und ihrem Stadtselbst spürte. Das Träumen hinter jenen Menschen war dasselbe wie hinter der blonden Strähne in ihrem Haar: Der Geist der Ureinwohner Amerikas, das Gefühl für die Kraft der Erde. Sie sagte mir, daß sie sich viel besser fühlte, sobald sie dies erkannt hatte; sie erinnerte sich an ihr wahres Selbst.

Die Moral der Geschichte ist, daß wir schnelle Phantasien – wie Amys Phantasie über ihr Haar – vergessen, da sie sehr schwach sind, das heißt zu weit entfernt von unserem Bewußtsein und zu antagonistisch zu ihm. Amy hatte Grenzen dagegen, wahrzunehmen und zu erinnern, was ihr als oberflächliches Problem erschien.

Oft ist es infolge von Marginalisierung und Grenzen schwierig, mit subtilen Gefühlen zu arbeiten. Selbstkritik oder ein Mangel an Selbstliebe sind dabei nicht das Hauptproblem. Aus der Sicht des Träumens liegt die Grundschwierigkeit in einem Mangel an Luzidität.

Die Schulung des Bewußtseins im Bereich des Spürens kann mittels Luzidität die Wurzeln beinahe jeden Problems enthüllen. Indem man den Fokus auf die Unbestimmtheit der spürenden Erfahrung richtet, wird man luzid. Es ist wichtig, sich daran zu erinnern, daß hinter jeder anscheinend äußeren oder oberflächlichen Schwierigkeit ein mächtiges Träumen steht, das sich zu enthüllen sucht.

Buddha könnte sagen, daß die Unterbrechung dessen, was ich als Marginalisierung bezeichne, eine Voraussetzung darstellt für das Erlangen des Weisheitszustandes und die Linderung von Schmerz und Leiden. Wäre er heute zugegen, würde er die Schulung der „reinen Aufmerksamkeit" zur Erlangung von Luzidität über die spürende Erfahrung empfehlen.[36]

Die klassische westliche Psychologie fokussiert auf persönliche Veränderung, indem das Bewußtsein im Bereich des Traumlandes entwickelt wird. Dies geschieht, indem Grenzen durch Gespräch und Traumarbeit aufgelöst werden. Schamanismus, Körperarbeit und Buddhismus überwinden Marginalisierung mittels Luzidität oder reiner Aufmerksamkeit gegenüber den Flashes und Flirts der spürenden Erfahrung.

Ein Beispiel für Erwachen

Damit der Unterschied zwischen Marginalisierung und Grenzen noch deutlicher wird, denken Sie darüber nach, wie Sie am Morgen erwachen. Stellen Sie sich vor, daß Sie einen Partner neben sich haben. Der Wecker klingelt. Sie spüren ihn, sie hören ihn, aber Sie „grenzen ihn aus". Obwohl Sie wissen, daß der Wecker klingelt, haben Sie das Ge-

---

[36] Siehe die ersten Kapitel der *Abhidhamma Studies* des Ehrwürdigen Nyanaponika Thera: „Damit Weisheit oder Einsicht entstehen können, muß der Meditierende lernen, die normale konstruktive, synthetisierende Aktivität des Geistes einzustellen, die dafür verantwortlich ist, die Bereiche unmittelbarer sensorischer Daten in kohärente, sich um Personen, Dinge und deren Eigenschaften drehende Erzählmuster zu verweben. Statt dessen muß der Meditierende eine radikal phänomenologische Haltung annehmen und sich achtsam jeder in der Reihe nach auftretenden Erfahrungsgelegenheit widmen, genau so, wie sie sich in ihrer reinen Unmittelbarkeit präsentiert. Wird diese Technik der ‚reinen Aufmerksamkeit' gewissenhaft angewendet, löst sich die vertraute Welt der Alltagswahrnehmung in einen dynamischen Strom unpersönlicher Phänomene auf, Augenblicke der Wirklichkeit, die mit unglaublicher Geschwindigkeit entstehen und vergehen."

fühl, seinem Befehl nicht gehorchen zu müssen. Der Wecker klingelt nicht für Sie. Und so stellen Sie ihn ab, ohne weiter darüber nachzudenken. Er war ein sehr großes Objekt. Sie konnten ihn nicht marginalisieren; sein Klingeln überwand die Grenze zu Ihrem Ohr, doch schließlich unterdrückten Sie es.

Hat Ihr Partner den Wecker gehört? Er sagt Ihnen später am Morgen, er habe ihn *nicht* gehört. Hätten Sie jedoch ein elektrisches Meßinstrument nahe an seinen Körper gehalten, würden Sie gesehen haben, daß sein Körper auf den Wecker reagierte. Er erfuhr eine spürende Erfahrung des Weckers, marginalisierte diese jedoch.

Der *Abhidharma* würde sagen, der Wecker sei sehr schwach gewesen. Sein Körper marginalisierte ihn. Mit anderen Worten, der Wecker flirtete mit ihm, das heißt, er erreichte beinahe seine luzide Aufmerksamkeit. Während er ihn auf einer spürenden Ebene registriert haben mag, so wie wir alle selbst sehr schwache Ereignisse registrieren, war er dem Wecker gegenüber nicht luzid. Er erreichte sein luzides Bewußtsein nicht.

Verfügt der Wecker über sehr schwache oder sehr große Kraft?

Denken wir nun an einen anderen Morgen, mit einer neuen Reihe von Umständen. Stellen Sie sich vor, daß diesmal Ihr Partner erwachte, Sekunden bevor der Wecker losging, und fröhlich aufstand, den Wecker abstellte und Sie aus dem Bett holte. Dem *Abhidharma* zufolge verfügte der Wecker für ihn über sehr große Kraft.

In diesem zweiten Szenario können wir die Luzidität Ihres Partners nicht von der Kraft des Weckers unterscheiden. Alles, was wir sagen können, ist, daß das Ereignis über große Kraft verfügte. Ihr Partner erfuhr den Wecker, noch bevor er klingelte; sein Körper spürte das Klingeln „in seinem Träumen". Der Wecker stimmte überein mit seiner Identität als einer Person, die aufstehen möchte; aus diesem Grunde „grenzte" er den Wecker nicht aus, sondern stand auf. Dies war eine erleuchtete Handlung seinerseits. Er war achtsam, phänomenologisch, luzid und bewußt in bezug auf die Existenz des Weckers und die Notwendigkeit aufzustehen.

Das Auftauchen des Weckers in seinem Bewußtsein schaffte es durch Marginalisierung und Grenzen hindurch, und infolge seiner erleuchteten Haltung mußten auch Sie erwachen.

Dieses Beispiel zeigt, daß die Kraft eines Objekts zum Teil von den potentiellen Beobachtern abhängt. Der Wecker mag für eine Person über sehr große Kraft verfügen, und für eine andere über sehr schwache. Überdies gibt es aus der Sicht des Träumens zunächst keine Beobachter, und folglich können wir nur von der Kraft des gesamten Ereignisses sprechen, das mit der Aufmerksamkeit flirtet.

Abschließend gilt es festzustellen, daß vom spürenden Standpunkt aus die „Natur" oder Ereignisse selbst Marginalisierung schaffen. Ob ein Ereignis über eine schwache oder sehr große Kraft verfügt, hängt von der Kombination der beteiligten Träumer ab, in unserem Fall von Ihnen, Ihrem Partner und dem Wecker. Nichts ist unabhängig von anderem einfach schwach oder stark.

Mit der Schulung Ihrer Luzidität können Sie Marginalisierung jedoch umkehren. Während des Träumens spüren Sie Dinge, können sie aber nicht identifizieren, da die Wahrnehmung neblig und vage ist. Sofern Sie nicht luzid sind, nehmen „Sie" Dinge in diesem Bereich nicht wahr, und Sie tun dort auch nichts – die Dinge geschehen einfach. Je mehr Luzidität Sie erlangen, desto besser können Sie als Teilnehmer am Träumen wirken, gemeinsam mit all den anderen fühlenden Wesen.

In buddhistischen Lehren ist es wichtig, Bewußtheit zu erlangen und Anhaftung (oder Abneigung) aufzulösen, indem man sowohl gute als auch schlechte Reize wahrnimmt und als Teil der Unbeständigkeit der Natur vorbeiziehen läßt. Der buddhistische *Abhidharma* wünscht nicht, das Kleine Ich zu vernichten, sondern, nach meinem Verständnis der Lehre, die Perspektive auf die Bedeutung des „Ich" zu vergrößern.[37] Die

---

37 Das vollkommene Verständnis dieses «Ich» wird vom westlichen Standpunkt aus nie ganz erklärt. Immerhin verleiht uns der luzide Standpunkt Einsicht in dieses geheimnisvolle „Ich". Befindet man sich in einer spürenden Stimmung, kann man erfahren, daß das Kleine Ich aus der spürenden Erfahrung als Teil des Großen Ich hervorgeht.

phänomenologische Lehre des *Abhidharma* empfiehlt, daß Sie sich dessen gewahr sind, wenn Sie den Sinn von Dingen verstehen wollen und statt dessen jenem undifferenzierten und einheitlichen Sinn der Welt Aufmerksamkeit schenken, aus dem alle Dinge hervorgehen.

Bewußtsein ist eigentlich Unbewußtsein

Westliche Ideen des Bewußtseins verweisen im wesentlichen darauf, sich selbst und die eigenen Teile zu kennen. Doch *aus der Sicht, vierundzwanzig Stunden luzid zu träumen, sieht Bewußtsein wie Unbewußtsein aus.* Der Versuch, Wahrnehmung zu verstehen, indem man bloß von sich selbst und der Konsensusrealität ausgeht, läßt einen unbewußt werden gegenüber dem Träumen, dem größeren Ich, dem gesamten Feld spürender Wahrnehmungen.

Mit anderen Worten, das Ringen um Verständnis und Bewußtsein kann einen der spürenden Erfahrung gegenüber unbewußt werden lassen. Ich möchte dies anhand einer nicht lange währenden Erkältung erläutern, die ich bekam, als ich Kurse über den *Abhidharma* gab. Meine Erkältung begann mit einer sehr „tropfenden" Erfahrung. Tatsächlich begann sie im Träumen als eine spürende Erfahrung der Stille und Innerlichkeit, die ich einige Tage zuvor marginalisiert hatte. Bis sich meine spürende Erfahrung der Stille in eine Erkältung entfaltet hatte, waren einige Tage vergangen. Eines Nachts konnte ich nicht schlafen, da meine tropfende Nase mich immer wieder weckte. Schließlich, mitten in der Nacht, entschloß ich mich, damit aufzuhören, die störenden Eigenschaften meiner Erkältung zu marginalisieren. Ich setzte mich im Bett auf und versuchte, meine „reine Aufmerksamkeit" zu benutzen und luzid zu werden.

Ich begann meine Erkältung mit so viel spürender Aufmerksamkeit zu erforschen, wie ich zu der späten Stunde aufbringen konnte. Ich spürte die Empfindungen in meiner Nase und in meinen Nebenhöhlen. Neben den Empfindungen des Tropfens und des Niesens erinnerte mich die spürende Essenz jener Erkältung irgendwie an so etwas wie die Farbe Purpur. Da ich versuchte, die Erkältung auf spürende Weise zu erforschen, dachte ich nicht: „Warum Purpur?", sondern fuhr fort, ohne zu versuchen, den Sinn zu verstehen. Während ich diese Farbe wahrnahm, glitt ich in eine purpurfarbene Sphäre, eine purpurfarbene Welt.

Zunächst war ich etwas nervös; diese Welt war mir fremd. Doch dann entschloß ich mich, meinem Bewußtsein zu folgen, während es auf spürende Art und Weise in diese purpurfarbene Welt eintauchte.

Aus irgendeinem unbekannten Grund verschaffte meine Erkundung den Nebenhöhlen so viel Erleichterung, daß sie genügend austrockneten, um mich schlafen zu lassen. Am nächsten Morgen wachte ich auf und erinnerte mich an einen Traum, der von einer purpurfarbenen Apotheke handelte. Außerhalb des wundervollen purpurfarbenen Gebäudes war ein purpurfarbener Sportwagen geparkt. Ich verstand meinen Traum augenblicklich.

Das purpurfarbene Auto symbolisierte die purpurfarbene Erfahrung meiner Erkältung. Der purpurfarbene Sportwagen nahm mich sozusagen auf eine purpurfarbene „Reise" mit. Die purpurfarbene Apotheke in meinem Traum bedeutete die purpurfarbene Heilerfahrung. Als ich am Morgen erwachte, wußte ich aufgrund meiner spürenden Erfahrung während der Nacht sogleich, wovon der Traum handelte.

Hätte ich den Fokus lediglich auf den Traum gerichtet und eine gewöhnlichere Art der Traumarbeit auf das Auto und die Apotheke angewandt, wäre meine Frage vielleicht gewesen: „Was assoziiere ich zu der Apotheke?" Vielleicht hätte ich mit „Heilen" oder alternativen Heilmethoden geantwortet.

Zu dem Sportwagen hätte ich „herumsausen" assoziieren können. Das Denken im Sinne von Assoziationen würde zu einem Verständnis meines Traums als „Heilungsreise" führen. Im Sinne von Assoziationen und Interpretationen zu denken ist interessant; es verleiht meiner Erkältung Sinn. Der Traum und die Assoziationen machen mein Träumen verständlich.

Doch ein solches Denken in der Traumarbeit hat Nebenwirkungen. *Es führt mich vom Träumen, von der spürenden Erfahrung weg.* Es ist sehr hilfreich, in Traumteilen zu denken; von diesem Standpunkt aus läßt sich sagen, das Auto symbolisiere meine Heilungsreise und die Apotheke die Fähigkeit meines Körpers zur Heilung. Die Aussage des Traumes lautet dann: „Ich werde mir dieser Teile meiner selbst bewußt." Das ist interessant. Es läßt mich bewußt werden.

Ein solches Bewußtsein aber *läßt mich unbewußt werden* hinsichtlich des Träumens, der spürenden Empfindungen, der Basis des Träumens. Bewußtsein würde mich dazu veranlassen, die tropfende Nase zu marginalisieren.

Marginalisiert man die spürende Erfahrung, *kann einen die Interpretation von Träumen unbewußt werden lassen.* Ich liebe die Trauminterpretation und beschäftige mich sehr eingehend damit. Dennoch ist es mir bewußt, daß ich durch Interpretation, von einem anderen Standpunkt her gesehen, unbewußt werden kann über mein spürendes Selbst, das Große Ich, das heißt, die purpurfarbene Welt, die die Apotheke, den Sportwagen und meine tropfende Nase mit einschließt. Spürend zu sein und jene purpurfarbene Erfahrung wahrzunehmen brachte mich in einen ekstatischen Zustand, der eine andere Gefühlserfahrung darstellt als die Interpretation des Traums.

Während ich den Begriff „purpurfarben" schreibe, nehme ich wahr, daß ein Lied in meinem Kopf auftaucht. Wie heißt dieses Lied nochmal? „Purpur". Wie geht es? Da war irgend etwas wie „Purpur … auf Gartenmauern…" Es ist ein sehr romantisches Lied. Die wunderschönen Worte und die romantische Melodie des Liedes bringen meine spürende Erfahrung zurück. Die Gefühle dieses Liedes lassen mich fast aus den Augen verlieren, was ich hier gerade schreibe. Lieder beschreiben das Unbeschreibliche. Sie bringen mich zum „purpurfarbenen" Träumen zurück, und vielleicht verstehe ich meinen Traum erst jetzt, mit der romantischen Natur dieses Liedes im Herzen. Zu jenem spürenden, romantischen Gefühl zu gelangen war der Sinn meiner Erkältung, und es war heilend, das Träumen zu erreichen.

Aus diesem Beispiel wird ersichtlich, daß das Erlangen von Luzidität durch Fokussieren auf die spürende Erfahrung sehr verschieden ist von der Konzentration auf die Bedeutung des Traums. Bewußtsein für Teile kann einen unbewußt werden lassen gegenüber der eigenen spürenden Erfahrung, und es kann einen davon abhalten, luzid zu sein.

Im Gegensatz zur Luzidität über noch nicht formulierte Erfahrung betont Bewußtsein – nach meiner Definition – das Gewahrwerden über Teile seiner selbst und der eigenen Umgebung in einer solchen Weise, daß man sich auf diese Teile und auf andere beziehen kann. Bewußtsein vemittelt einem Sinn, doch indem man den Fokus lediglich auf das Bewußtsein über die eigenen Teile richtet, kann man dem Träumen gegenüber unbewußt werden.

Umgekehrt kann bloßes Luzidsein, so wie ich es gerade erfahren habe, als ich mich an das Lied erinnerte, einen unbewußt werden lassen gegenüber der Alltagsrealität, der Welt der Dualität und Teile.

Luzidität ist eine Reise. Man kann ohne weiteres so sehr davon eingenommen werden, daß man beginnt, das Alltagsleben aus den Augen zu verlieren (oder darauf herabzusehen).

Folglich sind sowohl Bewußtsein als auch Luzidität wichtig. Luzidität bedeutet Bewußtsein über den gesamten Sinn des Traumes auf der Ebene der Vorbedeutung, die, einmal entfaltet, zur Bedeutung der Teile des Traumes wird. Bewußtsein wertschätzt die Teile und sucht nach Bedeutung und Verbundenheit unter ihnen, ignoriert jedoch leicht einmal das ehrfurchtgebietende Wesen des Träumens, das dem Konzept der Bedeutung vorangeht.

Lassen Sie mich die momentanen Auswirkungen, die Bewußtsein und Luzidität aufeinander haben, in bildlicher Form darstellen. Luzidität wird durch einen Kreis ◯ und Bewußtsein durch ein Quadrat ▢ dargestellt.

Ferner verweisen die dunkler gefärbten Kreis- und Quadratflächen auf einen Fokus, der vorwiegend auf Luzidität oder Bewußtsein gerichtet ist. Siehe die graphischen Darstellungen unten. Links kann man sehen, wie Luzidität das Bewußtsein überlagert. Rechts sieht man, wie Bewußtsein Luzidität verhindern kann.

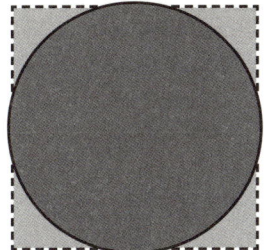
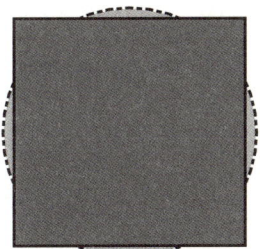

Momentan das Bewußtsein hemmende Luzidität

Bewußtsein hemmt Luzidität

Erleuchtung besteht aus jenen Augenblicken, da man sowohl luzid als auch bewußt ist. Im gegenwärtigen Kontext bedeutet Erleuchtung, die spürende Erfahrung wertzuschätzen ebenso wie die Teile des Alltagslebens, das heißt, gleichzeitiges Vorhandensein von Luzidität über den Bereich des Spürens und Bewußtsein über Teile. Siehe die graphische Darstellung auf Seite 76.

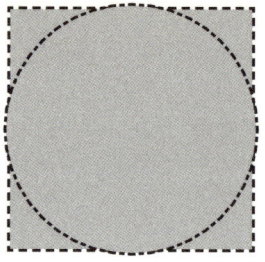

Gleichzeitiges Vorhandensein von Luzidität über den
Bereich des Spürens und Bewußtsein über Teile

Diese Darstellung, bestehend aus der Vermischung eines Quadrats und eines Kreises, stellt einen kombinierten, auf mehrere Ebenen gerichteten Fokus dar, der sich zusammensetzt aus Luzidität und unaussprechlichen Gefühlen sowie Bewußtsein über diejenigen Teile und Figuren, die sich aus diesen Gefühlen heraus entfalten.

Zur Erinnerung

Ein geübter Meditierender kann während des Prozesses der Beobachtung „Augenblicke" verfolgen und wahrnehmen, wie diese Ereignisse entstehen und vergehen.
    Alten buddhistischen Lehren zufolge gibt es siebzehn Schritte oder „Augenblicke", die allem vorangehen, was man fühlt, hört oder sieht.
    Um die Lehren der indigenen Wissenschaft und der buddhistischen Analyse für die Therapie nutzbar zu machen, spreche ich von den sehr schwachen, den schwachen und den großen Kräften im Sinne von Marginalisierung und Grenzen.
    Erleuchtung bedeutet die gleichzeitige Wertschätzung der Luzidität über den Bereich des Spürens und des Bewußtseins über Teile.

Kapitel 5

Nichtarbeiten an sich selbst
Verschiedene Realitäten, Beispiele für spürendes Heilen

Ein guter Koch wechselt sein Messer einmal im Jahr aus, weil er schneidet, während ein durchschnittlicher Koch seines jeden Monat auswechseln muß, weil er hackt.[38]

Eine gute Köchin wendet beim Kochen keine Kraft an, und sie arbeitet nicht gegen die Nahrung. Den chinesischen Taoisten zufolge übt sie „Nichttun" aus. Ihre Hände kennen das Tao des Truthahns und wissen, wo sie Knochen ausweichen müssen. Sie ist luzid über ihr spürendes Wissen und weiß, wo sie schneiden und den Truthahn in Stücke zerteilen kann und wo nicht. Sie folgt dem Weg, den die Natur vorgibt.

Schneiden Sie diesen Truthahn, und hacken Sie ihn nicht

---
38 Chuangzi, S. 55.

Die Köchin in einem gewöhnlichen Bewußtseinszustand hackt, preßt und drückt. Sie arbeitet hart und wendet mehr Energie auf als im Bewußtseinszustand des „Nichttuns". In einer taoistischen Stimmung aber ist die Köchin spürend; der Truthahn wird zubereitet, als bereite er sich selbst zu.

Das Erlangen von Luzidität über die spürende Erfahrung während der Ausübung von Tätigkeiten hängt zum Teil von der Traumkraft des Gegenstandes ab, mit dem man arbeitet, von seiner Größe, seinem Gewicht und seiner Beschaffenheit. Innerhalb des buddhistischen Systems sahen wir im *Abhidharma*, daß alle Ereignisse über Kraft verfügen. Sie werden sich daran erinnern, daß schwache Objekte ohne Schulung seitens einer Person das Bewußtsein nicht erreichen, große hingegen schon. Objekte verfügen über einen bestimmten Grad an Kraft, um mit einem zu interagieren und schließlich das Bewußtsein zu erreichen. Das Denken der australischen Aborigines schreibt Objekten ebenfalls Kraft zu. Ein Mann sagt, wir müßten bestimmte Bäume betrachten, da ihre Kraft uns dazu veranlaßt, sie anzusehen.[39]

Nichttun in Physik und Psychologie

Dem Denken der Aborigines zufolge verfügt alles, was man beobachten kann, über die Kraft des Träumens. Wie wir in Kapitel 1 gesehen haben, bedeutet das Träumen für den Alltag eines Aborigine, was das Quantenfeld für die Beobachtung eines Physikers bedeutet. Wenn sich diese Wellenpotentiale selbst reflektieren, treten Beobachtungen auf.[40]

Mit anderen Worten, wenn man etwas wahrnehmen kann, hat es in der Traumzeit mit einem interagiert.[41] Ein Objekt kann gesehen wer-

---

39 Dieser Mann soll die Kraft eines Baumes, der unsere Aufmerksamkeit erregt, gerufen haben. „Wayrull": unveröffentlichte Dissertation von Salome Schwarz, Union Institute, Cincinnati Ohio, 1996.
40 In *Quantum Mind* weise ich darauf hin, daß die moderne Physik in vieler Hinsicht mit den Ideen der Ureinwohner übereinstimmt.
41 In *Quantum Mind* mache ich darauf aufmerksam, daß das Quantenfeld eine mathematische Struktur ist, die über sich selbst reflektiert und dadurch Beobachtungen in der Konsensusrealität ermöglicht. Dennoch muß für die moderne Wissenschaft zum jetzigen Zeitpunkt die Frage, ob Objekte „spürend" sind oder nicht, eine mathematische Hypothese bleiben, da diese subtile Form der Interaktion zwischen Beobachter und Objekt empirisch nicht nachgewiesen werden kann.

den, weil es über subtile, im allgemeinen unerkannte Signale verfügt, die das Gefühl plötzlicher Einblicke, Einfälle, Empfindungen, vager Stimmungen, Tendenzen und Impulse in einem hervorrufen. Obgleich man denken mag, man würde Dinge beobachten und tun, nimmt man tatsächlich in einem luziden Bewußtseinszustand wahr, daß man Dinge beobachtet *in Verbindung damit*, von ihnen beobachtet zu werden.

Alles, was man beobachtet, entsteht durch die spürende Teilnahme aller daran beteiligten Elemente. Wenn man diese von Wechselwirkung bestimmte Traumzeiterfahrung wahrnimmt, ist man luzid; man übt aus, was die Chinesen als „Nichttun" bezeichnen.

Nichttun ist eine spürende Beziehungshandlung, eine beinahe magische Handlungsweise. Ahnungen, Stimmungen und Empfindungen entstehen miteinander und in Verbindung mit allem, was daran beteiligt ist. Sie gehen bewußter Beobachtung, Einsicht oder Alltagsereignissen stets voraus. Sie selbst mögen dieses „Miteinander-Entstehen" marginalisieren. Vielleicht halten Sie Vorahnungen für Projektionen aus der Sicht der Konsensusrealität. Doch vom Standpunkt der Nicht-Konsensusrealität aus sind sowohl Sie als auch die Ereignisse, die Sie wahrnehmen, Teil Ihres Großen Selbst.

Der Alltagsverstand kann die Bedeutung von Ereignissen nicht kennen, bis sie in das Traumland hinein entfaltet sind. Vom Standpunkt der Konsensusrealität aus sind alle Ereignisse im Bereich des Spürens ursprünglich bedeutungslos. Sie erlangen Bedeutung, indem sie in das Traumland und die Konsensusrealität hinein entfaltet werden.

Die Grundstruktur aller Beobachtungen ist zunächst Nichttun. Man tut es nicht, man beobachtet nicht. Es geschieht. Aus der Sicht der Konsensusrealität wird die spürende Grundlage der Beobachtung mit verschiedenen Namen benannt wie Magie, Telepathie oder Hellsichtigkeit. Verfügt man über Luzidität, spürt man die Samen und Tendenzen der Dinge und errät die Zukunft. Man spürt Gegenstände sich wie von allein bewegen. Vom Standpunkt der Konsensusrealität aus scheint man etwas mit „Telekinese" zu tun zu haben; andere mögen denken, man bewege Dinge aus der Distanz. Doch „man" tut nichts. Die Dinge geschehen einfach.

Das Pflaumenbeispiel

Ein persönliches Beispiel kommt mir in den Sinn. Ich erinnere mich an einen warmen Frühlingsnachmittag, an dem Amy und ich laufen gingen. Während des Laufens tauschten wir Träume aus und sprachen über uns selbst. An einer Stelle hielt Amy inne, um Luft zu holen, gerade als wir begannen, bergan zu laufen. Ein flackernder Impuls stieg plötzlich in mir auf, doch der Impuls war so absurd, daß ich ihn marginalisierte. Als ich dann die Marginalisierung bemerkte, entschloß ich mich, dem Impuls zu erlauben, sich zu entfalten.

Mein Impuls bestand aus einer Tendenz, etwas aus Amys Kopf ziehen zu wollen. Ich fokussierte auf meinen Impuls, sagte ihr aber noch nichts von meiner Tendenz, etwas aus ihrem Kopf ziehen zu wollen. Ich sah sie an, um herauszufinden, ob sie irgend etwas tat, das diesen Impuls in mir auslöste, konnte aber nichts finden.

Ich konzentrierte mich einen Augenblick lang auf diesen Geistesblitz oder „Flirt", diesen Impuls, etwas aus ihrem Kopf zu ziehen, und teilte ihn ihr dann mit. „Amy", sagte ich, „entschuldige bitte, aber ich habe den seltsamen Impuls, eine große Pflaume aus deinem Kopf zu ziehen."

Arny   Die Pflaume   Amy
Zu wem gehört die Pflaume?

Zu meiner Überraschung mußte sie dermaßen lachen, daß sie beim Laufen innehalten mußte. Sie freute sich, daß ich meine Phantasie mit ihr geteilt hatte, und sagte, daß in einem ihrer vergessenen Träume der letzten Nacht eine Pflaume vorgekommen sei. In ihrem vergessenen Traum spielte sie mit einer Pflaume. Das war ihr entfallen, bis ich meine luzide Erfahrung mit ihr teilte.

Wer denkt?

Obwohl ich kaum luzid war über das Träumen, den spürenden Hintergrund von Ereignissen, vermochte ich das Bild der Pflaume wahrzunehmen, das ich beinahe marginalisiert hätte, da es ein „sehr schwaches" Objekt war. Doch nachdem es mehrfach mit mir geflirtet hatte, griff ich es auf. Vielleicht war es letztlich doch nicht so schwach.

Ist man luzid, steigen verborgene Ereignisse an die Oberfläche. Natürlich sind diese Ereignisse nicht wirklich verborgen; sie sind eher versunken, embryonisch, auf Entfaltung wartend. Es ist, als würde das Große Ich über sich nachdenken. Wenn „es" nachdenkt, erfährt man sich selbst zunächst, als würde mit einem geflirtet, und dann, als würde man dazu aufgefordert, etwas anderes zu beobachten. Später denkt man, „man selbst" habe beobachtet, doch das Kleine Ich ist bloß ein Zeuge.

Weder Amy noch ich konnten sagen, wo der Pflaumen-Flirt herstammte, ob er zu Amy gehörte oder zu mir. Luzide Erfahrung des Träumens ereignet sich, bevor das Träumen in Teile aufgebrochen wird, bevor man weiß, ob es von einem selbst oder jemand anderem oder von speziellen Traumbildern und Signalen herrührt. Luzidität erlaubt einem zu spüren, wie Beobachtungen aus allem anderen, was daran beteiligt ist, mitentstehen. Während sich die luzide Erfahrung entfaltet, nimmt man wahr, wie sie sich entfaltet, und wird über Figuren, Bewegungen, Teile und den „anderen" bewußt. Wenn man nicht aufpaßt, meint man dann, man beziehe sich auf die andere Person oder ein Objekt. Man denkt, man müsse bewußt an der Beziehung arbeiten. Das ist zwar keine schlechte Idee, doch sollte man auch beachten, daß Beziehungen in Erscheinung treten, sie geschehen uns. Sie beruhen auf Nichttun.

Bewußtsein bedeutet, um eine musikalische Analogie zu benutzen, das Schreiben oder die Kenntnis der Noten eines Liedes, während Luzidität einen Bezug zum spürenden Hintergrund darstellt, der das Lied entstehen ließ.

Vielleicht möchten Sie mit der folgenden Übung zur inneren Arbeit experimentieren. Diese Übung erforscht das Nichttun ebenso wie den Unterschied zwischen Luzidität und Bewußtsein beim Schreiben eines Liedes.

Nehmen Sie sich einen Moment Zeit, um sich zu fragen, was Sie in diesem Augenblick fühlen. Welche Worte beschreiben Ihre gegenwärtigen Gefühle?

Innere Arbeit mit den „Liedlinien": Das Nichttun des Liedermachens

Nehmen Sie sich nun einen weiteren Moment Zeit, und fordern Sie sich auf, Dinge zu fühlen, die nicht in Worte gefaßt werden können oder noch nicht in Worte gefaßt wurden. Den Fokus auf diese Gefühle zu richten ermutigt Sie, Luzidität zu erlangen über spürende Erfahrungen, Erfahrungen des Träumens, die Sie jetzt gerade haben.

Welcher Ton taucht auf, der Ihre spürende Erfahrung widerspiegelt? Welche Melodie und Worte würden Ihre Erfahrung ausdrücken oder annähernd beschreiben? Erlauben Sie dieser Melodie und den Worten, ein Lied zu werden.

Experimentieren Sie damit, sich eine Geschichte auszudenken oder zu erzählen, in der Ihr Lied eine bedeutsame Rolle spielt.

Das ist das Nichttun des Liedermachens. Sie haben dieses Lied nicht wirklich geschrieben. Es wurde gewissermaßen geschrieben. Sie übten vierundzwanzig Stunden luzides Träumen aus, um Bewußtheit über den spürenden Hintergrund des Moments zu erlangen. Dann wurden Sie seiner Teile gewahr, indem Sie die Melodie hörten und Worte fanden. Das Lied bringt die Atmosphäre im Traumzeithintergrund des gegenwärtigen Moments Ihres Lebens in der Konsensusrealität zum Ausdruck. Ihr Lied und seine Geschichte haben das Bewußtsein erreicht. Um nun im Verständnis der Bedeutung Ihres Liedes weiterzugehen, fragen Sie sich nach dem möglichen Sinn Ihrer Geschichte.

Einige Gruppen der australischen Aborigines sprechen von „Liedlinien" (Song Lines), wie Taoisten vom „Weg" oder Tao sprechen. Ihre Liedlinie ist Ihr gegenwärtiger Weg im Leben. Geben Sie sich ein paar Minuten, um darüber zu meditieren, was es für Sie bedeutet, dem augenblicklichen, durch Ihre Geschichte symbolisierten Pfad zu folgen.

Das Nichttun des Kehrens

Man kann Nichttun auf alles anwenden, einschließlich Saubermachen. Achten Sie einmal darauf, was geschieht. Sie mögen wahrnehmen, daß Ihr Besen mit Ihnen flirtet. Wenn Sie dann Luzidität erlangen über diese spürende Erfahrung, bemerken Sie, daß der Schmutz auf dem Boden ebenfalls mit Ihnen flirtet. Sie, der Boden und der Besen befinden sich inmitten einer Beziehungstriade. Das Kehren des Bodens geschieht plötzlich.

Saubermachen wird zur Beziehung zwischen dem Besen, dem Boden und Ihnen selbst. Ihr gewöhnlicher Verstand mag Fragen stellen, wie: „Wer wird denn nun gereinigt, du oder der Boden? Wer tut was?" Aus der spürenden Sicht geschieht Saubermachen. Aus der zur Konsensusrealität gehörigen Sicht der Teile kann man nur eine so paradoxe Aussage machen wie: „Alles wird saubergemacht, und alles macht sauber". ES macht SICH SELBST sauber!

Dieser Besen übt Nichttun mit Ihnen
und dem Boden aus!

Auf jeden Fall identifizieren Sie sich mit einem Teil des Ganzen und wenden sich gegen andere, wenn Sie sich drängen, etwas zu tun. Sie fühlen dann den Widerstand in Ihrem Körper. Viele Körpersymptome hängen mit dem „Tun" zusammen, das heißt, die verfügbare Energie des Nichttuns wird marginalisiert. Lassen Sie das „Nichttun" die Dinge erledigen, die Sie zu tun haben. Sie mögen unvorhersehbarer werden in allem, was Sie tun, doch Sie werden zweifellos über mehr Energie verfügen. Warten Sie, bis Sie der subtilsten Tendenzen gewahr werden, dann folgen Sie ihnen, wenn sie gegenwärtig sind, und „Nichttun" wird den Rest besorgen.

Luzidität, die Tendenzen zu Signalen spürt, bevor sie eigentlich zu Signalen werden, spart nicht nur Energie — sie ist zudem Präventivmedizin. Luzidität ist so etwas wie Dentalhygiene. Zahnprobleme treten auf, wenn man seine Zähne nicht putzt, doch brauchen Zähne Monate, um geschädigt zu werden, wenn man sie nicht sauber hält und jeden Abend reinigt.

Dasselbe gilt für physische Gesundheit im allgemeinen. Luzidität ist Präventivmedizin. Die Entwicklung einer Beziehung zur spürenden Erfahrung arbeitet an Körperproblemen auf einer zellulären Ebene, bevor die Signale manifest werden. Erledigen Sie Dinge, wenn sie „darum bitten", erledigt zu werden. Auf diese Weise arbeiten Sie weniger und träumen mehr.

Nichtzeitliche und nichtlokale Erfahrung

Im Konsensusbereich der Alltagswelt wird Zeit mit der Folge von Ereignissen assoziiert. Erst steht man auf, dann frühstückt man. Etwas geschieht zuerst, etwas anderes als nächstes, in einer linearen Zeitabfolge von Vergangenheit, Gegenwart und Zukunft. Dasselbe gilt für die Idee des Raums – ein Ort ist hier, der andere ist dort. Ereignisse sind lokalisierbar und separierbar. Man geht hier los und kann seine Schritte auf dem Weg nach dort verfolgen.

Doch im Bereich der Nicht-Konsensusrealität, im Träumen, im Bereich des Spürens, noch bevor etwas in unserem Gedächtnis registriert oder bewußt erkannt wird, ist unsere Erfahrung der Zeit nicht linear. Gedanken und Ereignisse sind miteinander „verflochten". Deshalb kann man, wenn man die Signale eines Paares auf Video sieht, nicht mit Sicherheit feststellen, wer was zuerst tat. Würde man ein Video von Amy und mir ansehen, als wir über die Pflaume sprachen, dann könnte man nicht sagen, ob meine spürende Erfahrung der Pflaume auftrat, bevor oder nachdem Amy irgendein Signal hinsichtlich der Pflaume aussandte. Wenn ich meinen Besen betrachte, kann man nicht verfolgen oder messen, ob ich zuerst meinen Besen angesehen habe, oder ob er mit mir geflirtet hat, damit der Boden sauber wird.

Man kann der Konsensusrealität angehörige Signale, die wir einander senden, voneinander abgrenzen, indem man ein Video betrachtet.

Man kann meine Antworten auf verbale, von Amy initiierte Signale sehen und umgekehrt. Während man ein Paar, das einander Signale sendet, sehen kann, ist es nicht möglich festzustellen, wessen *spürende* Erfahrung an der Wurzel dieser Signale zuerst auftrat und wessen danach.

Da man spürende Erfahrung nicht sehen kann – es sei denn, sie manifestiert sich schließlich in Form von Signalen –, weiß man nicht, *wo* oder *wann* in Raum und Zeit die spürende Erfahrung ihren Ursprung hat. *Spürende Erfahrung ist nichtlokal und nichtzeitlich.* Nichtzeitlich bedeutet, daß die Alltagszeit nicht mit dem Träumen verbunden werden kann. *Nichtlokal* bedeutet einfach, daß es keinen einzelnen Ort gibt für spürende Erfahrung. In der Nicht-Konsensusrealität sind Raum und Zeit keine festen Konzepte mehr.

Wir können nicht ausmachen, ob die spürende Erfahrung jener Pflaume lokal war, ob sie in Amy oder in mir war, ob es ihr Prozeß war oder meiner. Im Rahmen der Konsensusrealität spricht man über Amys Prozeß oder meinen Prozeß. Aus der Sicht der Nicht-Konsensusrealität jedoch muß man im Sinne „unseres" Pflaumenprozesses denken. Noch besser ist, das heißt, am sichersten sind Sie, wenn Sie an den Prozeß des Universums denken. Und am allerbesten ist, daß die Pflaume aus dem Nichts entsteht, aus einer Leere.

Vom Standpunkt der Nicht-Konsensusrealität aus kann man nur von geschehendem Prozeß sprechen. Sobald er in der Konsensusrealität sichtbar ist, verfügt er über eine Zeit und Lokalität. Prozesse im Bereich des Spürens sind jedoch wie Quantenprozesse – sie sind überall, sie sind miteinander „verflochten", und sie sind jederzeit gegenwärtig, bis sie in der Konsensusrealität beobachtet werden.

Da spürende Erfahrungen nichtlokal und nichtzeitlich sind, kann man nicht mit Sicherheit feststellen, *woher* die spürenden Erfahrungen stammen, die hinter dem eigenen Verhalten in der Konsensusrealität liegen. Die eigene Psychologie und Persönlichkeit besitzen Wurzeln im gesamten Universum. Man weiß nicht, wo der eigene Geist lokalisiert ist. Bewußtsein und Bewußtheit sind nicht nur im Körper lokalisiert. Es ist zwar spannend und interessant zu versuchen, den Geist vom Gehirn her aufzuspüren, so wie Hirnforscher es tun. Doch ich fürchte, daß wir niemals in der Lage sein werden, den Geist aufzuspüren, da er eine Quantenerfahrung darstellt: er ist das Träumen; er ist ein Aspekt des ganzen Universums.

Der nichtlokale Aspekt der spürenden Erfahrung erklärt wahrscheinlich, warum Schamanen und Medizinmänner, die sich durch das Reich der Nicht-Konsensusrealität bewegen, sagen, daß sie an der Atmosphäre einer ganzen Gemeinschaft arbeiten. Sie gehen in Trancezustände, haben Visionen und fühlen, daß ihre Erfahrungen zu allen gehören.

Ich erinnere mich an kenianische Schamanen, die im afrikanischen Busch eine Heilung an uns durchführten. Sie erzählten uns, ihre Visionen stammten von den Dorfkindern.[42] Dies war einer der Gründe dafür, warum sie ihren Kindern Münzen, Süßigkeiten und eine Menge Liebe schenkten. Analog müßte man allem, was man wahrnimmt, etwas Süßes geben oder sagen, da die eigenen Kräfte und Visionen darin lokalisiert sind. Dies ist ein Beispiel für die Art und Weise, in der spürende Erfahrungen nichtlokal und nichtzeitlich sind. Die Psychologie des Spürbewusstseins liegt dem Buddhismus, der Wissenschaft der Ureinwohner, dem Schamanismus und der Quantenphysik zugrunde.[43]

Psychologie und Physik werden gewöhnlich vom Standpunkt einer gegebenen sozialen Realität aus formuliert. In der Alltagsrealität zum Beispiel bin ich ein weißer Mann, trage schwarze Kleider, man ist so und so, man hat einen Namen, lebt in einer bestimmten Straße und so fort. Die meisten Menschen stimmen darin überein, daß dies Realität ist.

Doch nicht jeder stimmt der Konsensusrcalität vollkommen zu. Schamaninnen und spirituelle Führer weisen darauf hin, daß das, was andere Realität (Konsensusrealität) nennen, eine Illusion ist. Don Juan, Carlos Castanedas berühmter Schamane, sagte, Menschen, die lediglich der Konsensusrealität folgen, seien „Phantome", während „wirkliche Menschen" dem Träumen folgen, spürenden Erfahrungen folgen. Lehrer wie Don Juan schätzen die Träumende Realität ebenso sehr wie das Alltagsdasein.

Es ist sinnvoll, in der Psychologie mit Signalen, Teilen und Teilchen der Konsensusrealität zu arbeiten, doch viele Ereignisse bleiben geheimnisvoll, wenn wir nur von Teilen sprechen. Synchronizitäten zum Beispiel können nicht in Teile aufgebrochen werden. Wenn Synchroni-

---

42 Für weitere Einzelheiten über diese Heilung siehe Arnold Mindell: *Den Pfad des Herzens gehen. Schamanische Praktiken und moderne Psychologie*. Petersberg: Via Nova, 1996.
43 Siehe Arnold Mindell: *Quantum Mind*, Kapitel 18, wo ich erläutere, auf welche Art und Weise diese Bereiche von der Mathematik der Physik und von mythologischen Strukturen der frühen Religionen her miteinander verbunden sind.

zitäten auftreten, stellt sich die Frage, ob ich zuerst an Sie gedacht habe oder ob Sie zuerst an mich gedacht haben. Einer der Gründe für die Verwirrung besteht darin, daß die Begriffe „Sie" und „Ich" Konzepte sind.

So wie Begriffe der Konsensusrealität wie „Sie" und „Ich" bloß Annäherungen an die spürende Erfahrung darstellen, fällt auch das Konzept der Teile und Teilchen in der Quantenphysik auseinander. Es gibt ein weithin bekanntes Versagen der Teilchentheorie, nämlich Bells Theorem. Dieses Theorem (ebenso wie die verwandten Experimente von Alan Aspect[44]) zeigt auf, daß ein subatomares Teilchen mit seinem Gegenstück verbunden ist, ungeachtet dessen, wo die beiden sich in Raum oder Zeit befinden. Die gegenseitige Verbundenheit zwischen Teilchen ereignet sich unabhängig davon, wo oder wann sie sein könnten.

In der gleichen Weise verbindet Synchronizität Objekte wie Sie und mich im Träumen, in einem spürenden nichtlokalen Bereich. Menschen in Beziehungen sind immer miteinander verbunden, was auch geschehen mag. Alle Dinge sind miteinander verbunden – wir nehmen bloß die Verbindungen nicht immer wahr.

Es gibt eine Hindu-Geschichte über die gegenseitige Verbundenheit im Träumen. In der Geschichte ruft ein ungeborenes Kind, bevor es aus dem Mutterleib kommt, aus: „Oh Herr, laß mich nicht vergessen, wer ich bin." Fünf Minuten, nachdem es aus dem Mutterleib kommt, ruft es: „Oh Herr, ich habe vergessen, wer ich bin." Mit anderen Worten, wenn man über das Träumen luzid ist, kennt man sein ganzes Selbst. Sobald man den Fokus auf die Alltagsrealität richtet, tendiert man dazu, die eigene Verbundenheit mit allem zu vergessen.

Bewußtsein und Luzidität in der Therapie

Will man in den meisten heutigen Bildungssystemen, einschließlich des Studiums der Psychologie, bestehen, muß man im Bereich der Konsensusrealität über kognitive Fähigkeiten verfügen. In der Zukunft werden wir Programme entwickeln müssen, die spürende Fähigkeiten ebenso betonen wie kognitive. Eine westlich ausgerichtete Therapeutin wird

---

44 Siehe *Quantum Mind,* Kapitel 18, für weitere Einzelheiten zu Bells Theorem und den Experimenten von Aspect.

dahingehend ausgebildet, Dinge zu wissen; sie lernt viele Einzelinformationen, liest Bücher, spricht von verschiedenen Subjekten und weiß eine Menge über „Teile". Wenn sie mit jemandem in der Therapie arbeitet, „arbeitet" sie. Sie hat gelernt, Grenzen zu setzen und anders zu sein als ihre Klientin.

Die westliche Therapie beruht, wie das westliche Geschäftsleben, zum großen Teil auf dem Messen von Leistung. Sowohl von der Therapeutin als auch von der Klientin werden Fortschritte, Entwicklung, Heilung, Wachstum und Erfolg erwartet. Dies ist westliches Normdenken. Die innere Kritik vieler westlicher Menschen ist ein westlicher Mainstreamgeist, der sagt: „Du weißt nicht genug, du arbeitest nicht genug, und deine Leistung ist nicht genügend."

Allerdings gibt es ein anderes, vielleicht aus uralter Zeit stammendes Ziel. Statt der Kenntnis *über* Teile, Menschen und Fakten, ist die Beziehung *zwischen* Teilen, Menschen und Fakten entscheidend. Nehmen Sie zum Beispiel die asiatische Teezeremonie. Es gibt eine Form, ein bestimmtes Zeremoniell, das man anwendet, wenn man Tee zubereitet und trinkt. Sobald man den Tee zuzubereiten lernt, wird der Fokus darauf gerichtet, Luzidität zu erlangen, bei jedem Detail zu verweilen, den Tee zu versuchen, ihn zu trinken und vielleicht sogar zu ihm zu werden. Das Wesentliche ist nicht das eigentliche Trinken des Tees, sondern die meditative Haltung, die Beziehung zwischen einem selbst und all den Teilen, die notwendig waren, um den Tee zuzubereiten und zu trinken. Der luzide Lebensstil hinter der Teezeremonie ist das Entscheidende, nicht der Tee.

Die Konzepte des Tuns und Nichttuns beruhen auf zwei sehr verschiedenen Prinzipien: Bewußtsein und Luzidität. „Tun" oder dessen westliche Definition im Sinne von Arbeit erfordert, Kraft über Zeit und Entfernung aufzuwenden. Arbeit ist mit Bewußtsein über Verschiedenheit, mit Teilen, Anstrengung und Kraft verbunden.

Wird Luzidität auf eine gegebene Aufgabe angewandt, verwandelt sie Arbeit in spontane Akte des „Nichttuns". Solange man die Form der Aufgabe erlernt, herrscht im Nichttun noch immer ein Aspekt des „Tuns" vor (wie bei der Teezeremonie). Doch der Rest ist spürende Wahrnehmung, eine Sache von Luzidität. Keine Arbeit ist daran beteiligt. Die Dinge geschehen. Man ist gegenwärtig. Die Arbeit wird schließlich getan, aber es ist keine Arbeit, es ist Nichttun; es war wenig Kraft und kein „Ich" im Spiel. Die Arbeit geschah.

Es ist schwierig, über Nichtarbeiten zu sprechen, aber man kann es fühlen, da es einem ein Glücksgefühl vermittelt. Wie gut, daß jeder diese Erfahrung schon einmal gemacht hat. Sie mögen sich noch daran erinnern, wie es war, das Fahrradfahren zu erlernen. Nach einer Weile hörten Sie auf, über die einzelnen Elemente des Radfahrens nachzudenken, und es geschah automatisch, fast ohne Anstrengung. Fahrradfahren wird zu einer automatischen, spürenden Erfahrung. Die Präsenz des „Kleinen Ich" ist nicht erforderlich.

Um das Fahrradfahren zu erlernen, muß man zuerst das Fahrrad entdecken. Es ist verschieden von einem selbst. Das Kleine Ich muß arbeiten, um die für eine Handlung erforderlichen Elemente zu erlernen. Irgendwann am Anfang ist Anstrengung vonnöten, doch das Ziel besteht nicht in der Arbeit, sondern darin, das Fahrradfahren zu genießen.

Anstatt nach Leistung und Erfolg oder Mißerfolg bei der Erfüllung einer Aufgabe zu fragen, erlangt beim Nichttun die Frage Bedeutung, ob man luzid war. Arbeit ist ermüdend; sie steckt voller Teile. Beim Nichttun jedoch hat alles an der Arbeit teil.

Analog dazu bedeutet gewöhnliche Therapie Arbeit; anderen zu helfen ist ermüdend. Es sind viele Probleme, Teile und Fakten vorhanden. Da gibt es zwei oder mehr Menschen; es gibt eine Therapeutin, Klientinnen und Klienten, Medizin und die Welt der Dualität und Begrenzungen. Es gibt Krankheit und Heilung, die Gesellschaft und das Individuum, Träume und Realität.

All dies ist wichtig, aber anstrengend. Nichttun ist nahtloser. Aus Sicht des Träumens ist nicht klar, wer die Therapeutin ist und wer die Klientin. Es gibt bloß zwei Menschen, und die Natur ist die Zen-Meisterin. Sie sind beide anwesend, um zu studieren, was geschieht. Die Dinge geschehen. Die Beziehung bewirkt etwas. Man arbeitet mit dem anderen, doch gleichzeitig wird die Arbeit mit einem selbst getan. Plötzlich, wie von allein, transformiert sich die Beziehung, und man selbst oder der andere ändert sich. Wer immer auch Ihre Therapeutin sein mag, sie ist ein anderes Gesicht Ihrer selbst. Den ganzen Tag lang gibt es nichts anderes zu tun, als luzid zu werden.

Dasselbe gilt für die Arbeit mit Gruppen. Beim Nichttun ist die Facilitatorin keine Facilitatorin mehr, sondern eher jemand, der Bewußtheit ausübt, indem er der Natur folgt und etwas bewirkt, indem er ein Teil des „Saubermachens" im Unbewußten ist. Dies kann beinahe eine automatische Aufgabe sein. Es ist, als würden die zur Herstellung der Ordnung erforderlichen Werkzeuge, wie ein Besen, arbeiten, ohne daß die Facilitatorin irgend etwas tut.

Es ist vollkommen in Ordnung, den Geist kognitiv zu gebrauchen; zuerst lernen wir und brechen alles in Stücke, weil wir wissen wollen: Wer ist wer, und was ist was. Das analytische Denken besitzt große Vorteile. In der Tat muß man, will man Künstlerin, Radfahrerin, Therapeutin oder Facilitatorin sein, über Farben, Pedale, Träume und Fragen der Vielfalt lernen.

Doch an einem anderen Punkt benötigen wir Luzidität. Spürende Wahrnehmung löst Begrenzungen auf, und in gewisser Hinsicht geschehen die Dinge. Lernen geschieht. Wenn die spürende Erfahrung führt, dann ist Arbeit, ungeachtet der Arbeit, die man tut, nicht mehr bloß Arbeit. Man tut den ganzen Tag lang nichts; man arbeitet nicht mehr am Malen, am Radfahren, an der Therapie und der Gruppenarbeit – tatsächlich gibt es gar kein „man" mehr. Trotzdem kann man immer noch schwitzen und beschäftigt aussehen.

Beim Nichttun ist man nicht Haushaltsvorstand, Elternteil, Meditierender, Therapeutin, Geschäftsfrau oder Sozialaktivist. Man ist Teil dessen, was geschieht, erlangt Luzidität und wird sich der Urkräfte bewußt. Man findet seinen eigenen Stil des Nichttuns. Niemand trinkt auf dieselbe Weise Tee. Die Natur sorgt dafür, daß wir verschieden aussehen, selbst wenn wir es nicht eigentlich sind.

Gegenseitige Verbundenheit

Nachdem ich so viel über das Nichttun gesprochen habe, regt sich mein kognitiver Verstand wieder. Er will zusammenfassen, was ich über Teetrinken und Nichttun erfahren habe, und es auf Psychologie und Gruppenarbeit anwenden. Mein Verstand ist stolz auf die graphische Darstellung weiter unten. Ich muß darüber lachen, denn diese Tabelle hat nicht mein Kleines Ich erstellt. Sie geschah. Doch das Kleine Ich nimmt die Anerkennung gern entgegen, wenn am Ende alles klar und verständlich ist, und leugnet jegliche Beteiligung, sollte das nicht der Fall sein.

Bewußtsein (westlich)	Luzidität (östlich)
Wissen, Arbeit, Anstrengung	Spürende Wahrnehmung, Nichttun
Leistungsstreben	Bewußtsein der Form
Leistung: Werde besser	Spüre und folge
Frage: Was hat sich verbessert?	Frage: Was wird gespürt?
Teile: Facilitator, Klientin, Gruppe, Sie, Ich, und Objekte	Gefühl des Ganzen Alles ist jedes
Begrenzungen sind wichtig	Das Tao der Menschen und Dinge ereignet sich
Einsicht = Bewußtsein	Luzidität und Bewußtsein

In der kognitiven Welt des Tuns gibt es ein Du und ein Ich ebenso wie viele Teile mehr. Ich brauche dich, und du brauchst mich. Man muß arbeiten und etwas leisten, damit die Dinge besser werden. Man gewinnt Einsicht. In der Welt des Nichttuns folgt man der Natur, richtet den Fokus auf Bewußtsein und die gegenseitige Verbundenheit. Luzidität entsteht. So übt man Nichttun an Dingen aus.

Zur Erinnerung

1. Ein guter Koch tauscht sein Messer einmal im Jahr aus, weil er schneidet, während ein durchschnittlicher Koch seines jeden Monat auswechseln muß, weil er hackt.
2. Wenn die spürende Erfahrung führt, dann ist Arbeit, ungeachtet der Arbeit, die man tut, nicht mehr bloß Arbeit. Man tut den ganzen Tag lang nichts; man arbeitet nicht mehr am Malen, am Radfahren, an der Therapie und der Gruppenarbeit – tatsächlich gibt es gar kein „man" mehr. Trotzdem kann man immer noch schwitzen und beschäftigt aussehen.

Kapitel 6

Reflexion, Flirten und Summen
Piepende Diagramme, Psychologie und Physik

Einst träumte ich, Chuangzi, ich sei ein glücklich umherflatternder Schmetterling, der das Leben genießt. Und ich wußte nicht, wer ich war. Plötzlich wachte ich auf und war tatsächlich Chuangzi.
Träumte nun Chuangzi, er sei ein Schmetterling, oder träumte der Schmetterling, er sei Chuangzi?[45]

Chuangzi fragte sich, ob er ein Mensch war oder ein Schmetterling. Aufgrund dessen, was wir bisher erfahren haben, könnte man sagen, daß er Chuangzi in der Konsensusrealität war und ein Schmetterling im Traumland. Mit anderen Worten, in der Konsensusrealität wird er als Mensch bezeichnet, doch in Nacht- und Tagträumen ist er ein Schmetterling. Im Träumen ist er die Essenz jenes Schmetterlings, vielleicht dessen Gefühl von Freiheit.

Chuangzi als Schmetterling

---

45 Chuangzi, S. 49.

In diesem Kapitel untersuchen wir die Interaktionen zwischen Konsensusrealität, Traumland und Träumen. Bisher haben Sie vermutlich Traumbilder und Projektionen als abgespaltene Teile Ihrer selbst betrachtet. Mit anderen Worten: Ihre Identität war das Kleine Ich, das Zentrum, um das sich alles sammelt, um integriert zu werden.

Während man seine Wahrnehmung des Träumens schult, erlangt man Luzidität über die spürende Erfahrung und beginnt möglicherweise wie Chuangzi, sich mit dem Träumen oder dem Großen Ich zu identifizieren, das heißt, mit allen Teilen, die das Träumen in die eigenen Träume hinein entfaltet. Aus dieser neuen Perspektive gewinnt man den Eindruck, daß es nichts in die alte Identität zu integrieren gibt; es gibt nur ein wachsendes Bewußtsein des Großen Ich.

Verfügt man über Luzidität und nimmt die kurz aufblitzenden Wahrnehmungen und Flirts, die die eigene Aufmerksamkeit den ganzen Tag lang erregen, auf spürende Art und Weise zur Kenntnis, beginnt man zu fühlen, daß man die Essenz all jener Dinge ist, die man wahrnimmt. Das Kleine Ich steht nicht mehr im Zentrum von allem – das eigene Zentrum bewegt sich hin zur Beziehung mit dem Gegenstand der Wahrnehmung. Aus der Perspektive des Träumens befindet „man" sich in einer Art Flirt oder Liebesgeschichte mit den Objekten um einen herum.

Dies klingt ein wenig nach dem Ende der Psychologie; und so ist es auch, soweit es sich um das Bewußtsein über Teile handelt. Persönliche Entwicklung läuft auf ein erhöhtes Bewußtsein der Wahrnehmung hinaus. Die neue Identität basiert auf der Entdeckung spürender und beobachtbarer Aspekte des Großen Ich. In dieser neuen Sichtweise wird „man" zu allem, was einen umgibt, zu allen Prozessen in der eigenen Umgebung.

Für das Kleine Ich klingt dies alles so ausgefallen, daß Sie diese Ideen vielleicht testen möchten. Wenn Sie experimentieren wollen, erinnern Sie sich an die Gegenstände in Ihrem Zimmer, diejenigen Objekte, die Sie gerne betrachten. Ziehen Sie die Möglichkeit in Betracht, daß Sie die Dinge sind, die Sie am meisten lieben.

Auf meinem Schreibtisch steht zum Beispiel eine alte, kupferne Teekanne. Ich bereite Tee in ihr zu. Mein Kleines Ich nimmt die Teekanne wahr und findet sie schön anzusehen. Meinem Kleinen Ich gefällt diese Teekanne einfach, und es ist nicht weiter daran interessiert, sich die Erfahrung der mit ihm flirtenden Teekanne zu gestatten.

Was das Kleine Ich betrifft, bin ich Arny, und die Teekanne ist die Teekanne.

Die Teekanne

Aus der Sicht des Großen Ich ist die Teekanne jedoch so sehr ein Teil von Arny wie die Arny genannte Person. Das große Ich ist zutiefst demokratisch, und sowohl Arny als auch die Teekanne sind gleich bedeutend. Die Teekanne ist ein Aspekt des größeren Selbst, angelaufen, freundlich, schon älter, einfach da.

Das Große Ich

Der kleine Arny ist Streß und Druck stärker unterworfen, indem er versucht, brillant und nützlich für die Welt zu sein. Das Große Ich ist anders. Das von mir als Großes Ich bezeichnete Konzept erscheint im Zen als die Idee des „Buddha-Geistes", den die Zen-Literatur als einen Kreis beschreibt, dessen Zentrum überall und dessen Umfang grenzenlos ist. Der Buddha-Geist oder das Große Ich bedeutet offenes Bewußtsein.

Die Methode, vierundzwanzig Stunden luzid zu träumen, dient dazu, Zugang zu diesem Buddha-Geist zu erlangen. Wenn Sie Zugang zu

Ihrem Buddha-Geist haben, befindet sich dessen momentanes Zentrum in der subtilen Beziehung zu irgendeinem Gegenstand, der Ihre Aufmerksamkeit in einem bestimmten Moment erregt.

Der Buddha-Geist: Der Kreis, dessen Zentrum überall und dessen Umfang grenzenlos ist.

Sie können dies selbst nachprüfen. Wenn Sie mögen, experimentieren Sie mit der Möglichkeit, alles zu sein, was Ihre Aufmerksamkeit gerade jetzt auf sich zieht. Nehmen Sie sich einen Augenblick Zeit, sich umzusehen, und nehmen Sie wahr, was Ihre Aufmerksamkeit erregt. Was zieht Sie am meisten an (oder stört Sie)? Bleiben Sie bei Ihrem Kleinen Ich und dessen Beobachtungen. Nehmen Sie wahr, daß das Kleine Ich von der Voraussetzung ausgeht, Gefühle hinsichtlich des beobachteten Objekts marginalisieren zu können.

Experimentieren Sie nun mit dem Großen Ich. Betrachten Sie das Kleine Ich und die Dinge, die seine Aufmerksamkeit erregen, als potentiell wertvoll. Können Sie fühlen, wie Sie in gewisser Hinsicht sind, was Ihre Aufmerksamkeit erregt? Können Sie erahnen, inwiefern Sie alles im Universum sind? Können Sie die Umwelt als einen Aspekt des größeren Selbst betrachten? Wie fühlt sich das an? Wenn Ihnen dies gelingt, wechseln Sie zwischen dem Buddha-Geist oder Großen Geist und dem Alltagsgeist des Kleinen Ich.

In Zen-Geschichten wird der Buddha-Geist zuweilen als ein Spiegel dargestellt, der keine Bilder enthält, sondern sie bloß reflektiert. Mit anderen Worten, der Buddha-Geist bedeutet eine reflektive, luzide Haltung, doch er reflektiert keine einzelne Sache. Befinde ich mich in einer luziden Stimmung, verfüge ich über einen Buddha-Geist und bin weder Teekanne, noch bin ich Arny. Statt dessen bin ich die Beziehung zur Teekanne und zu allem anderen, das meine Aufmerksamkeit erregt im fortlaufenden Strom der Erfahrungen, die sich durch mich hindurchbewegen.

Jung und Chuangzi

In der Geschichte des chinesischen Weisen Chuangzi, der sich gefragt hatte, ob er der Schmetterling sei, bestand der Buddha-Geist vorübergehend im klaren Gewahren dessen, daß der Kleine Chuangzi und der Schmetterling sowohl voneinander getrennt sind als auch zueinander in Beziehung stehen.

Möglicherweise erinnert Sie Chuangzis Geschichte an Augenblicke, in denen auch Sie darüber nachdachten, wer Sie sind. Mich erinnert diese Geschichte an eine von Jungs Geschichten, die er in seiner Autobiographie *Erinnerungen, Träume, Gedanken* erzählt. Mit acht Jahren saß Jung auf einem Stein und fragte sich, ob er Jung war, der auf dem Stein saß oder der Stein, auf dem der kleine Jung saß. Jung beantwortete diese Frage nie, doch er sagte, sie habe ihn jahrelang beschäftigt.

Ich vergaß, daß auch mich solche Fragen bewegten, bis ich die Physik neu studierte, um *Quantum Mind* zu schreiben. Die Mathematik der Quantenphysik konfrontierte mich mit Fragen wie: „Wer bin ich? Wer ist der Beobachter? Bin ich die Person, die auf meinem Stuhl sitzt und am Computer arbeitet, oder bin ich der Stuhl, auf dem gesessen wird?"

Können Sie den Bewußtseinszustand fühlen, in dem Sie ebenfalls eine solche Frage stellen könnten? Nehmen Sie sich einen Moment Zeit, und experimentieren Sie mit dem Bewußtseinszustand, dessen es bedarf, um zu fragen, ob Sie es selbst sind oder der Stuhl oder die Couch oder der Boden, auf dem Sie jetzt sitzen, liegen oder stehen.

Für gewöhnlich denken Sie: „Ich sitze hier auf diesem Stuhl" oder „ich bin hier und betrachte eine Blume". Doch dieser Standpunkt ist nur einer Ihrer möglichen Standpunkte. Er ist eine Perspektive der Konsensusrealität. Wenn Sie wie eine Ureinwohnerin fühlen und denken und Ihre spürende Erfahrung nicht marginalisieren würden, würden Sie auch realisieren, daß Ihr Stuhl über eine Kraft verfügt und mit Ihnen flirtet oder versucht, Sie dazu zu veranlassen, ihm Aufmerksamkeit entgegenzubringen.

In einem spürenden Zustand fühlen Sie Ihr Gewicht, die Eigenschaften des Bodens, der Couch oder des Stuhls, auf dem Sie sitzen, ebenso wie die Beziehung zwischen dem Stuhl und Ihnen selbst. Wenn ich fühle, daß ich der Stuhl bin, dann kann ich weitergehen und mich durch die Augen des Stuhls betrachten. Versuchen Sie das einmal. Sehen Sie sich selbst durch die Augen Ihres Stuhls oder Ihrer Couch. Was denkt der Stuhl oder die Couch über Sie? Experimentieren Sie damit, sich durch die Augen Ihres Stuhls oder Ihrer Couch zu sehen. Sie benutzen zwar Ihren Stuhl, doch vielleicht haben Sie sich noch nicht genügend auf ihn bezogen.

Sie können dieses Experiment mit Luzidität auf alles anwenden, was Ihre Aufmerksamkeit auf sich zieht. Wenn ich meinen Fokus beispielsweise auf die Blume richte, die gerade meine Aufmerksamkeit erregt, wechselt mein Bewußtsein zunächst von mir als Beobachter zur Blume und darauf zur Blume als einem Lebewesen, einem Beobachter. Während ich Luzidität erlange, beginne ich zu spüren, wie mich das Träumen mit der Blume verbindet. Ich nehme die Tendenz wahr, eine Blume zu sein. Nun liegt meine Identität zwischen der Blume und mir selbst. Ich kann die Blume und mich als voneinander getrennte Teile betrachten und zugleich eine Verschmelzung der Teile wahrnehmen. Ich betrachte die Blume. Plötzlich und für Augenblicke vermag ich vom Standpunkt der Blume aus auf mich zu blicken.

Dies ist zweifellos eine ungewöhnliche Erfahrung. Wenn ich wieder in Teilen denke, kehrt die Konsensusrealität zurück, und ich betrachte eine Blume, die nicht mehr ich ist.

Von dem am meisten spürenden Standpunkt der Nicht-Konsensusrealität, vom Standpunkt des Träumens aus, existiert weder die Blume noch ich. Statt dessen ist eine gesamthafte Erfahrung des Feldes, ohne seine Teile, vorhanden. Dennoch kann ich meine spürende Erfahrung dieses Feldes einzig anhand der Teile in Worte fassen, die meine Aufmerksamkeit auf sich ziehen. Ich kann das Feld um mich herum als „Träumen des Blumen-Ich" bezeichnen. Es gibt keine Getrenntheit, es besteht einzig der Prozeß des Blumen-Ich, ohne daß irgend jemand getrennt davon wäre. Die Blume und ich sind gemeinsam ins Blumen-Träumen eingetaucht. Der Boden aller Teile meiner selbst befindet sich in diesem „Träumen des Blumen-Ich".

Die traditionelle Psychologie der Konsensusrealität bleibt der Konsensuswelt verhaftet und vertritt die Ansicht, die Blume sei eine Projektion. Du bist dort, und ich bin hier, und im besten Fall wird diese Blume zu einem Aspekt des Kleinen Ich. Ich projiziere die Blume auf die Blume. Jungs Stein ist ein Teil von Jung und der Schmetterling ein Teil von Chuangzi. Vom Standpunkt der Psychologie der Konsensusrealität her nehmen diese Menschen stein- oder schmetterlingsgleiche Teile ihrer selbst wahr. Von diesem Standpunkt aus vermag man Projektionen zurückzunehmen und somit „ganzer", vollständiger zu werden.

Eine Projektion zurücknehmen bedeutet, darum zu wissen, daß ich blumengleich bin. Allerdings negiert die Zurücknahme der Projektion ebenfalls das Träumen, die nichtlokalen Kräfte der Blume. Nimmt man Projektionen zurück, bedeutet das einen Gewinn für das Kleine Ich. Doch wenn man nicht aufpaßt, marginalisiert man das Träumen und verletzt unbeabsichtigt die Umwelt, indem man sie ignoriert. Man setzt sie herab, indem man das Träumen abwertet.

Ich liebe zum Beispiel Blumen. Richte ich aber meinen Fokus einzig auf „meine" blumengleiche Natur, laufe ich Gefahr, die geteilte und nichtlokale Kraft der Blume zu ignorieren, die mich und alles andere umfaßt. Der spürende Standpunkt des Großen Ich besagt, daß alle diejenigen Objekte und Gefühle, die die eigene Aufmerksamkeit erregen, Aspekte des Feldes sind. Es ist nicht leicht, den der Konsensusrealität angehörigen Teilen des Verstandes tiefe spürende Erfahrungen zu erklären. Bilder sind hilfreich, doch die Erfahrung erklärt sich selbst.

Betrachten Sie die Bilder unten, um eingehender über die Blume als eine alles durchdringende Realität nachzudenken, ebenso wie über die von mir getrennte Blume.

Projektion
Beim Flirten gibt es eine Reflexion, man selbst und die Ereignisse, die die eigene Aufmerksamkeit auf sich ziehen, überschneiden sich.

In Bewußtseinszuständen der Konsensusrealität marginalisieren Sie die Realität der Einen Welt, der Welt des Blumen-Ich. „Realität" bedeutet, daß die Blume nicht Sie selbst ist. Doch früh am Morgen oder im Bereich des spürenden Träumens der Nicht-Konsensusrealität sind Sie, Chuangzi, Jung und ich alles andere, was wir wahrnehmen. Sie sind die träumende Welt. Dies ist der Buddha-Geist.

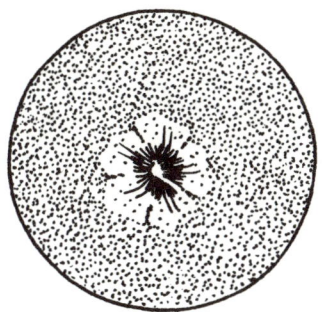

Der Buddha-Geist ist luzid über das Träumen des Blumen-Ich

Den Übergang zwischen Bereichen vollziehen

Konzentrieren wir uns nun auf die Art und Weise, in der wir zwischen Bewußtseinszuständen hin- und hergleiten, zwischen Alltagsrealität, Traumland und Träumen. Um auf diese erstaunlichen Übergänge zu fokussieren, komme ich auf die Analogie zurück, die ich im ersten Kapitel erwähnte, die Analogie zwischen den Quantenwellen und dem Träumen.

Stellen Sie sich zur Vereinfachung des Sachverhalts die Wellenfunktion als eine Art Summton vor, nicht einen, den man wirklich hört, sondern einen, der ein kaum hörbares Summen im Hintergrund der Alltagsrealität darstellt. Analog dazu ist das Träumen eine Art Summton. Das mit der Blume verbundene Träumen in unserem Beispiel ist eine Art Summton.

Spielen wir nun ein wenig mit diesen Ideen. Tun wir so, als ob alles, was man sieht, eine Art Kommunikator sei und Summtöne aussende, ähnlich einem Faxgerät, das andere Geräte ansummt, wenn es ein Fax senden will.[46]

Sagen wir nun, meine Blume sei eine Art Faxgerät, und ich sei ein weiteres Faxgerät. Diese ungewöhnliche Phantasie hilft uns zu verstehen, wie wir miteinander flirten, indem wir Wahrnehmungsblitze hin- und hersenden.

Haben Sie jemals gehört, wie ein Faxgerät mit einem anderen spricht? Ihr Faxgerät – oder das Fax in Ihrem Computer – ruft das Gerät Ihres Freundes an, und die beiden verständigen sich über den Piepton. Das erste Faxgerät summt, piep, piep, um zu sagen, hallo, bist du da? Das andere Gerät summt zurück, piep, piep, ja, ich bin da. Dieser Austausch wird als „elektronischer Handschlag" bezeichnet. Nach diesem ersten Handschlag, der sicherstellt, daß beide aufeinander eingestellt sind, können die Geräte miteinander kommunizieren und einander Faxe senden.

Die Interpretation der Wellenfunktionen durch die Physiker besagt, ebenso wie mein eigenes Verständnis der Grundlage der Quantenphysik, daß die Blume und ich annähernd gleich sind. Im nicht auf Konsens beruhenden Bereich der Nicht-Konsensusrealität flirten wir miteinander; wir „summen und piepen" einander an. Man kann diese Summtöne weder sehen noch hören. Sie können nicht in der Konsensusrealität gemessen werden; man kann sie nur erfahren.

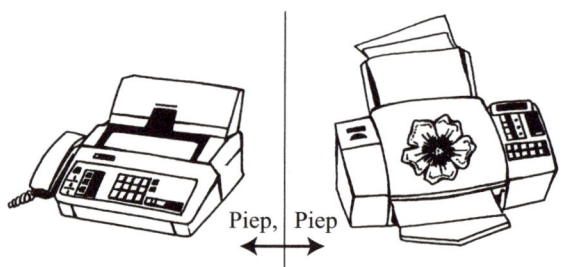

Mein Faxgerät piept   Die Blume auf Ihrem Fax piept zurück

---

46 Die Idee zu diesem Beispiel entstand in mir durch die imaginative Arbeit des Physikers John G. Cramer (Seattle), der den Versuch unternahm, der Physik ein intuitives Gefühl dessen zu vermitteln, was in der Quantenmechanik mit Wellenfunktionen geschieht, während sie dem Beobachtungsprozeß unterworfen sind. Für nähere Einzelheiten zu Wellenfunktionen und der Art und Weise, in der ihre Reflexion die Alltagsbeobachtungen erschafft, siehe *Quantum Mind*, Kapitel 15 bis 18.

Die Darstellung links soll die Essenz der Blume in der Welt, die mir „faxt", symbolisieren. Das rechte Bild stellt die Essenz der Blume in mir dar.

Noch einmal: Bevor die beiden Geräte Faxe hin- und hersenden können, das heißt, bevor sie sich an etwas beteiligen, das man als Nachrichtenaustausch oder gegenseitiges Beobachten bezeichnen könnte, müssen sie einander „die Hand geben". Sie piepen einander an.

Der piepende Handschlag ist eine Analogie nicht nur dessen, was mit Computern und Faxgeräten geschieht, wenn sie miteinander kommunizieren, und nicht nur dessen, was sich auf der Quantenebene der Physik während des Beobachtungsprozesses ereignet. Er ist auch eine Analogie dessen, was vor der gegenseitigen Beobachtung *aller* Objekte geschieht.

Bedenken Sie, daß australische Aborigines ebenso wie Lehrer des *Abhidharma* von Objekten sprechen, die über Kräfte verfügen, die unsere Aufmerksamkeit zu erregen vermögen, bevor eine Alltagsbeobachtung dieser Objekte eintritt. Erinnern Sie sich, daß der *Abhidharma* von frühesten Stadien der Wahrnehmung spricht? In Kapitel 4 zitierte ich die *Abhidhamma Studies* des Ehrwürdigen Nyanaponika Thera, in denen er darlegt, wie reine Aufmerksamkeit die der Beobachtung vorangehenden Einfälle oder Flirts wahrnimmt. Kurz, die Wissenschaft der Ureinwohner, der Buddhismus und die moderne Physik stimmen alle darin überein, daß eine Beobachtung in der Konsensusrealität Pieptöne und Handschläge in der nicht auf Konsens beruhenden Realität erfordert.

Die Blume piept, um meine Aufmerksamkeit auf sich zu ziehen, um mir ihre Existenz nahezubringen. Nachdem sie meine spürende Aufmerksamkeit erregt hat, fühle ich mich zu ihr hingezogen, und sie beginnt, einen Teil von mir zu wecken. Ein Teil von mir sendet einen anderen Piepton, der besagt, ich bin da, laß uns kommunizieren. Bei dieser Art Kommunikation vermögen wir nicht wirklich zu beweisen, wer was zuerst tat, da Zeit und Raum im Träumen nicht verfolgt werden können. Wenn das Piepen stark genug ist, gewinnt das Kleine Ich in der Konsensusrealität den Eindruck, daß ich die Blume betrachte, und es meint, „ich" hätte „sie" erblickt.

Verfüge ich jedoch über Luzidität, marginalisiere ich Ereignisse im Bereich des Spürens nicht länger und nehme somit wahr, daß die Blume mit mir flirtet, noch bevor ich mich umdrehe, um sie zu betrachten. Ich nehme ihre Kraft wahr, ihren Piepton im Bereich der nicht auf Konsens beruhenden Realität. Dann nehme ich etwas in mir wahr, das reagiert und zurückpiept, um der Blume zu zeigen, daß ihr Piepton bei mir angekommen ist. Im nicht auf Konsens beruhenden Bereich ereignet sich eine Reflexion von Pieptönen zwischen der Blume und mir.

Wenn ich luzid bin, kann ich nicht sagen, daß „ich" wahrnehme und diese Dinge tue. „Ich nehme wahr" ist eine allgemeine Art, sich in der Konsensusrealität auszudrücken, doch marginalisiert diese Sprechweise die spürende Erfahrung des Blumen-Ich-Feldes.

Bisher haben wir gesehen, daß das Träumen dem Buddha-Geist oder der luziden Aufmerksamkeit als ein grundlegendes Gefühl der Einheit erscheint und dem Alltagsverstand als schnelle Flashes oder Flirts zwischen einem selbst und Objekten, die die eigene Aufmerksamkeit auf sich ziehen und die man schließlich beobachtet. Mit zunehmender Luzidität kann man den Übergang vom Träumen zur Alltagsrealität verfolgen.

Der mythische Standpunkt

Die grundlegende Erklärung der prä-empirischen Erfahrung ist nicht nur für die Quantenphysik, das Träumen der Ureinwohner und die buddhistische Wissenschaft kennzeichnend, sondern auch für Mythen aus aller Welt.[47] Das fundamentale Konzept des Hin- und Herpiepens oder des Spiegelns und Reflektierens, das im modernen ebenso wie im uralten wissenschaftlichen Verständnis der Welt besteht, findet sich auch in Traditionen der amerikanischen Ureinwohner, in chinesischen und indischen Mythen, in Geschichten aus Persien und Afrika.

Die Auffassung, daß sich die Natur ins Leben träumt, um sich selbst zu betrachten, erscheint auch in der mystischen jüdischen Kabbala.[48]

---

47 *Quantum Mind,* Kapitel 18.
48 Die Alltagsrealität hat ihre Ursache darin, daß „Gott wünschte, Gott zu sehen." Gemäß der Kabbala gab es, bevor das Universum begann, „eine vorangehende Nichtexistenz, in der, wie die geschriebene Tradition besagt, ‚Antlitz nicht auf Antlitz blickte'. In einem Akt des vollkommen freien Willens nahm Gott das Absolute All zurück ... um einer Leere, in der der Spiegel der Existenz manifestiert werden konnte, zu ermöglichen, in Erscheinung zu treten ... Gottes Wohnstatt ist die Welt, doch die Welt ist nicht Gottes Wohnstatt". Ich fand diese mystische Passage in dem ansonsten leicht lesbaren Buch *Kabbalah, Tradition of Hidden Knowledge,* von Z'ev ben Shimon Hilevi. London: Thames and Hudson, 1979.

Mythen rund um die Welt sprechen vom Träumen als der Macht großer universeller Wesen, die die Erde entweder erschufen oder diese sind. Urvölker glaubten, daß die Welt erschaffen wurde, als jene Wesen träumten, damit die Götter sich selbst betrachten konnten.[49] In allen diesen Geschichten finden wir verschiedene Versionen der Art und Weise, wie Gott oder der Große Geist die Welt durch Selbstreflexion schuf.

In seinem Buch *The Book: On the Taboo against Knowing Who You Are* gibt der amerikanische Taoist Alan Watts dieses anscheinend universelle Prinzip auf eine sehr moderne und verspielte Weise wieder.

Gott spielt ebenfalls gern Verstecken, doch da nichts außerhalb von Gott existiert, hat er außer sich selbst niemanden, der mit ihm spielt. Er überwindet seine Schwierigkeit jedoch, indem er vorgibt, nicht er selbst zu sein. Dies ist seine Art, sich vor sich selbst zu verstecken. Er gibt vor, Sie und ich und alle Menschen in der Welt zu sein, alle Tiere, alle Pflanzen, alle Steine und alle Sterne. Auf diese Weise widerfahren ihm seltsame und wunderbare Abenteuer, von denen manche schrecklich und furchteinflößend sind. Doch diese sind bloß wie schlechte Träume, denn wenn er aufwacht, verschwinden sie.

Wenn Gott nun Verstecken spielt und vorgibt, Sie und ich zu sein, dann macht er seine Sache so gut, daß es lange dauert, bis er sich erinnert, wo und wie er sich versteckt hat. Doch das ist ja gerade der Spaß bei der Sache – genau das, was er wollte. Er will sich nicht zu schnell finden, denn das würde das Spiel verderben. Deshalb ist es für Sie und mich so schwierig herauszufinden, daß wir Gott in Verkleidung sind, der vorgibt, nicht er selbst zu sein. Doch wenn dieses Spiel lange genug gedauert hat, werden wir alle erwachen, werden wir alle aufhören, etwas vorzutäuschen, und uns daran erinnern, daß wir alle ein einziges Selbst sind – der Gott, der alles ist, was ist und für alle Zeit lebt.[50]

Anthropos-Mythen und die Geschichte von Alan Watts übermitteln eine ähnliche Botschaft, nämlich diejenige, daß die Alltagsrealität eine Manifestation des Träumens ist, das heißt, von Tendenzen, die über sich

---

49 In meinem Buch *Das Jahr Eins* spreche ich über die Beziehung dieser Mythen zu Weltproblemen. Olten: Walter-Verlag, 1991.
50 Dieses Zitat stammt aus der Vintage Ausgabe von Alan Watts' *The Book: On the Taboo against Knowing Who you are.* New York: Vintage, 1972, S. 14.

selbst reflektieren.[51] Die Alltagsrealität ist nicht die Gottheit selbst, sondern eine Manifestation des Träumens. Indem man sich an seine Fähigkeit, vierundzwanzig Stunden luzid zu träumen, erinnert, ist es möglich, sich an das Große Ich zu erinnern.

Die Konzepte des Spiegelns und der Reflexion von Flirts sind nicht nur für die Mystik, die indigenen Traditionen und die buddhistische Wissenschaft von zentraler Bedeutung, sondern auch für die Mathematik der Physik. Ohne ein solches Spiegeln könnten die gegenwärtige Theorie der Quantenphysik und ihre Erklärung der Realität nicht existieren.

Marginalisierung

Sofern man nicht über Luzidität verfügt, werden aufflackernde Flirts und blitzartige Erfahrungen an die Peripherie der Aufmerksamkeit marginalisiert. Diese Erfahrungen scheinen keine Bedeutung zu haben, sie scheinen zu schnell oder zu vage zu sein, um als wichtig erachtet zu werden. Man kann sich beim Marginalisieren ertappen, wenn man am Morgen dazu tendiert, den Dingen, die am Tag anfallen werden, mehr Aufmerkasamkeit zu schenken als der irrationalen Erfahrung des Schlafens und Erwachens.

Marginalisierung ist nicht bloß „schlecht"; sie ist Teil der Natur. So hat man zum Beispiel während des Tages gewisse Dinge zu erledigen. Man fühlt sich schon beim Aufwachen müde; manchmal muß man die Müdigkeit marginalisieren, um jene Dinge zu tun. Umgekehrt werden Erfahrungen, wenn man sie zu sehr marginalisiert, zu Symptomen. Marginalisierung zerstört Ereignisse nicht – sie plaziert sie lediglich außerhalb der eigenen Wahrnehmung.

Vom Gesichtspunkt der Methode, vierundzwanzig Stunden luzid zu träumen, vom Gesichtspunkt des Buddha-Geistes her, nimmt man mit reiner Aufmerksamkeit wahr, daß die anscheinend voneinander getrennten Menschen und Objekte, Pflanzen und Tiere der Alltagswelt nicht einfach nur getrennt sind. Das Feld wird durchdrungen vom

---

51 Anthropos-Mythen betrachten die Welt als ein menschenähnliches Wesen. Wenn dieses Wesen auseinanderfällt, wie im Falle von Ymir, einer germanischen Anthroposfigur, entstehen die Welt und ihre Teile. Die Flüsse entstehen aus seinem Blut, die Bäume aus seinem Haar und so fort.

Träumen, in dem jedes Objekt mit dem anderen flirtet, in einer enormen, verflochtenen Einheit.

Traditionen der Urvölker sprechen von allen Ereignissen als Teil einer Familie. Alles nimmt gemeinsam an der Schöpfung der Realität teil, und die Bäume, die Felsen, Sonne und Mond sind alle unsere Schwestern und Brüder. Von einem Standpunkt der Nicht-Konsensusrealität aus ist die Alltagswelt ein riesengroßes, halbmenschliches Feld von Beziehungen, Flirts und Flashes.

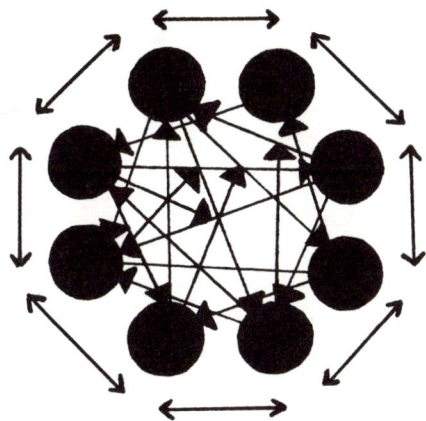

Das spürende Feld im Hintergrund der Realität

Die obige Graphik, die Flirts und und das Aufblitzen zwischen den Objekten des Alltags darstellt, erinnert mich an eine Gruppe von Träumerinnen und Träumern, vielleicht an eine Gruppe von Schafen, die zusammen schlafen und träumen. Weckt sich nun das träumende Feld sozusagen selbst, „entflicht" sich die Gruppe, und die Welt wird zu einer Gruppe voneinander getrennter Individuen und Objekte.[52]

---

[52] Physikerinnen und Physiker befassen sich nur mit dem Bereich der Konsensusrealität. Sie sind der Ansicht, der Beobachter entflechte den spürenden Hintergrund der Realität, indem er die Entscheidung zu beobachten trifft. Die Idee des Physikers, daß der Beobachter durch den Wunsch der Beobachtung entflicht, schreibt einem „Beobachter" Bewußtsein zu. Dieser Idee zufolge läßt der Akt der Beobachtung „die Wellenfunktion kollabieren". Der Begriff „kollabieren" bedeutet, daß die Wellenfunktion, die mathematische Analogie der Traumzeit, ihre imaginäre Eigenschaft der Selbstreflexion einbüßt. Bevor eine derartige Reflexion auftritt, kann sich das durch die Wellenfunktion beschriebene Materieteilchen – wie beim Träumen – irgendwo, zu irgendeiner Zeit befinden. Für weitere Einzelheiten siehe Arnold Mindell *Quantum Mind*, Kapitel 14 bis 18.

Aus der Sicht des Träumens entfalten sich spürende Erfahrungen mit dem Erwachen der Welt und erschaffen das Konsensusreich der Dualität. Da man das Träumen marginalisiert, sieht es so aus, als entflechte die Welt jene sich überschneidende Einheit aus Ihnen, mir und der Blume. Im Prinzip jedoch – und mit Luzidität – kann man wahrnehmen, daß Verflochtenheit noch immer im Hintergrund besteht. Man glaubt, die Dinge würden klarer und besser voneinander abgegrenzt, doch das liegt nur daran, daß man den Fokus auf ihre Getrenntheit richtet und die Verflochtenheit marginalisiert.[53]

Man könnte sagen, daß das Traumfeld, während es zu erwachen beginnt, über sich selbst reflektiert. Es entfaltet sich in voneinander getrennte Teile, und jeder Teil, einer nach dem anderen, marginalisiert den Hintergrund und ist der Ansicht, der andere würde flirten oder seine Aufmerksamkeit erlangen wollen. In jenem Augenblick der Reflexion wird Trennung möglich und die Welt der Teile, einschließlich Beobachter und Beobachtetem, erschaffen.

Welche Begriffe können wir für diesen Prozeß verwenden? Die Begriffe sind vom jeweiligen Standpunkt abhängig. Mythen sprechen von großen Gottheiten, die aus ihrem Schlummer erwachen. Eine Physikerin würde sagen, das Feld der ungebrochenen Ganzheit beginne, sich zu entfalten. Ein Meditierender könnte davon sprechen, daß der Buddha-Geist in einen klaren Spiegel blickt.

Ich schlage die Betrachtungsweise vor, daß das Universum über seinen eigenen, zu sich selbst erwachenden, spontanen Bewußtseinsprozeß verfügt. Wenn wir die Fakten der Physik, der Psychologie und der Meditation ebenso wie diejenigen der Traditionen der indigenen Kulturen und des Schamanismus überprüfen, erscheint die Tendenz zu Selbstreflexion und Bewußtsein als ein Naturgesetz. Wenn das Träumen über sich selbst reflektiert, erleben wir das Alltagsleben. Warum dies geschieht, ist eine Frage des persönlichen Glaubens. Unabhängig davon, welchem Glauben wir angehören, scheint es, als resultiere das Leben selbst aus einem Symmetrieprinzip und bewege sich hin zu Selbstreflexion.

Vom Gesichtspunkt der reinen Aufmerksamkeit und des Träumens her erwacht man bewußt, da die Welt über sich selbst reflektieren und Teile erschaffen will, einen Teil mit Namen „Sie" und einen Teil mit

---

53 Siehe Fußnote 47 für weitere Einzelheiten.

Namen „ich". Mit anderen Worten, vom träumenden Standpunkt aus tut niemand etwas; Luzidität und Bewußtsein geschehen einfach. Im schamanistischen, buddhistischen und indigenen Denken spielen Menschen keine zentrale Rolle bei der Erschaffung der Welt; die Welt wird aufgrund ihrer spürenden Natur von allem erschaffen.

Ein Experiment mit Entfaltung

Aus der Sicht des Träumens sind Objekte und Menschen gleich. Kein Objekt ist zentraler als irgendein anderes. Jedesmal, wenn man etwas beobachtet, hat es aufgrund seiner Kraft mit einem interagiert. Im folgenden Experiment mit innerer Arbeit haben Sie die Möglichkeit, die spürende Kraft von Objekten zu erforschen.

Die frühen Alchemisten in Afrika, China, Europa und anderen Gebieten der Welt schrieben der Materie Seele zu. Sie sprachen von der inneren Kraft und Fähigkeit der Objekte, die Aufmerksamkeit von einem selbst als Seele des Objekts oder *„ignis nonnaturalis"* (was bedeutet: „ein verborgenes, unermeßliches Feuer") auf sich zu ziehen. Dieses natürliche Feuer wurde benötigt, damit Transformation stattfinden konnte. Die Alchemisten meditierten über dieses Feuer, indem sie das Objekt, mit seinem eigenen *ignis*, in das Gefäß gaben, um darauf zu fokussieren. Durch das *ignis* transformierte sich das Objekt.[54]

Das *ignis* ist ein anderer Begriff für den Flirt, den buddhistischen *Dharma*, die Wurzel, den Funken, die Seele und den Generator des Lebens. Nun möchte ich Ihnen Zeit geben, mit der Natur zu experimentieren, mit ihren Flirts und ihrem *ignis*.

Für diese Übung schlage ich vor, daß Sie Ihr Bewußtsein gebrauchen und dem Flirten Aufmerksamkeit schenken. Dies erfordert die Erweiterung Ihrer Aufmerksamkeit auf irrationale Ereignisse. Sie werden Dinge, die Sie gewöhnlich marginalisieren, wahrnehmen und darauf fokussieren. Behalten Sie sie in Ihrem Fokus und beobachten Sie, wie sie kochen.

---

54 Siehe C. G. Jung: „Psychologie und Alchemie", *Gesammelte Werke*, Bd. 12, Ed. 7. Solothurn: Walter-Verlag 1994. Siehe auch Arnold Mindell: *Traumkörperarbeit oder: Der Lauf des Flusses*. Paderborn: Junfermann, 1993.

Um Ihre Aufmerksamkeit für die folgende Übung zu erweitern, schlage ich vor, daß Sie Ihrem Alltagsverstand erlauben, sich zu entspannen, „verschwommen" zu sein. Dieser Gedanke stammt von Laozi, der im Taoteking sagte: „Andere sind klar, doch ich allein bin verschwommen." Verschwommen zu sein erlaubt Ihrer luziden Fähigkeit zu arbeiten und umgeht Ihre gewohnte Tendenz, den Dingen eine Bedeutung zuzuschreiben, bevor sie sich Ihnen vollständig gezeigt haben.

Teil I: Alltagsverstand und Träumen

Zunächst sollten wir Ihren Alltagsverstand um Erlaubnis bitten, das Träumen zu erforschen.[55] Sind Sie mit einer solchen Erforschung einverstanden? Es wird nichts geschehen, was Ihnen nicht bereits in irgendeiner Art und Weise widerfährt. Nehmen Sie für den Anfang eine bequeme Position ein, und konzentrieren Sie sich auf sich selbst.

Fordern Sie zunächst Ihren Alltagsverstand auf, Fragen zu formulieren, die Sie sich über Ihr Leben gestellt haben mögen. Was hat Ihnen in jüngster Zeit zu denken gegeben? Schreiben Sie eine Ihrer zentralen Fragen auf.

Nehmen Sie sich nun, nachdem Ihr Verstand sich zu entspannen erlaubt, eine Minute Zeit, und ermutigen Sie sich loszulassen. Werden Sie verschwommen, wenn Sie können. Lassen Sie Ihren Alltagsverstand nebelhaft, unwissend und leer werden. Versuchen Sie, Ihre Augen zu schließen und für ein paar Minuten auf Ihren Atem zu fokussieren. Wenn Sie dem Buch weiterhin folgen möchten, können Sie einen Finger an der Stelle liegen lassen, die Sie zuletzt gelesen haben.

Wenn Sie sich bereit fühlen, beginnen Sie langsam, Ihre Augen zu öffnen. Öffnen Sie sie halb und blicken Sie langsam umher. Lassen Sie Ihren träumenden Geist wahrnehmen, welche Dinge mit Ihnen flirten. Falls mehrere Dinge mit Ihnen flirten, lassen Sie Ihren träumenden Geist eines davon auswählen, um darauf zu fokussieren. Gebrauchen Sie Ihre Aufmerksamkeit, um diesen Flirt zu erwischen und festzuhalten.

---

55 Wenn Sie dieses Experiment zusammen mit einer anderen Person durchführen möchten, konzentriert sich die helfende Person einfach auf das Bewußtsein. Fragen Sie Ihr Gegenüber immer wieder: „Was erfährst du? Hast du irgend etwas marginalisiert?"

Seien Sie geduldig und liebevoll; nehmen Sie wahr, was Ihre Aufmerksamkeit erregt hat, und bleiben Sie dabei. Nehmen Sie es einfach wahr. Gebrauchen Sie Ihre Aufmerksamkeit; halten Sie Ihren Fokus darauf gerichtet, selbst wenn es bedeutungslos zu sein scheint.

Teil II: Das Wechseln der Form

Fragen Sie sich nun, ob Sie die Essenz des Objekts, das Ihre Aufmerksamkeit erregt hat, spüren können, seine Wurzel, Grundtendenz oder Qualität. Dies mag ein irrationales Gefühl sein, doch fühlen Sie das einfach. Experimentieren Sie dann damit, diese Qualität sich entfalten zu lassen. Mit anderen Worten, lassen Sie sie näher auf sich selbst eingehen. Folgen Sie ihrer Energie, ihrem *ignis* und dessen Kraft, sich zu entfalten. Dies mag zunächst unverständlich sein. Machen Sie sich darüber keine Sorgen. Halten Sie Ihre Aufmerksamkeit weiter auf die Kraft des Objekts gerichtet, und beobachten Sie, wie es sich in Form von Gefühlen, Bildern und Klängen entfaltet.

Wenn Sie fertig sind, experimentieren Sie damit, der Essenz dieser Visualisierung eine menschliche Form oder Stimme zu verleihen. Sehen Sie sie, hören Sie sie. Dies mag sehr irrational sein. Ermutigen Sie sich, ein Gesicht erscheinen zu lassen.

Versuchen Sie nun, diese Visualisierung zu sein; erlauben Sie Ihrer menschlichen Gestalt, die Formen zu wechseln. Dies bedeutet Formwechsel. Fühlen Sie das Gesicht, sehen Sie es. Treten Sie in seine Natur ein, seinen Geist.

Wenn Sie so weit sind, betrachten Sie sich selbst durch seine Augen und sehen Sie, wie Ihr Kleines Ich auf das Gesicht zurückblickt. Bleiben Sie im imaginären Reich. Prüfen Sie, ob Sie das Gefühl haben, es zu sein, oder ob Sie es marginalisieren. Wie sieht Ihr gewöhnliches Ich in seinen Augen aus? Unterhalten Sie sich ein wenig mit Ihrem Kleinen Ich, wenn das geht.

Geben Sie der Essenz dieser Visualisierung die Möglichkeit, sich durch Ihre Hände auszudrücken. Lassen Sie Ihre Handbewegungen die Essenz zum Ausdruck bringen. Gehen Sie langsam vor. Ermöglichen Sie der Essenz, sich durch Ihre Handbewegung zu beschreiben, oder geben Sie ihr die Möglichkeit, sich zu zeichnen oder musikalisch, durch

Poesie oder irgend etwas anderes zum Ausdruck zu bringen. Nehmen Sie sich Zeit hier. Lassen Sie sie Worte sprechen; schreiben Sie einige davon auf.

Teil III: Divination

Nun ist es an der Zeit, über Bedeutung nachzudenken und langsam zu Ihrem Alltagsleben zurückzukehren. Stellen Sie sich zunächst die folgenden Fragen: Wie, wann und wo marginalisieren oder tendieren Sie dazu, diesen Aspekt Ihrer selbst zu marginalisieren? Auf welche Art und Weise drängen Sie dieses Träumen an die Grenze Ihres Bewußtseins? Wann tun Sie dies? Denken Sie darüber nach, dieser Erfahrung eine zentrale Bedeutung in Ihrem Leben beizumessen.

Kehren Sie zurück zu der im ersten Schritt dieser Übung niedergeschriebenen Grundfrage, der Frage, die Ihr Alltagsverstand in bezug auf Ihr Leben gestellt hatte. Inwiefern beantwortet das Fortschreiten der Erfahrung und des Gesichtes diese Frage?

Was bedeutet die Erfahrung dieses Flirts für Ihr Alltagsleben?

Stellen Sie zum Schluß fest, ob Sie sich in Ihrer gegenwärtigen Stimmung erlauben können, über das Folgende nachzudenken: Was bedeutet Ihr Kleines Alltags-Ich für das Ereignis, das mit Ihnen geflirtet hat?

Es ist möglich, daß die spürende Essenz dessen, was Ihre Aufmerksamkeit erregte, immer ein entscheidender Teil Ihrer selbst war. Erforschen und erfühlen Sie die spürende Essenz des Objekts, das mit Ihnen flirtete, und erfahren Sie, in welcher Art und Weise es sich in Ihrem Leben zu realisieren sucht. Erfreuen Sie sich an der Idee des Großen Ich als einer Kombination aus Ihrem Alltagsgesicht und dem Gesicht des Objekts, das mit Ihnen flirtete.

Merken Sie sich die Antworten auf Ihre Fragen, und prägen Sie sich vor allem das Gesicht und die Traumkraft hinter dem Objekt ein, das Ihre Aufmerksamkeit auf sich zog.

Bei diesem Experiment mögen Sie die Alltäglichkeit entdeckt haben, die Sie mit den Dingen verbindet, die mit Ihnen flirten. In der Vergangenheit mögen Sie geglaubt haben, zu Ihrem Gegenüber hingezogen zu werden oder sich zu verlieben. Aus der Sicht der Konsensusrealität ist dies richtig. Doch aus der spürenden Perspektive werden Sie nicht zu

Ihrem Gegenüber hingezogen. Statt dessen verlieben Sie sich dauernd in sich selbst.

Zur Erinnerung

Vom Standpunkt der spürenden Erfahrung aus haben Sie eine Affäre mit den Dingen um Sie herum.

Das Träumen erscheint dem Buddha-Geist als ein grundlegendes Gefühl der Einheit. Dem Alltagsverstand erscheint das Träumen zunächst als schnelle Flashes oder Flirts zwischen einem selbst und Objekten, die die eigene Aufmerksamkeit auf sich ziehen

Wenn das Träumen flirtet und über sich selbst reflektiert, tritt das Alltagsleben in Erscheinung. Warum das Träumen sich so verhält, ist eine Frage des persönlichen Glaubens. Unabhängig davon, worin dieser Glaube besteht, scheint es, als resultiere das Leben selbst aus einem Symmetrieprinzip, der Selbstreflexion. Das Träumen ist die Quelle der Realität.

Aus der spürenden Perspektive werden Sie nicht zu Ihrem Gegenüber hingezogen. Statt dessen verlieben Sie sich dauernd in sich selbst.

Kapitel 7
Theorie und Praxis der Divination
Psychologie, moderne Physik und Divination

Wie weiß ich im Anfang um die Wege aller Dinge? Indem ich weiß, was in mir ist.[56] Wie kenne ich die Wege aller Dinge von Anbeginn an? Indem ich mein Inneres kenne.

Um mit Ereignissen in Kontakt zu sein, die als nächstes im eigenen Leben in Erscheinung treten, benötigt man Luzidität über das eigene Innere, die spürende Erfahrung. Nimmt man sein tiefstes Träumen und die sich daraus entfaltenden Flirts wahr, wird man zu einer Wahrsagerin, die die verborgene Zukunft spürt.

Luzidität über die spürende Erfahrung zu erlangen ist mehr, als das Kleine Ich beiseitezustellen und es etwas zu unterwerfen oder etwas zu entdecken, das größer ist als man selbst. Die Methode, vierundzwanzig Stunden luzid zu träumen, bedeutet eine Änderung des Lebensstils, bei dem die eigene gewöhnliche Identität entspannt und sich verwandelt, um mit dem Feld in Beziehung zu treten, in dem man lebt. Wie das obige Zitat des legendären chinesischen Weisen Laozi impliziert, ist diese Verwandlung die Grundlage des Taoismus.

Die Taoistin folgt dem noch nicht Entfalteten, „dem Tao, das nicht gesagt werden kann". Mit dieser Haltung gehen keine strengen Programme, Dogmen oder Rituale einher. Die Zukunft zu enthüllen ist eher ein Nebenprodukt als ein Ziel dieser Haltung. Patanjali, der legendäre Begründer und erste legitimierte indische Yoga-Wissenschaftler, betonte als Mystiker des zweiten Jahrhunderts v. Chr., daß Zustände wie Tele-

---

56 Laozi, in Chuangzi, S. 127.

pathie und Hellsehen nicht das Ziel der Yoga-Praxis darstellen; sie sind ihre Nebenprodukte. Yoga soll die Inhalte des Verstandes unterdrücken.[57]

Die Theorie der Divination

Wie entsteht das divinatorische „Nebenprodukt" der Luzidität? Wenngleich Divination und Gebet so alt sind wie die Menschheit, ist doch wenig darüber bekannt. Divination ist eng mit Luzidität, Schamanismus, parapsychologischen Kräften und Synchronizität verbunden. Während wir nicht näher auf die Einzelheiten der Divination eingehen, möchte ich interessierte Leserinnen und Leser auf die faszinierenden Studien der Psychologen C. G. Jung, Charles Tart und Henry Reed hinweisen, nur um einige Forscher zu nennen.[58]

Um anerkannt zu werden, muß jede Divinationstheorie ihre Fähigkeit, Ereignisse vorherzusagen und zu deuten, belegen können. Weiter muß sie mit anderen Theorien wie der Psychologie, der Physik, dem Taoismus, der Wissenschaft der Ureinwohner und dem Buddhismus übereinstimmen. Schließlich sollte sie zu einer Praxis führen, die unterrichtet werden kann. Die Übung am Ende dieses Kapitels gibt Ihnen Gelegenheit, die in diesem Kapitel entwickelte Theorie zu erlernen und zu überprüfen.

Interessanterweise mag eine Divinationstheorie unsichtbare Elemente wie das Tao oder das Träumen beinhalten. Es gibt viele Dinge im

---

57 Er beschrieb dies als Cittavrttinirodha („das Festhalten oder Anhalten der Geistestätigkeit"). Patanjalis Modell der Mystik entstammt der *Mandukya Upanishad*: „Der Vierte Aspekt [des Selbst], sagen die Weisen, ... ist nicht das Wissen der Sinne, er ist nicht relatives Wissen und auch nicht auf Schlußfolgerungen beruhendes Wissen. Jenseits der Sinne, jenseits des Verstehens, jenseits allen Ausdrucks, ist der Vierte: reines, einheitliches Bewußtsein, innerhalb dessen [alles] Bewußtsein der Welt und Vielfalt vollständig ausgelöscht ist. Er ist unbeschreiblicher Frieden. Er ist das höchste Gute. Er ist Eins ohne ein Zweites. Er ist das Selbst." Aus *The Upanishads, Breath of the Eternal*, übersetzt von Swami Prabhavananda und Frederick Manchester. Vedanta Press and Bookshop, 1996.
58 Siehe Jungs grundlegende Arbeit, «Synchronizität als ein Prinzip akausaler Zusammenhänge», Bd. 8 seiner *Gesammelten Werke*. Charles Tart, ein Psychologieprofessor der Universität von Kalifornien und Langzeitforscher im Bereich psychischer Phänome, hat faszinierende Experimente mit seinen Studenten durchgeführt. Siehe Professor Henry Reeds informative Beschreibung der Arbeit von Tart in *Awakening Your Psychic Powers*. New York: St. Martin's Press, 1996, S. 6. Reeds solide Studie der „paranormalen" Fähigkeiten Edgar Cayces enthält eine interessante Bibliographie für jene Leserinnen und Leser, die mehr über dieses Thema wissen möchten.

Leben, die wir akzeptieren, ohne sie zu verstehen, weil sie uns selbstverständlich erscheinen. Zum Beispiel verstehen wir Begriffe wie Gravitation oder Liebe nicht, doch beide sagen etwas darüber aus, wie Objekte und Menschen zusammenkommen. Ende des zwanzigsten Jahrhunderts haben Physikerinnen und Physiker neue Ideen wie die der „virtuellen Teilchen" entwickelt, die experimentell zwar nicht überprüfbar sind, aber zu überprüfbaren Ergebnissen führen.[59]

Niemand hat jemals virtuelle Teilchen gesehen. Ihre Existenz gleicht nicht in einem auf Konsens beruhenden Sinne derjenigen kleiner, lokalisierbarer Objekte. Niemand kann ihre Existenz beweisen; dennoch sprechen Menschen von virtuellen Teilchen, da die betreffende Theorie mit anderen akzeptablen Konzepten und Theorien übereinstimmt.

Jede Divinationstheorie muß einfach, einleuchtend und leicht zu verstehen sein. Einstein sagte, eine Theorie sei umso besser, je einfacher sie ist. Allzu komplizierte Theorien werden nicht geglaubt und sind nicht so leicht mit unserer Erfahrung zu vergleichen.[60]

Strukturen der Divination

Eine Divinationstheorie sollte auf verschiedene Typen von Wahrsagenden anwendbar sein. Gleichermaßen sollte sie der Tatsache Rechnung tragen, daß Divination seit Anbeginn der Zeit in der ganzen Welt angewandt worden ist.[61] John Mathews wunderbar illustrierter Text *The World Atlas of Divination* inspirierte mich dazu, mir die ersten Wahrsagerinnen und Wahrsager als Höhlenmenschen vorzustellen. Können

---

59 Um die Anziehung und Abstoßung zu erklären, die wir mit elektromagnetischen Feldern assoziieren, stellen sich Physikerinnen und Physiker vor, daß virtuelle Teilchen aufeinanderprallen und zusammenstoßen. Viele hoffen, daß virtuelle Teilchen auch die Gravitationsfelder erklären werden. Entsprechend der Teilchentheorie resultiert die Kraft der Wechselwirkung nicht mehr aus einem elektromagnetischen Feld, sondern aus den virtuellen Teilchen, die das Feld erzeugen. Siehe *Quantum Mind* für nähere Einzelheiten.

60 So überzeugte mich die Quantentheorie nicht, bevor ich für mich selbst beweisen konnte, daß ihre Formel der psychologischen Erfahrung entspricht.

61 Divination und schamanistische Systeme entwickelten sich bei den Kelten, den Europäern, den Juden, Griechen, Afrikanern und den Ureinwohnern Amerikas ebenso wie in der Arktis und in Eurasien, in China, Tibet, Australien, Neuseeland und Indien. Heute sind im Westen viele neue Systeme entstanden.

Sie Menschen in einer Höhle sehen, die vor einem Feuer stehen, in dieses hineinblicken und Visionen haben?

Tausende Jahre später sehe ich einen Schamanen am Ufer eines Flusses sitzen oder auf einem Berggipfel stehen. Ich sehe ihn singen oder pfeifen und in tranceähnliche Zustände fallen. In diesen Zuständen erahnt er die Antworten auf gestellte Fragen. Siehe Zeichnung unten.

Sich dem Wind und dem Himmel öffnender Schamane

Weitere Tausende Jahre später sehe ich eine in ihren Schal gehüllte Frau vor einer Kristallkugel sitzen. Können Sie sie ebenfalls sehen? Jemand sitzt ihr gegenüber und fragt: „Wieviele Kinder wird meine Schwiegertochter bekommen?"

Der Höhlenmensch, der Schamane und die Seherin mit der Kristallkugel, sie alle sind Weissagende. Während der Höhlenmensch und der Dorfschamane ihre luzide Aufmerksamkeit benutzen, um die Zukunft auf spürende Art und Weise zu erfahren und vorherzusagen, ist die Seherin mit der Kristallkugel enger mit der Interpretation des Träumens verbunden, das sich in den Wind in den Bäumen, in die Muster trockener Knochen auf dem Boden, in die Bewegungen der Sterne und in die Muster der Teeblätter entfaltet hat.

Alle Weissagenden durchlaufen Phasen von Luzidität, Ekstase und Interpretation. Die ekstatischeren Weissagenden gehen in ihrem Träumen weiter, um neue Information zu finden, während große interpretierende Weissagende in der Konsensusrealität verbleiben und Handlungen des Schicksals interpretieren. Einer meiner Klienten benutzt sogar seinen Fernseher. Wenn er nicht mehr weiß, was er mit seinem Leben anfangen soll, stellt er den Fernseher an und sagt, daß der Fernseher ihm zeige, wo er in jenem Augenblick steht.

Man kann jedes flirtähnliche, zufällige Ereignis zur interpretativen Divination benutzen, solange es über einen nicht kontrollierbaren Aspekt verfügt. Münzen, Träume, Risse in Schildkrötenpanzern, die Handlinien, das Pendel, Sterne, Karten, Schafe, Apfelschalen, Kaffeesatz, der Fernseher – alles funktioniert.

Jede entstehende Divinationstheorie muß das träumende Reich beinhalten, um mit der Wissenschaft der Ureinwohner, der Psychologie, der Physik und dem Taoismus übereinzustimmen. Sie muß auch die verschiedenen Typen von Weissagenden mit einschließen. Bestimmte Weissagende spüren das Träumen entweder direkt, das heißt, sie nehmen Flirts wahr, die sich aus dem Träumen entfalten, oder sie sind Meister im Interpretieren flirtähnlicher und unkontrollierbarer Phänomene wie dem Werfen eines Würfels oder anderer Zufallshandlungen.

Das Träumen ist der Grund dafür, daß Weissagende aus der Distanz und durch die Zeit hindurch etwas über einen wissen. Träumen ist nichtlokal und nichtzeitlich, und es bezieht sich auf alles in der eigenen Alltagsrealität. Das Träumen wird mit vielen Namen benannt: das Tao im Taoismus, Tendenzen in der Quantenphysik, die spürende Wahrnehmung in der Psychologie. Später werden wir sehen, wie das Träumen in den subtilsten Bewegungen wahrgenommen werden kann.

Divinationsverfahren unterscheiden sich nur in der Form. Im Taoismus meditiert man und gibt der spürenden Erfahrung Gelegenheit zur Entfaltung, indem man wiederholte Male Münzen wirft, um eine Antwort herbeizuführen. In der Physik ist Träumen analog zum Quantenfeld, das heißt, zu Tendenzen, die sich selbst reflektieren, um die Wahrscheinlichkeit von Ereignissen hervorzurufen, die in der Konsensusrealität auftreten. Wenn man Bewegung benutzt, kann sich die spürende Erfahrung entfalten, indem subtile Bewegungen gespürt werden und man spontanen Bewegungen folgt. Diese Tendenzen bilden die Basis für die Zukunftsvorhersage einer gegebenen Situation; sie werden in der Mathematik der Physik reflektiert, um wahrscheinliche Antworten zu erhalten.

Der Grundgedanke des Taoismus, der Physik und der Bewegungsarbeit liegt, wie wir bald sehen werden, darin, daß spürende Erfahrung sich selbst entfaltet und erklärt. Sie haben bereits im letzten Kapitel erfahren, auf welche Art und Weise spürende Erfahrung über sich selbst reflektiert und einem erlaubt, die Form zu wechseln und in neue Erfahrungen überzugehen, die Antworten auf unbeantwortete Fragen geben.

Die mit der Divination verbundenen Aspekte, die im Träumen der indigenen Wissenschaft, im Taoismus, in der Bewegungsarbeit und in der Physik zu finden sind, gehen aus dem Diagramm weiter unten hervor. Sie werden eine bestimmte Übereinstimmung in den verschiedenen Bereichen feststellen. Das heißt, alle Bereiche weisen dieselbe Struktur auf, innerhalb derer sich eine spürende sowie sich selbst amplifizierende Erfahrung in ein objektives Resultat entfaltet.

Divinationsmethoden

Physik	Bewegung	Taoismus	Träumen
Tendenz	*Spürende Erfahrung*	*Ungesagtes Tao*	*Träumen*
Quantenflirt	Subtile Bewegung Spüren	Über den Augenblick meditieren	Luzidität erlangen
Sich selbst reflektieren	Sich über Bewegung reflektieren	Das Werfen einer Münze Noch einmal werfen	Sich selbst reflektieren Formwechsel
Beobachtung in der Konsensusrealität	Geschichte in Form eines Tanzes	Hexagramm	Vision
Konsensusrealität	Geschichte	Antwort	Einsicht

Divinationstheorie

Verschwommenheit:

Divinationsverfahren beginnen in nicht auf Konsens beruhenden Bereichen, im Träumen, wo der Alltagsverstand entspannt ist. Dies ist der Grund, weshalb Divinationserfahrungen mit irgendeinem Verfahren beginnen können, das dem Alltagsverstand erlaubt, verschwommen zu werden. Aus demselben Grund sagt Laozi, der goße mystische Weise, im Taoteking: „Andere sind klar, doch ich allein bin verschwommen". Zunächst muß man nebelhafte Zustände akzeptieren, sich entspannen und nicht wissen, was zu tun ist. Verschwommenheit und ein entspannter Fokus sind wichtige Haltungen bei allen Divinationsverfahren.

Die Form wechseln:

Ekstatische Weissagende praktizieren eine Art „Formwechsel". Das bedeutet, sich selbst zu erlauben, die Figuren, Zeiten und Räume des eigenen Traumlandes zu erleben ebenso wie die Erfahrung des Träumens. Beim Formwechsel „wechseln" Schamaninnen und Schamanen von der Erfahrung ihrer menschlichen Form zur Erfahrung der Traumlandfiguren, die sie erleben. Schamaninnen können Drogen, Trommeln, Tanzen oder Fasten benutzen, um das normale Bewußtsein zu gestalten und zu reduzieren, was den Formwechsel ermöglicht.

Diese Schamanin nahm durch einen Formwechsel
ihre Geistform an

Die Form zu wechseln ist eine der großen Kräfte der Schamanin, die ihr erlaubt, den menschlichen Bereich zu verlassen und sich mit der Welt der Tiere und Geister zu identifizieren. Das Wechseln der Form bedeutet, die eigene menschliche Form hinter sich zu lassen und zu der Empfindung, dem Objekt, dem Dämon oder dem Tier zu werden, das man in einer Vision gesehen hat. Eine Methode des Formwechsels ist, eine Figur aus einem seiner Träume in authentischer Art und Weise auszuagieren, genauso zu fühlen und sich zu bewegen wie sie.

Bewegungsdivination

Experimentieren wir nun mit Divination, indem wir unsere spontanen Bewegungen benutzen, um Antworten auf Fragen über das Leben zu finden. Das folgende Experiment beginnt damit, daß Sie eine Frage stellen und dann Ihren spontanen Körperbewegungen folgen, um die Antwort darauf zu finden.

Bei diesem Divinationsprozeß können Sie bestimmte Fühlfähigkeiten oder „Metafähigkeiten" praktizieren.[62] *Zur Erforschung des Träumens ist es hilfreich, den gewöhnlichen Verstand zu entspannen. Wenn Sie verschwommen bleiben, werden Sie schließlich fähig sein, das Träumen und seine sich selbst erzeugenden Eigenschaften zu spüren. Wenn Sie gerne ein Beispiel für diese Art Arbeit hätten, bevor Sie mit der Übung beginnen, lesen Sie die Schlußbemerkung am Ende dieses Kapitels.*

Obschon Sie die folgende Bewegungsarbeit im Sitzen oder sogar im Liegen ausführen können, empfehle ich zu stehen oder zumindest auf dem Rand Ihrer Couch oder Ihres Bettes zu sitzen, da diese Positionen am hilfreichsten sind, wenn es um das Verständnis der Natur des Körpers geht.

1. *Die Frage.* Machen Sie es sich bequem, im Sitzen oder im Stehen. Konzentrieren Sie sich für einen Moment auf Ihren Atem. Während Sie sich entspannen, stellen Sie sich eine Frage, die Sie einer weissagenden Person stellen könnten. Welche Frage über Ihr Leben hätten Sie gerne beantwortet? Schreiben Sie Ihre Frage auf.
2. *Verschwommenheit.* Entspannen Sie sich in Ihrer gegenwärtigen Position, vorzugsweise im Stehen oder im Sitzen, und erlauben Sie Ihrem Alltagsverstand, verschwommen zu werden. Nehmen Sie die subtilen Bewegungen, zu deren Ausführung Ihr Körper tendiert, mit einem sanften Fokus wahr oder halten Sie sie damit fest, *bevor* sie sich ereignen.

Experimentieren Sie damit, diese Tendenzen zu fühlen und sich ihnen zu öffnen, ohne zu wissen, wohin sie Sie führen. Richten Sie Ihren Fokus auf diese Tendenzen, ohne ihnen gleich zu folgen. Erlauben Sie sich, diese subtilen, spürenden Erfahrungen zu erforschen und unwissend über sie zu sein. Ihre Erforschung mag ein wenig irrational sein, da leichte Tendenzen oftmals zunächst unver-

---

62 Siehe Amy Mindell: *Die Weisheit der Gefühle.* Petersberg: Via Nova, 1999.

ständlich sind. Wenn Sie dieses Gefühl haben, sind sie auf dem richtigen Weg. Fahren Sie einfach fort. Lassen Sie Ihren gewöhnlichen Verstand geduldig sein, und benutzen Sie Ihre Luzidität, um Ihre Erfahrung zu verfolgen, während sie in Erscheinung tritt.
3. *Luzide Aufmerksamkeit*. Seien Sie verschwommen und unwissend darüber, was diese Bewegungen tun wollen. Benutzen Sie Ihre luzide Aufmerksamkeit für das Träumen, um diese Tendenzen zu fassen und ihnen gegenüber offen zu sein.

   Beginnen Sie nun, diesen Tendenzen zu folgen, indem Sie sich leicht in die von ihnen angedeutete Richtung bewegen. Reflektieren Sie diese Bewegung, das heißt, folgen Sie ihr. Geben Sie diesen Bewegungen Raum zur Entfaltung, erlauben Sie ihnen, ihre eigene Bewegungsgeschichte zu entwickeln und zu entfalten. Vielleicht tauchen irrationale visuelle Bilder, Geschichten oder Erinnerungen auf. Erlauben Sie der Bewegung und den visuellen Prozessen, sich zu entfalten, selbst wenn Sie nicht wissen, wohin sie führen.
4. *Formwechsel*. Experimentieren Sie als nächstes mit dem Wechseln der Form. Nehmen Sie die Bewegung und Bilder wahr, und treten Sie, wenn Sie so weit sind, aus Ihrer gewöhnlichen Identität heraus, und erlauben Sie sich dann, zu den Figuren oder Empfindungen zu werden, die sich Ihnen nun zeigen.

   Nun, da Sie diese Bewegung sind, vermag sie ihre eigene Bedeutung hervorzubringen. Sie erklärt sich selbst. Halten Sie einfach Ihre Luzidität aufrecht, während sich das Träumen in Bilder und Geschichten des Traumlandes entfaltet. Geben Sie dem Geschehen Zeit.
5. *Bedeutung*. Verweilen Sie ein paar Minuten bei dieser Erfahrung. Vielleicht wird sie etwas Bedeutungsvolles hervorbringen, das mit der von Ihnen zu Beginn gestellten Frage in Zusammenhang steht. Erforschen Sie, inwiefern Ihre Erfahrung sich mit der ursprünglich gestellten Frage verbindet. Sinnen Sie über die Antwort nach. Wertschätzen Sie die Antwort. Denken Sie darüber nach, wie Sie sie anwenden können – was sie für Ihre verschiedenen Beziehungen, Ihre Verbindung zur Welt bedeutet.
6. *Heilen*. Welcher Teil Ihres Körpers hat die Bewegungsarbeit ausgeführt? Denken Sie über Ihren Körper nach – Ihre Knie, Ihre Hüften, Ihren Rücken, Ihren Nacken, den Kopf und die Knöchel. Denken Sie über Ihre Haltung, Ihre Energie, Ihre Haut und Ihren Blutdruck nach.

Lag der Fokus dieser Bewegungsarbeit auf einem Teil Ihres Körpers, auf einem Bereich mit Schmerzen, Leiden oder Problemen?
Vielleicht hatte der von Ihnen erfahrene Bewegungsprozeß eine heilende Wirkung auf irgendeinen Aspekt Ihres Körpers. Denken Sie darüber nach, wie dieser Bewegungsprozeß Ihre Aufmerksamkeit auf eine bestimmte Haltung oder einen Teil Ihres Körpers zu richten versucht, der mit Ihnen geflirtet hat, ohne daß es Ihnen bewußt gewesen wäre. Finden Sie Antworten, erfreuen Sie sich an ihnen, doch vergessen Sie nicht die Verschwommenheit, den Traumprozeß, der Sie hierher führte. Die große Gefahr liegt darin, daß wir die Erfahrungen marginalisieren, die uns Antworten brachten.

Wenn Sie bei Antworten bleiben und die spürende Erfahrung marginalisieren, wird Ihr Leben zu einer Reihe von Fragen und momentanen Antworten. Wenn Sie es hingegen vermeiden, den spürenden Prozeß zu marginalisieren, wird Ihr Leben auf Wandel gegründet sein, das Träumen selbst.

Telepathie und Hellsichtigkeit sind nicht das Ziel, sondern die Nebenprodukte der Yogapraxis. Denken Sie an die vorher zitierte Weisheit Patanjalis (siehe Fußnote 57, S. 113). „Jenseits der Sinne, jenseits des Verstehens, jenseits allen Ausdrucks, ist der Vierte. Er ist reines, einheitliches Bewußtsein, innerhalb dessen [sämtliches] Bewußtsein der Welt und Vielfalt vollständig ausgelöscht ist. Er ist unbeschreiblicher Frieden. Er ist das höchste Gute. Er ist Eins ohne ein Zweites. Er ist das Selbst."

Der Divnations*prozeß* ist der Schlüssel zum Leben. Die Antwort, die Sie erhalten, ist bloß eine momentane Lösung der einen spezifischen Frage. Bei der Antwort zu bleiben und den Prozeß zu vergessen wäre so, als würde man sich an das erinnern, was man gelernt hat, und Gott vergessen.

Diese Stelle erinnert mich an Mutter Cabrini, eine hellsichtige italienische Heilige, die im frühen zwanzigsten Jahrhundert lebte. Sie vermochte in die Herzen anderer zu sehen, Wasser zu finden und viele andere derartige Dinge zu tun, aufgrund einer Kraft, die sie „Jesus" nannte. Nie erlaubte sie irgend jemandem, sie als die Gründerin der Missionsschwestern vom Heiligsten Herzen zu bezeichnen. Sie sagte immer, Jesus oder Mutter Maria, Mutter der Gnade, hätten den Orden gegründet. Hinsichtlich der vielen von ihr ins Leben gerufenen karitativen Institutionen sagte sie: „Ich habe nichts getan. Das heilige Herz Jesu hat alles vollbracht. Ich bin bloß eine Zeugin der Wunder Gottes."

Wenn jemand über ihre Bescheidenheit sprach, erwiderte sie sanft: „Bescheidenheit – ich bin ein armes, zu nichts als Bösem fähiges Nichts, das Gottes Werk ruiniert."[63] Mit anderen Worten: Mehr noch als die Antwort oder die Ergebnisse, die Sie erhalten, ist die Divinationserfahrung des Träumens selbst der Schlüssel zu einem vollständigen Leben.

Zur Erinnerung

Eine Divinationstheorie sollte mit der Wissenschaft der Ureinwohner, der Psychologie, der Physik und dem Taoismus übereinstimmen. Sie schließt auch die verschiedenen Typen von Weissagenden mit ein.

Diese Theorie besagt: Divination entsteht aus dem Erlangen von Luzidität über Ereignisse, die dem Bereich des Spürens oder dem Quantenbereich angehören und sich in die Alltagsrealität entfalten.

Nicht die Antwort, sondern der Divinations*prozeß* ist ein Schlüssel zu einem vollständigen Leben.

Schlußbemerkung: Ein Divinationsbeispiel

Das folgende Beispiel gibt eine Arbeit wieder, die ich während des Schreibens für mich durchführte.

Nachdem ich darüber meditiert hatte, welche Frage beantwortet werden möchte, wurde mir klar, wie meine Frage lautete: „Mit welcher Einstellung arbeite ich am besten an diesem Buch?" Manchmal bin ich sehr aufgeregt und arbeite den ganzen Abend, während ich zu anderen Zeiten sehr müde werde. Sollte ich ein wenig Druck machen oder einfach meiner Energie folgen?

Verschwommenheit. Der erste Schritt zur Weissagung einer Antwort besteht darin, über meine eigene Bewegung unwissend zu werden. Um dies zu erreichen, muß ich sie fühlen, mich entspannen und mir erlauben, „nicht zu wissen", was mein Körper tun möchte.

---

[63] Timothy Conway: *Women of Power and Grace, Nine Astonishing, Inspiring Luminaries of Our Time*. Santa Barbara, CA.: The Wake Up Press, 1994, S. 46–47.

Da ich eine bewegungsorientierte Divination durchführen möchte, gehe ich im Stehen für einige Augenblicke nach innen und spüre einfach meinen Körper sowie die subtilsten Bewegungen. Dies ist ein wenig desorientierend, da ich nicht weiß, was kommen wird.

Ich beginne, indem ich beobachte, wie sich meine Bewegung aus dieser stehenden Position heraus entwickelt. Ich nehme wahr, daß ich mich ein wenig befangen dabei fühle, diese Übung zu machen und in einem Buch darüber zu berichten. Nun entspanne ich mich und fühle, wie ich verschwommen werde. Nach einer oder zwei Minuten beginne ich, ein kleines „Etwas" in meinem Knie wahrzunehmen. Es fühlt sich beinahe so an, als würden meine Knie nachgeben, unter mir zusammenbrechen. Luzidität zu erlangen bedeutet für mich, diesen subtilen Flirt, dieses Bewegungsgefühl von „Nachgeben" wahrzunehmen. Ich werde diesem Gefühl ermöglichen, sich auszudrücken, indem ich es reflektiere, ihm erlaube, sich zu amplifizieren.

Ich nehme wahr, daß mein Körper beginnt, sich zurückzulehnen ... nun fühle ich mich, als würde ich nach hinten fallen. Plötzlich befinde ich mich inmitten eines Traums, irgendeiner Art imaginären Prozesses. Er entfaltet sich selbst. Zunächst habe ich keine Worte, um meine Empfindungen zu beschreiben. Dann aber befinde ich mich in einer Vision und drehe mich rückwärts, immer weiter in den Raum zurück.

Ich nehme wahr, daß ich nicht länger mein gewöhnliches Selbst bin; statt dessen habe ich das Gefühl, meine Form zu wechseln. Obgleich mein realer Körper noch leicht zurückgelehnt mit beiden Füßen fest auf dem Boden steht, dreht sich mein Traumkörper in der Luft.

Während ich mich drehe, beginnt mein gewöhnlicher Verstand zurückzukehren. Er wundert sich über diese Erfahrung und möchte ihre Bedeutung wissen. Da die Bedeutung noch nicht klar ist, wird sich mein kognitiver Verstand noch gedulden müssen, während sich mein Prozeß weiter entfaltet. In meiner Erfahrung drehe ich mich noch immer rückwärts. Und drehe mich und sehe plötzlich, wie mein sich drehender Körper zu einem Rad wird – und ich hänge im Raum, und zwar außerhalb oder abseits des Rades.

Jetzt verstehe ich. Soeben habe ich die Antwort erhalten. Und kann sie in Worte fassen: Ich erfuhr mich als rückwärts drehend, mich spiralförmig im Raum bewegend. Plötzlich sah ich mein sich drehendes Selbst zu einem Rad werden. Zunächst schien das Rad so irrational zu sein, daß ich dachte: „Vergiß dies, es ist zu seltsam, um möglich zu sein." Ich war das Rad oder an das Rad gebunden, dann aber schleuderte es mich in den Raum hinaus. Nun sitze ich außerhalb des Rades und betrachte die Welt.

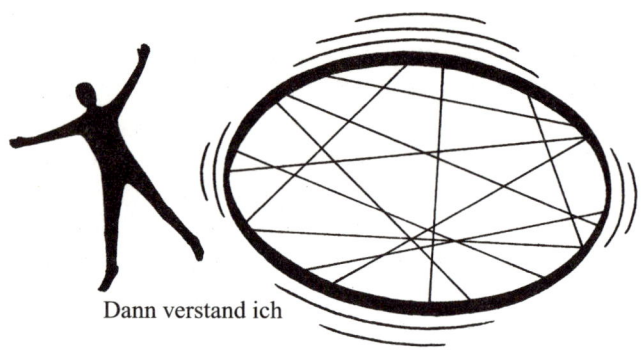

Dann verstand ich

Dann verstand ich.
Anhaftung und Losgelöstheit.

Mein Prozeß vermittelt mir das Gefühl von Losgelöstheit. Erinnern Sie sich an meine ursprüngliche Frage, wie ich dieses Buch am besten schreibe? Für mich ist die Bedeutung, die meine Bewegungserfahrung hervorbrachte, folgende: „Sei das Rad, begib dich darauf, bleibe darauf, und dadurch wirst du von dem Rad herunterkommen und dich von ihm lösen. Fürchte dich nicht davor, anzuhaften und alles zu versuchen. Dadurch wirst du dich loslösen.

Nun habe ich die Antwort aus meiner Bewegungsmeditation erhalten. Sie lautet: „Du mußt auf das Rad und nervös sein, dann wirst du von dem Rad herunterkommen." Das Divinationsverfahren sagte mir, daß ich, indem ich meine weltlichen Ambitionen auslebe, fähig sein werde, mich von ihnen zu lösen. Als ich später mit dem Schreiben fortfuhr, ereignete sich genau dieser Prozeß von Anhaftung und Losgelöstheit.

Teil II
Luzides Heilen

Kapitel 8

Zeitreise

Reinkarnation und Heraustreten aus der Zeit

*Man wird in eine menschliche Form geboren und findet Freude daran.
Doch es gibt zehntausend andere Formen, die sich unendlich
transformieren, die ebenso gut sind. Und die Freude
in diesen ist unermeßlich.
Der Weise lebt inmitten jener Dinge, die niemals verloren gehen
können. Und so lebt er ewig.
Bereitwillig akzeptiert er einen frühen Tod, das Alter, den Anfang
und das Ende. Und er dient allen als Beispiel.*[64]

Der sprichwörtliche Weise ist zweifelsohne losgelöster als die meisten von uns. Er wurde in eine menschliche Form geboren, in eine Konsensusrealität, doch er wechselt seine Form durch Leben und Tod hindurch. Dies läßt ihn zu einem Vorbild werden, das anderen zeigt, wie man ewig lebt, indem man wie der Geist der Transformation selbst ist.

In diesem Kapitel werden wir uns durch das Studium der Strukturen der Quantenphysik, des Schamanismus und des Taoismus mit dem Verlassen der menschlichen Form beschäftigen und in der Zeit vor- und zurückkreisen, in vergangene und zukünftige Leben. Normalerweise mögen Sie das Gefühl haben, Raum und Zeit seien entscheidend und die Vergangenheit unveränderbar. Bisweilen fühlen Sie sich vielleicht von der Zeit programmiert und beeinflußt. Hoffentlich wird dieses Kapitel Ihre Gefühle in bezug auf Geschichte und Zeit ändern.

---

[64] Chuangzi, S. 123.

Blicken wir, bevor wir mit der Zeitreise beginnen, noch einmal auf das bisher Erfahrene zurück. In Teil I haben wir uns hauptsächlich auf die Theorie, vierundzwanzig Stunden luzid zu träumen, konzentriert und deren Verbindungen zur indigenen Weisheit, zum Buddhismus, zur Physik und zur Divination.

Auf der Grundlage unserer bisherigen Diskussion müssen wir folgendes bedenken:

- Träumen ist die älteste menschliche Form der Spiritualität; es spielt eine zentrale Rolle in vielen indigenen Kulturen und bildet ein Grundmuster hinter dem Taoismus, dem Buddhismus und der Quantentheorie.
- Ohne Zugang zum Träumen mag man das Gefühl haben, dem Leben fehle etwas; man konzentriert sich lediglich auf die helle Seite des Mondes und ignoriert seine Gesamtheit.
- Das Träumen erscheint zunächst als eine vage Tendenz oder Ahnung kommender Dinge; Träumen ist eine den Signalen vorangehende Erfahrung. Das Träumen reflektiert und amplifiziert sich in Form von Kommunikationsflirts, um die zu beobachtenden Formen zu erschaffen, die wir in der Realität erblicken. Gleichermaßen sagt die Mathematik der Quantenphysik voraus, daß die zu beobachtende Realität aus sich selbst reflektierenden Quantenwellen besteht.
- „Ich" nehme nicht wahr, sondern bin Teil eines Selbstreflektionsprozesses mit dem Universum um mich herum. „Ich" beobachte nicht, sondern werde zunächst von Objekten angezogen, die über ihre eigene Kraft verfügen, mit mir zu „flirten".
- Meine gewöhnliche Identität ist das Ergebnis einer Marginalisierung des größeren Teils meiner selbst, des Großen Ich, das alles umfaßt, was meine Aufmerksamkeit erregt.
- Beim Träumen sind Konzepte der Konsensusrealität wie Ich, Du, Mir und Sie vage und miteinander verflochtene Prozesse, die nicht leicht voneinander zu unterscheiden sind.

Es gibt mindestens drei Wege, Luzidität über Traumerfahrungen zu erlangen:

- Man kann die spürende Erfahrung fühlen, bevor sie sich in der Alltagsrealität manifestiert.
- Man kann aufflackernde Signale und Ereignisse, wie plötzliche Gedanken oder ein momentanes Körpergefühl, wahrnehmen, um ihre spürende Essenz zu finden.

- Man kann Luzidität erlangen, indem man den Fokus auf fortdauernde Signale und Empfindungen wie Körpersymptome richtet und sich zu den „Wurzeln" dieser Erfahrungen zurückführen läßt.

Teil II dieses Buches ist der Schulung Ihres Fokus auf diese drei Aspekte der Luzidität gewidmet. In diesem Teil werden wir die Anwendungsmöglichkeiten des luziden Träumens auf verschiedene Aspekte des Lebens erforschen, wie das Heraustreten aus der Zeit, den Umgang mit Körpersymptomen, Süchten, Körperkontakt sowie Beziehungsthemen und Großgruppenprobleme.

Aus der Zeit heraustreten

Wenn Sie jemals ein Déjà-vu-Erlebnis hatten oder das Gefühl, mit oder ohne Drogen in eine andere Zeit und einen anderen Raum versetzt worden zu sein, werden Sie Chuangzi verstehen, der eingangs dieses Kapitels zitiert wurde: „Man wird in eine menschliche Form geboren und findet Freude daran. Doch es gibt zehntausend andere Formen, die sich unendlich transformieren, die ebenso gut sind. Und die Freude in diesen ist unermeßlich."

Viele Menschen haben das Gefühl, jemand anders gewesen zu sein oder in früheren Zeiten gelebt zu haben. Die meisten Menschen hatten irgendwann in ihrem Leben eine solche Erfahrung des Zeitwechsels.

Raumschiff,
das Zeit und Raum
der Erde verläßt

Wenn ich die Teilnehmerinnen und Teilnehmer meiner Seminare frage, wie sie das Auftreten von Zeitverschiebung erklären, bringen sie mehrere Theorien vor, unter anderem:
- Das Heraustreten aus Zeit und Raum beruht auf dem Geist. Ich bin nur ein Vehikel für das, was geschieht.
- Es gibt keine Zeit. Welche Realität wir auch immer nehmen, um aus ihr heraus- oder in sie einzutreten, sie ereignet sich tatsächlich die ganze Zeit über.
- Das Gedächtnis der Ahnen ist für Erfahrungen der Zeitverschiebung verantwortlich. Wir erfahren etwas, was unsere Vorfahren erfuhren und weitertrugen oder -gaben. Zeitverschiebung ist vorstellbar als ein „Seelengedächtnis", das durch Sehen, Klang oder Geruch ausgelöst wird, die Erfahrung von etwas, was die Seele in einem anderen Körper, in einer anderen Lebenszeit erfahren hat.
- Déjà-vu-Erlebnisse ereignen sich aufgrund der Kraft gewisser hochelektromagnetischer oder verdichteter Gebiete der Erde.
- Zeitverschiebung ist eine Körpererfahrung, die sich beispielsweise dann ereignet, wenn mehrere Menschen in einem Raum zur selben Zeit dieselbe Erinnerung an eine andere Zeit und einen anderen Raum haben.

Feynmans Theorie

Diese Theorien reflektieren die mystischen und parapsychologischen Ideen verschiedener Traditionen. Es mag einige Leserinnen und Leser überraschen, daß die Strukturen für Zeitverschiebug auch in der Quantenphysik zu finden sind.

So entwickelte beispielsweise der Nobelpreisträger für Physik, Richard Feynman, seine eigene Theorie der Zeitreise zur Beschreibung von Elementarteilchen, obgleich er ihr Verhalten nie als Zeitreise bezeichnete. Er schlug vor, daß die Mathematik der Elementarteilchen in der Quantenphysik die Welt auf zwei verschiedene Arten beschreibt, nämlich als in der Zeit vorwärts- und zurückgehend. Durch das Studium und die Interpretation der Quantenphysik entdeckte er, daß zwei voneinander getrennte Realitäten möglich waren, von denen eine noch nicht durch die Physiker entdeckt worden war: die Realität der Rückwärtsbewegung in der Zeit.

Seine Theorien lieferten mir die allgemeinen Strukturen zur Verbindung der Psychologie veränderter Bewußtseinszustände mit dem Verhalten von Teilchen in der Quantenphysik.[65] Wenn Sie sich der Wissenschaft gegenüber befangen fühlen, erschrecken Sie nicht, und machen Sie sich keine Sorgen um die Physik. Ich gebrauche Feynmans Theorien als Metaphern für psychologische Theorien. Sie können seine Theorien wie einen Traum betrachten, der Ihnen ein neues Muster zur Erkundung des Universums anbietet.

Feynman studierte die Formeln für Elementarteilchen wie Elektronen. Er wußte, daß diese Formeln bekannte Ergebnisse vorhersagten, aber er dachte auch, die Formel würde neues und unentdecktes Elektronenverhalten vorhersagen, wenn neue Elektronen in ein elektromagnetisches Feld eingingen.

Wie Sie sich vorstellen können, wird ein geladenes Teilchen wie ein Elektron, wann immer es in ein elektromagnetisches Feld eingeht, umhergestoßen und -gezogen, ähnlich kleinen Metallspänen in einem magnetischen Feld.

Feynman legte zwei Interpretationen der Art und Weise vor, wie sich dieses Umherstoßen und -ziehen ereignete. Eine dieser Interpretationen ist mit der spontanen Schöpfung „virtueller", kurzlebiger Teilchen verbunden. Sie existieren so kurz in der Zeit, daß man sie niemals wird messen können. Die zweite Interpretation ist nicht mit virtuellen Teilchen verbunden, sondern mit der Möglichkeit, in der Zeit zurückzureisen- oder aus ihr herauszutreten.

Feynmans erster Interpretation zufolge werden virtuelle Teilchen, wenn ein Elektron in ein elektrisches Feld eintritt, plötzlich und zeitweise erschaffen. Diese virtuellen Teilchen krachen in das ursprüngliche Elektron, das in das Feld eintritt, lenken es von seiner Bahn ab und ändern seine Richtung. Dies mag für Leserinnen und Leser, die mit der Physik nicht vertraut sind, seltsam klingen, und in der Tat sind virtuelle Teilchen seltsam. Wenngleich sie nicht direkt gesehen werden können, ist ihre mögliche Existenz in den Theorien der modernen Physik erlaubt.[66]

Die Physik mag verständlicher sein, wenn Sie an eine soziale Analogie im menschlichen Leben denken. Erinnern Sie sich an das erste

---

65 Für weitere Einzelheiten siehe *Quantum Mind.*
66 Siehe *Quantum Mind,* Kapitel 33 und 34.

Mal, als Sie öffentlich sprechen mußten? Sobald Sie auch nur an den Raum dachten, in dem Sie sprechen sollten, stiegen alle möglichen Arten von inneren Figuren in Ihrem Kopf auf. Einige wollten helfen, während andere Sie kritisierten. Diese Figuren existieren nicht in der Realität, aber sie haben einen Einfluß auf Ihren Bewußtseinszustand.

Feynmans erste Interpretation dessen, was mit einem Elektron in einem elektromagnetischen Feld geschieht, gleicht einem Menschen, der in ein Sprechfeld eintritt. Paare positiver und negativer virtueller Teilchen tauchen aus dem Nichts auf, um die Bahn des Elektrons zu ändern. In dieser Interpretation der Quantenereignisse wird ein in ein elektromagnetisches Feld eintretendes Elektron von einem Teilchen mit gegensätzlicher Ladung (einem Positron) gestoßen und dabei vernichtet. Das zweite Teilchen fliegt anstelle des ursprünglichen Elektrons in einer neuen Richtung davon.

In der zweiten Interpretation betrachtete Feynman die Gleichungen der Physik und erkannte, daß eine andere Interpretation möglich war. Statt virtueller Teilchen könnte das in das Feld eintretende Elektron *aus dem Ablauf der Zeit heraustreten* und eine „Zeitreise" erfahren oder sogar für einen winzigen Bruchteil einer Sekunde in der Zeit zurückgehen. Nach jenem Sekundenbruchteil könnte es seine Zeitrichtung erneut umkehren und wieder in unserer gewöhnlichen Zeit auftauchen und sich in eine neue Richtung bewegen.

Kurz, die erste Interpretation ist mit virtuellen Teilchen verbunden, die dem Elektron einen Stoß versetzen, aber nicht mit einer Rückwärtsbewegung in der Zeit. Die zweite Interpretation ist mit einer Rückwärtsbewegung in der Zeit verbunden, aber nicht mit virtuellen Teilchen.

Beide Interpretationen sind nach den Gleichungen der Physik zulässig, da niemand mit Gewißheit sagen kann, was geschieht, wenn ein Elektron in ein elektromagnetisches Feld eintritt. Wir können Dinge, die so schnell geschehen, nicht direkt messen. Gesamtergebnisse zu messen ist alles, was wir tun können; infolge der Grundunsicherheit in der Natur können wir kleine Teilchen nicht verfolgen. Da beide Theorien mit dem Rest der Physik übereinstimmen, sind sie akzeptable mögliche Theorien (die von neuen Experimenten und Theorien abgelöst werden können, die die Sachverhalte noch besser erklären).

In den Diagrammen weiter unten habe ich Feynmans Frage und zwei verschiedene Antworten hinsichtlich dessen dargestellt, was mit dem ursprünglichen Elektron geschieht, das in das Feld eintritt.

Diese Diagramme werden „Raum-Zeit-Diagramme" genannt. Die horizontale Linie repräsentiert Bewegungen im Raum, während die vertikale Linie, die sich nach oben bewegt, vorwärtsgehende Zeit repräsentiert. Alle sich in der Zeit vorwärtsbewegenden Ereignisse gehen dem oberen Ende der Seite entgegen.

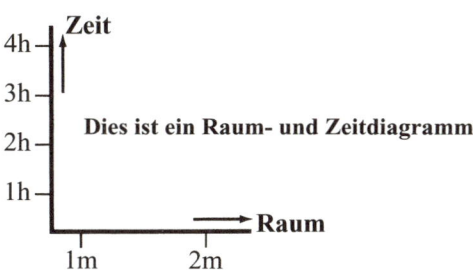

Die ersten Diagramme:
Was geschieht in einem elektromagnetischen Feld?

Feynman fragte: „Was geschieht mit einem Elektron, wenn es in ein elektromagnetisches Feld eintritt?"

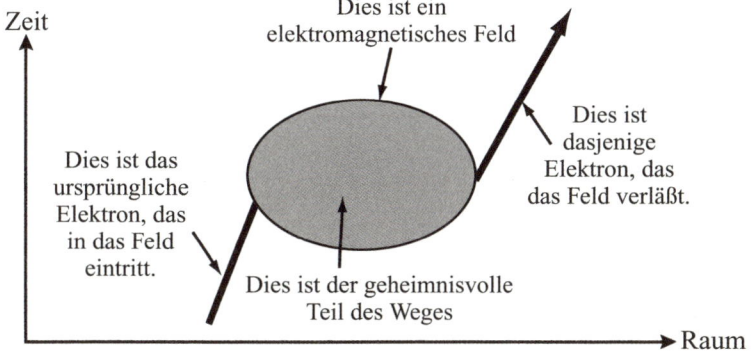

Was geschieht, wenn ein Elektron in ein starkes Feld eintritt?

Um seine eigene Frage zu beantworten, zeichnete Feynman ein Diagramm, ähnlich dem folgenden:

133

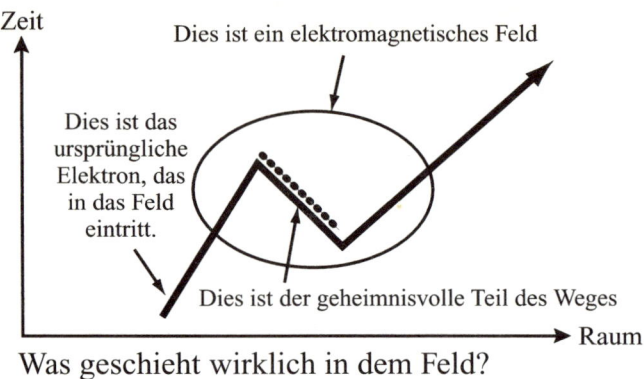

Was geschieht wirklich in dem Feld?

Nachdem er das Diagramm gezeichnet hatte, schlug Feynman zwei mögliche Erklärungen vor für die Art und Weise, in der das Feld auf das Elektron einwirkte. Benennen wir die erste als die „Stoßtheorie" und die zweite als die „Theorie der Rückwärtsbewegung in der Zeit".

Feynmans zwei Antworten

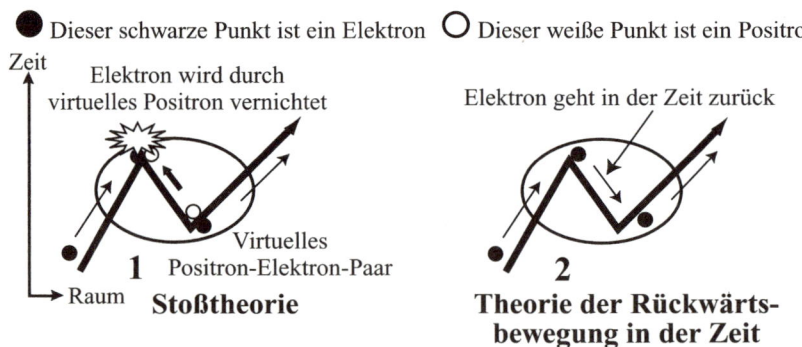

Diese Diagramme mögen seltsam anmuten, sind aber eigentlich nicht sehr verschieden vom Bild aneinanderstoßender Murmeln.

In Diagramm eins auf der linken Seite, der Stoßtheorie, wird das ursprünglich in das Feld eintretende Elektron am oberen Ende des Diagramms durch ein Positron vernichtet (das dem früher in der Zeit erschaffenen Paar virtueller Teilchen angehörte).[67] Im rechten Diagramm, der Theorie der Rückwärtsbewegung in der Zeit, gibt es keine virtuellen Teilchen — statt dessen trifft das Elektron selbst auf das Feld, kehrt sich um und geht in der Zeit *zurück*.

Das zweite Diagramm weist auf die große Überraschung hin. *Wenn ein Elektron auf ein Feld trifft, mag es eine Minute oder zehntausend Jahre in der Zeit zurückgehen*, je nach seiner Situation. (Da wir nicht messen können, was geschieht, mag es sogar zunächst in die Zukunft gegangen sein.)

Heute kann niemand mit Sicherheit überprüfen, welches Diagramm richtig ist; Physikerinnen und Physiker sind der Ansicht, daß das Elektron einfach über beide Möglichkeiten verfügt – oder beurteilen den zweiten Vorgang als interessant, experimentell, jedoch als nicht verifizierbar.

Sich in die Diagramme einfühlen

Um nun zu verstehen, wie man in der Zeit zurückgehen oder aus dem Vorwärtsschreiten der Zeit heraustreten kann, muß man ein Gefühl dafür bekommen, was in diesen Diagrammen geschieht. Beginnen wir mit Diagramm eins.

Wäre das Elektron spürend und könnte sprechen wie ein Mensch, der im Begriff steht, seinen ersten Vortrag zu halten, könnte es beim Betreten des Raums sagen: „Hmm, irgend etwas Spannungsgeladenes steht im Raum. Doch ich möchte jetzt nicht der Spannung Aufmerksamkeit schenken, sondern mich auf den Vortrag konzentrieren, den ich halten werde. Ich werde versuchen weiterzumachen und dieses Spannungsfeld im Raum zu ignorieren."

---

67 Im Diagramm zur Stoßtheorie wird ein Paar virtueller Teilchen rechts vom eingehenden Elektron erzeugt, und ein Teilchen dieses Paares vernichtet das ursprüngliche Teilchen, während das andere virtuelle Teilchen real wird und das Feld verläßt. (Das virtuelle Paar besteht aus einem das ursprüngliche Elektron vernichtenden Positron und einem zweiten Elektron, das das Feld verläßt.) Ein Positron ist das dem Elektron entsprechende Antimaterieteilchen; es ist genau das gleiche, außer daß es positiv geladen ist anstatt negativ. Der Physik zufolge wird das Paar durch kleine Fluktuationen in der Energie erschaffen. Für nähere Einzelheiten über virtuelle Teilchen siehe *Quantum Mind*.

Dieses Elektron erfährt das Feld nicht auf eine luzide Art und Weise; statt dessen marginalisiert es das elektromagnetische Feld und versucht, seinen Weg fortzusetzen. Zunächst wird es verwirrt, angespannt, fast umgeworfen von der Spannung. In seinem Kopf trifft es auf eine kritische Stimme und erhält einen derartigen Schlag, daß es sich nicht an seinen Vortrag erinnern kann. Dieses Elektron wird sozusagen vernichtet. Wenn ich damit fortfahre, den Weg des Elektrons zu vermenschlichen, kann ich sagen, daß es nicht luzid war über das Feld; statt dessen marginalisierte es das Feld. Nach einer Weile erholt es sich von seiner Vergeßlichkeit, fährt mit seinem Vortrag fort und fühlt sich besser.

Betrachten wir nun Diagramm zwei. Geben wir vor, das Elektron sei nicht nur spürend, sondern luzid. Da das Elektron über Luzidität verfügt, bewegt es sich in dieses spannungsgeladene elektromagnetische Feld hinein und fühlt es. Wenn das Elektron eine Person ist, nimmt sie an diesem Punkt wahr, daß im Vortragssaal irgend etwas seltsam ist. Irgendeine unbekannte Tendenz ist gegeben. Anstatt diese spannungsgeladene Erfahrung zu marginalisieren, beschließt die Person, Luzidität darüber zu erlangen und ihr Vorhaben entspannt anzugehen.

Sie wird verschwommen und gelangt zum Kern des Feldes. Sie spürt etwas Kritisches, eine kritische innere Figur. Anstatt nun vorwärtszugehen, tritt sie aus der Zeit heraus, wird zu dieser kritischen Figur und beginnt dem Publikum mitzuteilen, daß sie immer schon kritisch war hinsichtlich dessen, was sie als nächstes sagen würde. Sie geht in der Zeit zurück, bis zu dem Punkt, als ihre eigene kritische Kraft sich zu entwickeln begann, und sie nimmt das ganze Publikum in der Zeit mit zurück. Das Publikum ist zwar erstaunt, aber sein Interesse ist durch ihre demütige Haltung geweckt. Sie spricht etwas in ihnen allen an.

Schließlich vollendet sie ihre kurze Übersicht über ihr früheres Leben und teilt den Menschen mit, ihre kritische Natur habe ihr geholfen, bei allem, was sie sagt, vorsichtig zu sein und andere nicht zu verletzen, sondern jeden zu bedenken. Nachdem sie dies ausgesprochen hat, nimmt sie eine Veränderung des Feldes wahr und erfährt, wie sie zu ihrer Ausgangslage vor dem Erscheinen des kritischen Feldes zurückkommt. Als sie zum gegenwärtigen Augenblick in der Zeit zurückkehrt, beginnt sie, den von ihr beabsichtigten Vortrag zu halten.

Nachdem sie sich auf ihre Vergangenheit zurückbesonnen hat, kehrt sie zur Alltagsrealität zurück und bewegt sich weiter vorwärts in der

Zeit. Ihre Spannungen sind verschwunden, und ihr Vortrag geht wunderbar vonstatten. „Freunde", sagt sie, „nachdem ich nun eine Seite von mir und möglicherweise des Feldes unseres heutigen Themas gezeigt habe, würde ich gerne die andere Seite präsentieren, das Thema selbst."

Niemand, innen oder außen, vernichtet oder kritisiert sie auch nur im geringsten; sie hat alle möglichen Gedanken in ihren eigenen Weg integriert. Sie ist jeder und alles.

Feynmans zwei Diagramme beschreiben annähernd, was das Elektron erfahren könnte. Natürlich sprach er nicht von fühlenden oder luziden Wesen. Er legte bloß zwei grundlegende mathematische Strukturen für diese zwei verschiedenen, zulässigen Phänomene vor.

Jeder verfügt über persönliche Erfahrungen, die durch diese Diagramme erfaßt werden können. Jedesmal, wenn man in ein spannungsgeladenes Feld oder eine aufregende Situation eintritt, lebt man entweder die Stoßtheorie oder die Theorie der Rückwärtsbewegung in der Zeit aus. Ist man nicht luzid, marginalisiert man die Spannung und wird von positiven oder negativen inneren Figuren hin und her bewegt. Umgekehrt läßt man, wenn man über Luzidität verfügt und seiner inneren Erfahrung folgt, die Selbstdefinition hinter sich. Schamaninnen und Schamanen haben dies immer durch den Formwechsel getan, das Heraustreten aus der Zeit in neue Formen und Zeiten, um dann später mit neuer Information aus der „anderen Welt" wieder in die „reale Welt" einzutreten.

Analog zu den Diagrammen Feynmans gibt es zwei Arten von Psychologie. Bei der einen lebt man sein Leben und entwickelt Sekundärprozesse. Das heißt, wenn man von etwas gestört wird und das Gefühl hat, es sei nicht Teil dessen, was man ist oder sein möchte, ignoriert man es. Das ist die Geschichte der „Grenze". Das ignorierte Ereignis verschwindet nicht, sondern stört schließlich die Aufmerksamkeit oder wirft einen um. Die meisten von uns verhalten sich meistens in dieser Weise. Wir bewegen uns in unangenehme und außergewöhnliche Lebensabschnitte, bestehen darauf weiterzumachen und weigern uns, unsere Identität loszulassen. Dann werden wir irgendwie gestoßen.

Die andere Möglichkeit besteht darin, daß wir uns aus Zeit und Raum herausbewegen und unsere Identität loslassen. Wir erlangen Luzidität über unsere spürende Erfahrung und werden, noch bevor sich positive oder negative innere Figuren manifestieren, „grenzenlos". Noch bevor wir über Spannung sprechen können, verändern wir uns, lassen unser

Festhalten an der Zeit los und überlassen uns dem Fließen. Derartige Augenblicke erfordern eine Menge Bewußtheit, persönlichen Mut und Flexibilität.

Als ich zum Beispiel in den 60er Jahren Psychologiestudent in Zürich war, ging ich zu einem Therapeuten, Franz Ricklin, einem Neffen C. G. Jungs. Um ihn herum spielten sich immer seltsame Dinge ab. Einmal hatte ich samstags einen Termin mit ihm. Als es Zeit wurde für meinen Termin, ging ich in die Altstadt von Zürich, wo sich seine Praxis befand. Es war ein schöner Herbstnachmittag, die Bäume waren farbenfroh, und die Glocken von Zürich schienen freudig zu läuten.

Doch Ricklin kam nicht zur Tür, selbst nach mehrmaligem Klingeln nicht. Ich dachte, daß etwas Ungewöhnliches vor sich geht. Ich klingelte und klingelte, und nachdem ich keine Antwort erhielt, setzte ich mich geduldig hin und wartete ab, was als nächstes geschehen würde. Fünf oder zehn Minuten vergingen, und ohne daß ich es wollte, bin ich anscheinend, auf dem Boden sitzend, den Rücken gegen die Eingangstür gelehnt, eingeschlafen.

Nach etwa einer Stunde öffnete sich die Tür wie von selbst. In einer schläfrigen Trance fiel ich um und ergoß mich über den Boden seines Wartezimmers. Ich sah auf und erblickte ihn, wie er über mir stand, sich die Augen rieb, und selbst angeschlagen wirkte. Anscheinend wachte auch er gerade auf. Noch wacklig auf den Beinen, fragte er mit verschlafener Stimme: „Was ist los?" In einem verlegenen und irritierten Ton entgegnete ich: „Sie sind nicht zur rechten Zeit erschienen." Gleichermaßen irritiert erwiderte er: „Dies *ist* die rechte Zeit, *jetzt*." Defensiv sagte ich: „Die rechte Zeit für *wen*?" Er brach in schallendes Gelächter aus und lachte, bis ihm die Tränen aus den Augen rannen, während er geheimnisvoll erklärte: „Die rechte Zeit für uns."

Ich hatte keine Ahnung, wovon er sprach. Mein Geist war von einer plötzlichen Phantasie abgelenkt. Ich konnte nicht weiter in den Konflikt hineingehen, da ich auf einmal Geister durch sein Zimmer fliegen sah. Wenngleich mich diese Vision ein wenig verlegen machte, erzählte ich ihm von den Geistern. Ruhig sagte er: „Bleiben Sie dabei. In welchem Jahr befinden wir uns?" Ich dachte, ich würde den Verstand verlieren. Dies war nicht die Art Therapie, die ich zu brauchen meinte, doch ich sagte, es fühle sich an, als befänden wir uns im fünfzehnten Jahrhundert. Und schon gingen wir auf eine Phantasiereise ins fünfzehnte Jahrhundert. Er war zu allem bereit, und ich war es auch, zumindest in seiner Gegenwart. In Gegenwart bestimmter machtvoller Menschen scheint das Heraustreten aus der Zeit leicht zu sein. In Gegenwart anderer Menschen vermag man nicht einmal in eine Trance zu fallen, selbst wenn einem ein Stein an den Kopf fliegt.

Ricklin bewegte sich immer in anderen Zeiten und Räumen. An jenem Nachmittag gab mir meine Beziehung zu ihm den Mut, nicht nur das müde, verschlafene Feld zu spüren, in dem wir uns befanden, sondern dieses Feld auch als eine Gelegenheit und einmalige Chance zu nutzen, aus der Zeit herauszutreten.

Zeitreiseübung

Zeitreiseereignisse treten spontan auf, oder man kann sich schulen, um sie zu erfahren, wann immer man möchte. Diese Schulung ist das Ziel der nächsten Übung.

Um diese Übung durchzuführen, müssen Sie sich die Erlaubnis geben, sich noch einmal vorzustellen, daß Ihre Form zu wechseln vermag. Sie werden mit Ihrem Schicksal experimentieren. (Wenn Sie aus irgendeinem Grund veränderten Bewußtseinszuständen gegenüber zurückhaltend sind, lesen Sie diese Übung nur; Sie müssen sie nicht durchführen.)

Flirts in der Realität

Beschreiben Sie Ihr gewöhnliches Leben, Ihre gegenwärtige Erfahrung von Zeit und Raum.[68] Wie ist das Leben so? Sind Sie zeitlich eingeengt, gelangweilt, entspannt? Was bedeutet Raum für Sie? Nehmen Sie ihn als voll, leer, farbig, unendlich oder begrenzt wahr?

Entspannen Sie sich noch einmal; nehmen Sie eine Haltung des Nichtwissens, der Verschwommenheit ein. Schließen Sie Ihre Augen und konzentrieren Sie sich auf Ihre Atmung. Nehmen Sie die Natur des

---

68 Sofern Sie diese Übung mit einem anderen durchführen, richten Sie Ihren Fokus darauf, eine Facilitatorin des Bewußtseins zu sein. Nehmen Sie bloß wahr, ob und wann die träumende Person ihre Erfahrungen reflektiert oder marginalisiert.

Feldes um Sie herum wahr, die Art der psychischen oder physischen Atmosphäre, in der Sie jetzt leben. Diese ist wie das elektromagnetische Feld, das die Bahn eines Elektrons beeinflußt. Ist das Feld spannungsgeladen, seltsam oder ist es angenehm?

Gebrauchen Sie Ihre luzide Aufmerksamkeit. Wenn Sie meditieren, öffnen Sie langsam Ihre Augen halb, und blicken Sie mit halb geschlossenen Augenlidern um sich. Erlauben Sie dem Feld, sich durch irgend etwas auszudrücken, was Ihre Aufmerksamkeit auf sich zieht. Sofern verschiedene Dinge Ihre Aufmerksamkeit erregen, erlauben Sie Ihrem Unbewußten zu entscheiden, worauf Sie Ihren Fokus richten.

Finden Sie die Essenz dessen, was Ihre Aufmerksamkeit erregt, und erforschen Sie die Energie oder Kraft dieser Essenz. Haben Sie Geduld; erforschen Sie deren spürenden Kern, den Samen, von dem dieses Objekt herstammt.

Bleiben Sie in der Welt dieser Essenz, der prämateriellen Ereignisse, des Träumens. Dies erfordert luzide Aufmerksamkeit. Marginalisieren Sie Ihre Erfahrung nicht, weil sie zu irrational zu sein scheint. Erlauben Sie ihr einfach, in Verbindung mit Ihrer Aufmerksamkeit aufzusteigen. Lassen Sie sich nicht ablenken. Beschreiben Sie die Welt dieser Essenz, des Objekts, das Ihre Aufmerksamkeit erregte. Erforschen Sie seine Zeit, seinen Raum, seine Atmosphäre. Wie ist die Zeit hier? Wie der Raum?

Treten Sie aus der gewöhnlichen Zeit heraus. Stellen Sie sich ein Zeitalter und eine räumliche Lokalisierung vor, die Welt, in der dieses Ereignis seine Ursache hatte. Wenn Sie bereit sind, lassen Sie Ihre Definition von sich selbst los, und experimentieren Sie damit, die Form zu verändern. Nehmen Sie einen Formwechsel vor. Erlauben Sie sich, aus der menschlichen Zeit herauszutreten und in der neuen Zeit und dem neuen Raum jenes Objekts zu verweilen. Fühlen Sie es, und treten Sie dann in seine Zeit ein, in sein Gefühl, und bewegen Sie sich anschließend in seinem Raum. Stellen Sie sich vor, wie sich Ihr neues Selbst bewegt, wie es fühlt, sieht und lebt. Seien Sie dort, wenn es Ihnen möglich ist. Wechseln Sie die Form.

Treten Sie aus der Zeit heraus und beschreiben Sie dieses neue Leben. Haben Sie eine bestimmte Rolle in jener Welt inne? Nehmen Sie sich Zeit für diese Erfahrung. Denken Sie sich eine Geschichte aus über die Erfahrung Ihrer Rolle in dieser Epoche. Erlauben Sie einer Geschichte, sich zu entfalten, und lassen Sie Musik, Poesie und Kunst dabei eine

Rolle spielen. Dies erfordert Entspannung und Vertrauen in Ihre Phantasie. Erlauben Sie sich zu träumen. Lassen Sie sich von der Erfahrung umbenennen. Wie heißen Sie wirklich? Nehmen Sie sich Zeit für diese Erfahrung; erlauben Sie ihr, Sie jetzt, heute, zu beeinflussen.

Betrachten Sie sich selbst in der gewöhnlichen Zeit vom Standpunkt dieser neuen Welt aus. *Wie sehen Sie im Alltag aus?* Gibt es irgend etwas an dem Leben, das Sie während der Zeitreise hatten, was Sie gerne in Ihr gewöhnliches Leben einbringen würden?

Denken Sie über Ihre beiden Leben nach – was ist ihnen gemein, was ist ähnlich? Diese Ähnlichkeit ist etwas, worüber Sie vielleicht bewußter sein möchten. Diese Gemeinsamkeit mag die Zeitlosigkeit, der unsterbliche Teil Ihrer selbst sein.

Nehmen Sie wahr, ob und wann Sie diesen ewigen Teil Ihrer selbst marginalisieren. Nehmen Sie wahr, oder fühlen Sie, welche Art Leben dieser neue Aspekt auszudrücken versucht.

Denken Sie über eines Ihrer Probleme nach, über Spannungen und Konflikte im Alltagsleben. Wie ist Ihr Problem, wenn überhaupt, mit der Marginalisierung Ihres ewigen Selbst verbunden?

Das Feld, in dem Sie leben, hat sich selbst in Form Ihrer Zeitreise ausgedrückt, einer Art virtueller Realität, so wie der Vortragssaal kritische Figuren im Geist der Vortragenden hervorrief. Analog dazu erschuf das Feld virtuelle Teilchen, die in das Elektron krachten.

Anstatt von ihnen gestoßen zu werden, traten Sie in virtuelle Teilchen und ein anderes Zeitalter ein, indem Sie Luzidität erlangten über das, was Ihre Aufmerksamkeit erregte. Indem Sie die Form wechselten, sich in das, was geschah, einfühlten und Ihr gewöhnliches Selbst losließen, traten Sie aus der Zeit heraus. Diese Übung bedeutet Schulung in etwas, was der Schamane Don Juan „kontrolliertes Loslassen" nennt, dem Pfad des Herzens folgen, dem spürenden Pfad. Es ist, wie Chuangzi gesagt hat: „Man wird in eine menschliche Form geboren und findet Freude daran. Doch es gibt zehntausend andere Formen, die sich unendlich transformieren, die ebenso gut sind. Und die Freude in diesen ist unermeßlich. Der Weise lebt inmitten jener Dinge, die niemals verloren werden können. Und so lebt er ewig."[69]

Indem man inmitten zeitloser Erfahrungen lebt, die niemals verloren werden können, entdeckt man jenen Aspekt seiner selbst, der ewig lebt.

---

69 Chuangzi, S. 123.

Zur Erinnerung

Feynmans Theorie dessen, was mit einem Elektron in einem elektromagnetischen Feld geschieht, ist eine Metapher für das, was aufgrund einer gegebenen Atmosphäre mit einem geschieht.

In *einem* Szenario bekommst du eine gelangt und knallst durch.

In *einem anderen* erlangst du Luzidität und wechselst die Form, indem du aus der Zeit heraustrittst in einen ewigen Teil deiner selbst.

Kapitel 9
Luzides Heilen, Präventivmedizin
Der nichtlokale Ursprung von Körpersymptomen

*Die hundert Gelenke, neun Öffnungen und sechs Organe arbeiten alle
zusammen: Welchen Teil bevorzugst du? Hast du sie alle
gleich gern, oder bevorzugst du einen?
Sind sie nicht alle deine Helfer?
Können sie die Ordnung untereinander aufrechterhalten,
oder wechseln sich Führer und Helfer ab? Es mag sein, daß es in der
Tat einen wahren Führer gibt. Ob ich seine Existenz wirklich spüre
oder nicht, hat nichts damit zu tun, wie es ist.*[70]

Wer ist Chuangzi zufolge der Führer des Körpers? Als ich in den 70er Jahren in der Schweiz Symptome zu erforschen begann, hatte ich keine Ahnung, wer dieser Führer sein könnte. Ich wußte bloß, daß der Körper vom Träumen geführt wird. Als ich zuerst mit Symptomen experimentierte, entdeckte ich, daß jedes Körpersymptom oder jeder Schmerz durch die Traumbilder reflektiert wurde. Ich nannte diese Reflexion „Träumkörper".[71]

Zum Beispiel beschrieb einer meiner Klienten seine Kopfschmerzen als eine kurz vor der Explosion stehende Bombe. Als ich ihn fragte, was er in der Nacht zuvor geträumt habe, erzählte er, er habe von einer Explosion geträumt. Dies ist ein typisches Beispiel für die Art und Weise,

---
[70] Chuangzi, S. 25. Ich habe die im Buch vorgefundene Übersetzung verändert, indem ich das Wort „Meister" durch „Führer" ersetzt habe und das Wort „Diener" durch „Helfer", da ich das Gefühl habe, daß diese Wörter die Empfindung und die Sprache besser reflektieren, die Chuangzi für die heutige Zeit beabsichtigt hätte.
[71] Siehe Arnold Mindell: *The Dreambody. Krankheit und Individuation*. Fellbach: Bonz, 1985.

wie unkontrollierte Körpererfahrungen in Träumen gespiegelt werden. Anders formuliert, könnte man sagen, daß der Körper träumt. Wenn man den Fokus darauf richtet und sie amplifiziert, scheinen Körpersymptome immer in Träumen reflektiert zu sein, die man hatte, bevor das Symptom in Erscheinung trat.

Die Abbildung unten stellt den träumenden Körper dar – dieser Mann leidet an Kopfschmerzen und träumt von einer Explosion.

Der träumende Prozeß
Der physische Körper

Die Gestalt zur Linken ist nervös und hat Kopfschmerzen, die sich anfühlen, als würde der Kopf explodieren. Diese Erfahrung wird in einem Traum dargestellt. Die physischen Kopfschmerzen und der Traum von einer Explosion sind die Körper- und Traumaspekte des Traumkörpers.

Der Traumkörper

Nachdem ich mit Tausenden von Menschen an ihren Träumen und Körpersymptomen gearbeitet habe, kann ich verschiedene Schlüsse ziehen:

Das Krankheitskonzept ist Teil des medizinischen Paradigmas, das Symptome als pathologisch betrachtet.

Was Ihre persönliche Erfahrung betrifft, ist jedes Symptom ein Ausdruck des Träumens und in Träumen sichtbar.

Folglich sind Symptome Teil des allgemeinen Entwicklungs- und Bewußtseinsprozesses.

Beängstigende Körpersymptome sind wie „Große Träume"; sie enthalten bedeutende, dramatische Information über das Leben.

Durch das Wechseln der Form in das Träumen hinter Symptomen hat jeder, ob Kind oder Erwachsener, die Möglichkeit, ein schmerzhaftes und furchterregendes Symptom in eine bereichernde Lebenserfahrung zu verwandeln.

Wie alle Signale, entfalten sich Körpersymptome vom Zustand des Träumens, von spürenden Erfahrungen her.

Symptome sind Schlüssel zur Erleuchtung. Sie verschaffen einem Aufschluß über den chemischen und physischen Körper (bei einem Magengeschwür keinen Kaffee trinken), über die eigenen Träume (zum Beispiel deine Explosivität) und mit der Schulung der Luzidität das eigene Träumen.

Im Verlauf dieses Kapitels werden wir uns darin schulen, dieses Träumen zu entdecken, bevor Symptome tatsächlich zu Symptomen werden. In der Tat könnte das Erlangen von Luzidität über die spürende Erfahrung manche schwierig zu fühlenden Symptome verringern oder sogar deren Heilung bedeuten. In meiner Erfahrung kann Luzdität die tödliche Kraft von Krankheiten wie der Multiplen Sklerose reduzieren.

Da sich die spürende Erfahrung eines Symptoms physisch im Körper manifestiert, müssen die Diagramme Feynmans die Strukturen hinter dem physikalisch Beobachtbaren beschreiben wie die Richtung eines Elektrons, zugleich auch Körpersymptome beschreiben. Sie werden sich vielleicht daran erinnern, daß es zum Teil von „seiner" Luzidität abhängt, ob ein Elektron oder ein anderes Teilchen vernichtet wird oder aus der Zeit heraustritt.

Da wir selbst aus derselben Art Energie und Sternenstaub zusammengesetzt sind wie Elektronen, gelten die Gesetze der Physik auch für uns selbst. Die Physik auf psychologische Phänomene auszuweiten bedeutet, daß mindestens zwei Wahlmöglichkeiten bestehen, wenn man über Luzidität verfügt. Symptome können entweder als selbstvernichtend verstanden werden oder als Aufforderung, aus der Zeit herauszutreten.

In derselben Art und Weise wie bei der Zeitreise werde ich zeigen, daß ein Symptom Sie aus Ihrem gewöhnlichen Selbst heraus und in das Reich der unaufhörlich sich wandelnden Identitäten tragen wird, wenn Sie Ihre Identität lockern und der spürenden Erfahrung folgen. Je weniger Sie die Körpererfahrung marginalisieren, desto weniger treten unangenehme Symptome in Erscheinung.

Ich kenne beispielsweise eine Frau, die lange an sich gearbeitet hat. Sie litt an Multipler Sklerose, einer Krankheit, die viele Funktionen des Nervensystems in Mitleidenschaft zieht. Als ich ihr zum ersten Mal begegnete, fiel es ihr etwas schwer, beim Gehen im Gleichgewicht zu bleiben, und sie fühlte sich schwach und unsicher. Ihr erster Schritt in Richtung „Integration" der Signale ihrer Krankheit bestand darin, sich von vielen Dingen zu befreien.

Die Integration von Signalen ins tägliche Leben ist der Integration von Traumerfahrungen ähnlich. Diese physische und psychologische Arbeit kann erleichternd sein. Die oben erwähnte Frau zum Beispiel arbeitete über mehrere Monate an sich, erlangte zunehmend Luzidität über ihre spürenden Erfahrungen und vermochte schließlich das Einsetzen ihrer Symptome Stunden vor deren tatsächlichem Auftreten zu verspüren.

Ihre Luzidität über die spürende Erfahrung erlaubte ihr, fließender zu werden und Veränderungen vorzunehmen sowie aus der linearen Zeit herauszutreten, bevor ihre Symptome sie „vernichteten", das heißt, sich tatsächlich als Symptome manifestierten. Sie sagte mir, sie könne heute die Müdigkeit auf subtilste Weise „an ihre Tür klopfen" und sie ermutigen hören, sich zu entspannen und etwas Ruhigeres zu tun, anstatt vorwärtszudrängen und auf diese Weise Symptome zu vermeiden, bevor sie sich manifestiert haben.

Je mehr man den spürenden Ursprung von Symptomen marginalisiert, desto mehr muß man sich mit Symptomen auf mechanische Art und Weise auseinandersetzen. Wenn Symptome dann stören, versucht man, sie mit Schmerzmitteln loszuwerden. Ohne spürende Wahrnehmung oder die Fähigkeit, das Träumen hinter den eigenen Symptomen zu prozessieren, tendiert man dazu, sich wie ein Zahnarzt oder Körpermechaniker zu verhalten, der durch Operieren oder Bohren alles entfernt, wovon er meint, es gehöre nicht zu einem.

Die psychologische oder spirituelle Art des Umgangs mit Symptomen beruht auf dem Paradigma, daß das, was geschieht, ein letztes Geheimnis ist, dem wir nur folgen können. Das medizinische Paradigma ist mechanischer. Die Abbildung weiter unten zeigt die medizinische oder mechanische Art des Umgangs mit Körpersymptomen: der Drang, sie um jeden Preis loswerden zu wollen.

Standardmethoden im Umgang mit Symptomen

Im Rahmen des medizinischen Pathologieparadigmas behandelt man sein Symptom als etwas, das falsch ist. Der Körper wird wie eine Maschine oder ein unbelebtes Objekt betrachtet; wenn etwas nicht stimmt, wird es mechanisch in Ordnung gebracht. Vom experimentellen Standpunkt aus weisen Symptome jedoch darauf hin, daß das Träumen sich im Körper ausdrückt. Symptome sind nicht nur die Hölle. Sie sind machtvolle Signale, große Träume, die zu geschehen versuchen. Und Ihre Aufgabe besteht darin, diesen großen Traum sobald wie möglich zu erfahren.[72]

Übersicht über Methoden der Traumkörperarbeit

Bevor wir die luzide Arbeit an Symptomen besprechen, möchte ich Symptomarbeit aus prozeßorientierter Sicht beschreiben.[73] Dann werden Sie genauer verstehen, wo sich die luzide Symptomarbeit einfügt.

---

[72] Um mehr über die Arbeit mit Symptomen zu erfahren, siehe Mindell: *Traumkörper und Meditation. Arbeit an sich selbst.* Freiburg, Olten: Walter, 1992.
[73] Prozeßorientierte Symptomarbeit gründet in der Idee, daß ein physisches Symptom nicht nur ein medizinisches Problem ist, etwas, das geheilt werden muß, sondern eher ein potentiell bedeutungsvoller und physischer Ausdruck des Träumens, so wie Träume im wesentlichen visuelle Ausdrucksformen des Träumens sind. Indem sie die Natur eines Symptoms erforscht, hofft die prozeßorientierte Therapeutin, daß sich neue Teile im Leben eines Menschen zeigen, und auch, daß das Symptom weniger wichtig wird oder sogar verschwindet.

Es gibt mindestens sechs verschiedene mögliche Methoden zu bedenken. Jede Methode ist mit einem bestimmten Aspekt von Symptomen verbunden. Welche Methode Sie anwenden, hängt von Ihrer Fähigkeit und der Situation ab.

Symptome sind mit Träumen verbunden. Daher kann es zur Linderung des Symptoms hilfreich sein, den Traum einfach zu verstehen. Zum Beispiel kann das Verstehen und Erfahren des Traums von der Explosion die Kopfschmerzen lindern.

Außer mit Träumen, *sind Symptome mit inneren physischen Empfindungen verbunden.* Die Botschaft dieser Empfindungen zu verstehen, bringt Erleichterung. Nehmen wir beispielsweise jene explosiven Kopfschmerzen. Die „Explosion" ist das, was Sie fühlen könnten, wenn Sie ihre Hand auf Ihren Kopf legen. Sie würden dann die hämmernde Empfindung der Kopfschmerzen fühlen, während das Blut durch die Arterien, Venen und Kapillaren rauscht. Dann würden Sie, anstatt sich lediglich auf die Kopfschmerzen und das Bedürfnis nach einem Aspirin zu konzentrieren, den Fokus darauf richten zu explodieren, sich emotional über etwas zu äußern. Sie könnten explodierende, wütende Geräusche von sich geben, einen Sandsack boxen oder trommeln. Eine solche Arbeit wirkt sich oftmals lindernd auf Symptome aus.

Wütender, explosiver Ausdruck

Symptome sind mit Beziehungen verbunden. Die erste Zeichnung des Mannes mit den Kopfschmerzen (siehe S. 144) zeigt, wie er mit den Fingern auf den Tisch trommelt. Dieses Trommeln ist ein Körpersignal, das auftritt, wenn er nervös ist oder unbewußt über seine hämmernde Explosivität. Derartige Signale können auftreten, wenn er allein ist oder sich in Beziehung zu jemand anders befindet.

Wenn ich mit ihm zusammensäße und ihn auf den Tisch trommeln sähe, würde ich ihn bitten zu erkunden, was sein Signal ausdrückt. Amplifiziert könnte sich dieses Trommeln in Klopfen verwandeln, und er könnte entdecken und dann aussprechen, daß er mir gegenüber ungeduldig war. Die Grundidee besteht darin, daß die Energie des Symptoms nicht nur in Träumen oder seinen Kopfschmerzen erscheint, sondern auch in Kommunikationssignalen wie den trommelnden Fingern.

Die multidimensionale Art und Weise, in der sich Symptome manifestieren, ist der Grund dafür, daß Körper- und Traumarbeit nicht ausreichen; es muß auch ein Signalbewußtsein erlernt werden, um die Botschaften des Träumens oder der Symptome in Beziehungen herauszubringen. Symptome kehren zurück, wenn Signale ignoriert werden. Symptomarbeit ist eine Art Beziehungsarbeit, die vonstatten geht, indem man die Kraft des Symptoms in die tägliche Kommunikation einbringt. Zum Beispiel, um noch einmal auf die Kopfschmerzen zurückzukommen, könnte der Mann den Fokus darauf richten, die kraftvolle Energie des Symptoms in Beziehungen zu gebrauchen, indem er sich ungeduldiger, dramatischer verhält.

Diese ersten drei Methoden sind nützlich bei Symptomen, die so stark sind oder über „sehr große" Kraft verfügen, um einen Begriff des *Abhidharma* zu verwenden, daß sie leicht das Alltagsbewußtsein erreichen können. Die folgenden drei Methoden sind nützlich für die Arbeit mit subtileren, weniger leicht fühlbaren Symptomen oder als präventive Symptomarbeit.

Subtile Erfahrungen des Rückens enthalten eine traumähnliche Information. Während meine Arbeit mit dem Traumkörper fortschritt, erweiterte ich die Traumkörperarbeit, indem ich mich darauf konzentrierte, subtilere Erfahrungen ans Licht zu bringen, wie zum Beispiel diejenigen, die während der Berührung des Rückens auftraten. Wenn jemand seine Hände über Ihren Rücken bewegt und während der Bewegung einen leichten Druck ausübt, werden Ihnen Erfahrungen oder Druckpunkte bewußt, die Sie vorher nicht gefühlt haben mögen.

Mit diesen ansonsten ungefühlten Erfahrungen zu arbeiten, die Empfindungen zu amplifizieren und ihnen zu erlauben, sich in Phantasie und Bewegung zu entfalten, bringt Bereiche des Bewußtseins ans

Tageslicht, die gewöhnlich zutiefst unbewußt sind. Diese Methode ist nützlich für die Arbeit mit Körperproblemen, deren Wurzeln normalerweise nicht fühlbar sind. Ohne es zu wissen, hatte ich eine physische Methode gefunden, die einen Zugang zu spürender, subtiler und bislang unmanifestierter Körpererfahrung ermöglichte.[74]

Während man beispielsweise einen bestimmten Bereich, einen Punkt, drückt, könnte man das Gefühl haben, eine stechende Nadel stecke in einem. Indem man weiter fühlt und imaginiert, erweist der sich wie eine Nadel anfühlende Punkt als klare und bestechend kraftvolle Idee, die man möglicherweise hat. Daneben nimmt man vielleicht auch klar seine Scheu wahr, wenn es darum geht, sie zum Ausdruck zu bringen.

Ich begann Methoden in die Körperarbeit zu integrieren, die ich dem Ägyptischen Totenbuch entnahm. *Die ägyptischen Methoden schließen die Haltung der Anbetung und das direkte Sprechen mit der Körperseele ein.* Bei diesem irrationalen Verfahren entspannt sich eine Person, während eine andere, ohne die Person zu berühren, direkt mit verschiedenen Teilen des Körpers spricht, diese sozusagen anruft. Diese Methode löst ebenfalls tiefe Körpererfahrungen aus.

Wenn Sie dies ausprobieren möchten, legen Sie sich hin; bitten Sie nun einen Freund, denjenigen Teil Ihres Körpers anzusprechen, der Sie beunruhigt. Lassen Sie ihn, indem er beispielsweise Ihren Magen fokussiert, zu Ihrem Körper sagen: „Lieber Magen, wisse, daß wir dir zuhören und deine Botschaften ehren. Bitte fühle dich frei, dich in Form eines Körpergefühls oder in Form von Bildern oder Worten zu offenbaren." Sie können sicher sein, daß Ihr Magen eine Menge zu sagen hat. Versuchen Sie es, und nehmen Sie die daraus resultierende Erfahrung wahr.

Spürende Körperarbeit

Gehen wir nun weiter, um die sechste Methode, die der luziden oder spürenden Körperarbeit, zu erforschen. Spürende Körperarbeit findet die Essenz oder Wurzel des Symptoms und arbeitet damit. Gehen wir

---

[74] Dr. Aminah Raheem, Santa Cruz, hat diese Methode sorgfältig ausgearbeitet und sie mit der Akupressur verbunden. Dabei hat sie eine Methode entwickelt, die sie Prozeß-Akupressur nennt. Siehe ihr Buch *Process Acupressure*. PalmBeach Gardens, Fla.: Upledger Institute, 1996.

zurück zum Beispiel des Mannes mit den Kopfschmerzen. Bei der spürenden Symptomarbeit würde er fühlen, wie das Blut durch seinen Kopf strömt, und er könnte fühlen, daß das Blut gegen seine engen Adern klopft oder drückt.

Dann, anstatt den Fokus bloß auf das klopfende Signal zu richten oder es im Sinne von Klopfen oder Trommeln zu entfalten, würde er sich vorstellen, unter das explosive Gefühl zu gehen, bis zu seiner Wurzel, zur spürenden Essenz des Symptoms, zu dessen Existenz als Tendenz, bevor es ein Signal wurde.

Welches ist die spürende, den Signalen vorangehende Erfahrung, die jenen explosiven, dramatischen Kopfschmerzen voranging? Die spürende Essenz hinter der Explosivität könnte ein Gefühl der Macht gewesen sein. Das Symptom selbst, Explosivität, wurde durch eine Machtempfindung im Bereich des Spürens eingeleitet, die marginalisiert, ignoriert, nicht wahrgenommen wurde. Wenn das Gefühl, mächtig zu sein, im spürenden Bereich marginalisiert wird, entstehen die Signale der Kopfschmerzen und erscheinen schließlich in der Wut.

Mit dem Signal der Wut auf einer offeneren Ebene zu arbeiten ist eine interessante und wichtige psychologische Arbeit. Doch sie unterscheidet sich von der spürenden Arbeit, die präventiverer Natur ist. Spürende Körperarbeit befaßt sich sozusagen mit der Quantenebene der Erfahrung. Erinnern Sie sich an Feynmans Elektron und Positron oder die Umkehr in der Zeit? Bei einem jener Quantenprozesse erfährt man Signale, wie beispielsweise Kritik, die einen vernichten. Bei einem anderen Prozeß erlangt man Luzidität über die spürende Erfahrung, noch bevor sich ein Symptom manifestiert und einen vernichtet. Man wird selbstkritisch, wie im Beispiel des vorigen Kapitels.

Spürende Symptomarbeit ist ähnlich. Wenn man fühlt, daß das Symptom auftritt, richtet man den Fokus auf sein Träumen und lebt dieses. Im Fall der Kopfschmerzen könnte dies bedeuten, den Beginn der Kopfschmerzen zu fühlen und gleichzeitig seine innere Macht zu leben. Es ist schwierig, luzide oder spürende Symptomarbeit zu verbalisieren, da die beteiligten Erfahrungen einen schwer zu formulierenden Aspekt des Träumens darstellen. Bald werden wir ein Experiment durchführen, in dessen Verlauf Sie eine solche Arbeit selbst erfahren können.

Im Folgenden werden Sie in Ihre Körperprozesse und Energien eintreten, die vorhanden sind, *bevor* ein Symptom erscheint und vernichtend oder qualvoll wird. Die wesentlichen Fragen werden sein: Was war das Symptom, bevor es ein Symptom war? Was ist seine Tendenz oder Wurzel? Sie werden dann Ihre Luzidität anwenden, um aus der Zeit herauszutreten und in die zeit- und raumlose Welt des Träumens zu gelangen. Sie werden gebeten, die Form zu wechseln, sich die Verwandlung in andere Figuren zu gestatten.

Diese sechs verschiedenen Methoden werden unten zusammengefaßt.

Symptomarbeit	Methode
1. Symptome in Träumen	Den Traum verstehen
2. Symptome als Träumen des Körpers	Das Symptom fühlen und amplifizieren, die Erfahrung mit Traumbildern vergleichen
3. Von Beziehungssignalen zur Symptomarbeit	Signale wahrnehmen und sie mit dem Symptom verbinden. Oder die Energie des Symptoms als ein Signal in Beziehungen herausbringen.
4. Empfindungen entstehen aus einer Rückenmassage	Die Rückenerfahrung wahrnehmen, amplifizieren und in einer Geschichte entfalten
5. Zugang zu Symptomen durch Sprechen mit ihnen (ägyptische Methode)	Das Symptom anerkennen und es im Körper anrufen, damit es sich ausdrückt
6. Luzide oder spürende Körperarbeit	Den Ursprung des Problems entdecken, bevor es als Symptom manifest ist

Spürende Symptomübung

Wählen Sie ein Körpersymptom, um darauf zu fokussieren. Wählen Sie vorzugsweise eines, das Sie fühlen können. Wenn Sie im Moment keine Symptome haben, untersuchen Sie ein Symptom, das Sie einmal hatten und worüber Sie mehr erfahren möchten. Wählen Sie nur eines.

Beginnen Sie nun, den Fokus auf das Symptom zu richten. Fokussieren Sie nicht auf die Auswirkung, die es auf Sie hat, sondern auf das Element, das das Symptom zu verursachen scheint. Wenn Sie zum Beispiel mit Kopfschmerzen arbeiten, beschreiben Sie nicht nur deren

Auswirkung auf Sie, nämlich daß sie Sie müde machen, sondern versuchen Sie, das Element zu beschreiben, das die Schmerzen des Kopfwehs verursacht. Dann könnten Sie eine Explosivität spüren, die die Kopfschmerzen zu verursachen scheint.

Selbst wenn Sie viel meditiert oder an sich gearbeitet haben, können Sie auf Widerstände stoßen, den Fokus auf den Ursprung des Symptoms zu richten. Seien Sie geduldig mit sich. Es ist normal, etwas marginalisieren zu wollen, das beunruhigt. Marginalisierung ist jedoch nicht hilfreich. Fühlen Sie deshalb das Symptom und versuchen Sie zu erfahren, was es zu verursachen scheint. Versuchen Sie, das Symptom so genau wiederzufühlen, daß Sie es sogar wiedererzeugen könnten, oder beschreiben Sie es so gut, daß eine andere Person es beinahe fühlen könnte, wenn sie wollte.

Entfalten Sie nun diese Beschreibung. Wenn Sie zum Beispiel eine Schwäche fühlen, konzentrieren Sie sich auf diese Empfindung und folgen Sie ihr. Wenn Sie Druck fühlen, fahren Sie fort und stellen sich irgendeine Art „Druckmacher" vor. Sofern Sie einen scharfen Schmerz fühlen, erlauben Sie der Schärfe, sich zu entfalten, indem Sie sie beispielsweise als Messer sehen. Falls Sie spüren, daß etwas in Ihnen wächst, lassen Sie es sich selbst als Bild in Ihrem Geist darstellen. Vielleicht werden Sie jenes Gewächs als eine Pflanze sehen. Benutzen Sie Ihre eigenen Körperempfindungen, und lassen Sie sie Bilder erzeugen.

Die Bilder, die Ihre Körperempfindungen beschreiben, sind Teil Ihres Traumlandes, Ihrer Psychologie. Ihr Körper bringt Träume hervor. Doch wollen wir hier nicht aufhören. Wir wollen tiefer in den Ursprung des Symptoms hineingehen und es erfahren, noch bevor es ein Symptom wurde.

Fühlen Sie die spürende Essenz des flirtenden Symptoms. Finden Sie die Wurzeln der Symptomerfahrung, deren Essenz oder den wahren Ursprung der Symptomerfahrung, bevor sie zu einem Symptom wurde. Stellen Sie sich die spürende Essenz hinter dem Symptom vor, die Tendenz, die es war, bevor es ein Symptom wurde.

Um die spürende Erfahrung zu finden, suchen Sie nach den ersten Tendenzen, die auftraten, bevor das Symptom ein Symptom wurde. Fühlen Sie das Symptom, und gehen Sie zurück, gelangen Sie bis zur Essenz des Symptoms, bevor es in Erscheinung trat. Nehmen Sie sich Zeit dafür.

Zum Beispiel kann einem Symptom, das mit einem Gefühl der Schärfe einhergeht, ein fürsorgliches oder mütterliches Gefühl vorangegangen sein, und die Schärfe war eine Reaktion gegen etwas, was gestört hat. Man benötigte Schutz. Möglicherweise stellt die Essenz eines Symptoms, das mit Druck einhergeht, ein Freiheitsgefühl dar, das zu einem enormen Druck wurde, der nach außen drängte, als die Freiheit eingeschränkt wurde. Die spürende Essenz ist sehr elementar. Gebrauchen Sie Ihr eigenes meditatives Bewußtsein, um die Wurzeln Ihres Symptoms im spürenden Bereich zu erforschen.

Richten Sie nun den Fokus auf diese Essenz, indem Sie ihre luzide Aufmerksamkeit benutzen; studieren Sie dieses spürende Träumen, das den innersten Kern des Symptoms ausmacht. Wie ist diese Welt? Wie sind Zeit und Raum dieser Welt beschaffen? Lassen Sie Ihre Identität los, anstatt diese träumende Erfahrung zu marginalisieren. Fühlen Sie sich in diese spürende Welt hinein. Leben Sie in ihrer Zeit und ihrem Raum, seien Sie dort, verweilen Sie. Welche Zeiten und Räume machen die Natur der Fürsorge, Freiheit, Sensibilität, Macht – oder was immer Sie als Essenz erfahren – aus?

Seien Sie luzid, und wechseln Sie Ihre Form in die Zeiten und Räume der spürenden Essenz des Symptoms hinein. Nehmen Sie wahr, ob Sie die Erfahrung marginalisieren. Versuchen Sie, großzügig zu sein und die Möglichkeit in Betracht zu ziehen, daß die Alltagswelt nicht mehr oder weniger von Bedeutung ist, als die Welt, die Sie erforschen. Versuchen Sie, beide Welten als gleich bedeutsam zu erachten. Versuchen Sie, in dem Raum und der Zeit der spürenden Essenz Ihres Symptoms zu leben.

Entfalten Sie diese Essenz. Welche Art von Leben möchte sie hervorbringen? Können Sie Bilder sehen? Welche Bilder entfalten sich aus ihr, welche Teile? Malen Sie diese Welt, stellen Sie sie in musikalischer Form dar. Erlauben Sie der Atmosphäre, sich während des Träumens zu amplifizieren. Experimentieren Sie mit dieser spürenden Essenz, indem Sie Bewegung, Schauspielkunst oder irgendeine andere Methode benutzen, nach der die Essenz verlangt. Verweilen Sie in diesem Schauspiel, dieser Kunst, diesem Sein.

Ziehen Sie die Möglichkeit in Betracht, daß Sie selbst lebendige Kunst sind, geträumt und erschaffen. Nehmen Sie sich Zeit, diese spürende Essenz zu sein. Erlauben Sie deren Welt, Leben zu erschaffen. Wenn Sie in der Welt dieser Essenz leben, nehmen Sie wahr, wie sich Ihr Gefühl für Zeit und Raum verändert. Gibt es irgend etwas in Ihnen, das dazu tendiert, diese Erfahrung zu marginalisieren? Warum marginalisieren Sie sie? Was wäre erforderlich, um das Marginalisieren zu beenden?

Denken Sie darüber nach, wie diese Erfahrungen Sie im täglichen Leben beeinflussen könnten. Wie werden Sie jetzt von ihnen beeinflußt? Ziehen Sie in Betracht, diese Erfahrungen in Ihre Arbeit einzubringen. Wie steht es mit Ihrem Leben, Ihren Einstellungen, und was könnten Sie an Ihrem Verhalten ändern?

Nun, da Sie diese Essenz sind, fühlen oder wissen Sie, was zur Unterstützung Ihres Körpers, zur Linderung Ihres Symptoms erforderlich ist.

Diese Übung ist eine Art luzides Träumen. Durch das Erschließen von Tendenzen und der Quelle von Symptomen wird die durchgeführte Arbeit zu einer Art Präventivmedizin. Eine solche „Medizin" bedeutet eine Veränderung des Lebensstils, dahingehend, sich Zeit zu nehmen für die Wahrnehmung der spürenden Erfahrung und ihr zu erlauben, lebendig zu werden.

Der Schraubstock, der eine Blume war

Die Anwendung der Methode, vierundzwanzig Stunden luzid zu träumen, auf Körpersymptome erfordert zwar Schulung, Achtsamkeit und Konzentration, ist aber für jeden erlernbar. Mir kommt eine Frau in den Sinn, die an einem unserer europäischen Seminare über Symptomarbeit teilgenommen hatte, ohne eine vorhergehende Ausbildung in Psychologie oder Meditation zu besitzen. Sie klagte über einen Schmerz im oberen Bereich ihres Rückens, der nicht auf schulmedizinische oder alternative Behandlungsmethoden ansprach. Was sie auch tat, der Schmerz blieb.

Als Amy und ich sie fragten, wie dieser Schmerz sich anfühle, sagte sie, er fühle sich an wie ein Krampf. Ihr Bild für den Krampf war ein Schraubstock, der, einmal festgeschraubt, nicht mehr loslassen würde. Als wir von dem Schraubstock hörten, fragten wir sie natürlich, was sie loszulassen habe, da wir vermuteten, daß es einen Grund gab für das Vorhandensein des Schraubstocks. Tatsächlich erzählte sie uns, daß sie stark und unabhängig sein und nicht „festhalten" wolle, selbst wenn ihr ein intimer Partner mitteile, er verlasse sie. Sie sagte uns, daß sie es ablehne festzuhalten und es vorziehe, ihn gehen zu lassen. Mit ein wenig Ermunterung schlugen wir vor, daß Festhalten wie ein Schraubstock sinnvoll sein könne. Sie weinte und sagte, sie wolle nicht festhalten und emotional sein. Doch sobald sie über seinen Weggang weinte, fühlte sie sich schon besser.

Bislang hatten wir im Bereich des Traumlandes mit ihr gearbeitet. Sie hatte ihr Symptom gefühlt, dessen Bild als einen Schraubstock beschrieben und erkannt, daß sie festhalten mußte, obwohl sie es nicht wollte, zumindest bis zu dem Punkt, an dem sie ihre Gefühle hinsichtlich der Situation entdecken und ausdrücken konnte.

Dann gingen wir zur luziden Körperarbeit über. Als wir sie aufforderten, uns zu sagen, was der Schraubstock war, bevor er ein Schraubstock war, fiel es ihr schwer, das zu verstehen. Amy empfahl ihr, den Schraubstock zu fühlen und zu dessen Anfängen zurückzugehen, zu seinen Wurzeln, zu der Zeit, als er bloß eine Tendenz war. Welche Art Tendenz stellte dieser Schraubstock dar? Zum Erstaunen der Teilnehmerinnen und Teilnehmer fand sie heraus, daß die spürende Essenz des Schraubstocks eine Blume war. Sie sagte, der Schraubstock sei eine Blume gewesen, noch bevor ihr Körper sich „festklemmte", noch bevor sie es ablehnte, Emotionen zu zeigen oder an einer zerbrechenden Beziehung festzuhalten.

Blumen, die Essenz des Schraubstocks

Mit anderen Worten, bevor sie sich festklemmte, bestand die Tendenz im Hintergrund darin, äußerst sensibel zu sein, genau wie eine Blume. Die Blume war die Wurzel des Schraubstocks. Sie erklärte uns, daß ihr

Körper sich immer dann festklemmte, wenn sie die Blume ignorierte, das heißt marginalisierte, wenn deren außerordentliche Sensibilität nicht gesehen oder nicht gefühlt wurde.

Amy und ich forderten sie auf, die Form zu wechseln und für eine Weile in der Welt jener Blume zu leben, in ihrer Zeit und ihrem Raum, in ihrem Duft und ihrer Sensibilität. Sie mochte das Blumen-Träumen. Wir empfahlen ihr, selbst in Beziehung zu anderen mit dem Blumen-Träumen in Kontakt zu bleiben. Wir spielten verschiedene Beziehungsthemen ihres Lebens durch. Zu unserer Überraschung vermochte sie in der Welt der sensiblen Blume zu bleiben und sich so auf Menschen zu beziehen, wie eine Blume es tun könnte. Der jeweiligen Situation entsprechend ließ sie den „Kopf hängen", „welkte" oder „blühte".

Sich selbst zu kennen bedeutet, das Träumen zu kennen, aus dem Symptome entstehen. In jener Welt gibt es weniger Druck durch menschliches oder soziales Verhalten; man ist der Natur, der Existenz so, wie sie ist, näher. Luzidität verändert das Leben. Die Kenntnis des Träumens hinter dem eigenen Körper und seinen Symptomen kann einen beeinflussen; sie arbeitet an den eigenen „Krankheiten" und der eigenen Psychologie, ohne wirklich daran zu arbeiten.

Zur Erinnerung

Symptome sind ein Weg zur Erleuchtung. Sie wecken das eigene Interesse an dem Mysterium, das eigene Leben zu erschaffen, ebenso wie an Aspekten der eigenen Körperchemie und Psychologie, die man sonst vielleicht niemals in Betracht ziehen würde.

Luzidität könnte Krankheiten wie die Multiple Sklerose reduzieren.

Die zentrale Frage lautet: Was war das Symptom, bevor es zu einem Symptom wurde? Fühlen Sie jene Welt, und leben Sie dort.

Kapitel 10

Berührung und Verflochtenheit
Nichtlokalität zwischen „Heiler" und „Problem"

Ich, du, er, sie, wir ...
Im Garten des mystischen Geliebten
Sind dies keine wahren Unterscheidungen.[75]

Der berühmte islamische Mystiker Jelaludin Rumi schrieb diese Worte im dreizehnten Jahrhundert. Er wußte, daß die Definition der eigenen Person zum Teil mit Interaktionen zwischen allem und allen verflochten ist und durch sie geschaffen wird.

Vom Standpunkt der Nicht-Konsensusrealität aus, das heißt, wenn Luzidität über das Träumen erlangt worden ist, erfährt man sich selbst nicht nur als eine Person, sondern auch als eine nichtlokale Entität, als Beziehung.

Jedesmal, wenn man darüber nachdenkt, eine Beziehung und nicht eine Person zu sein, besteht das Kleine Ich darauf, daß dies bloß Ewige Philosophie ist und nicht das wahre Leben. Doch Traumerfahrungen vermitteln einen anderen Eindruck. Vom Standpunkt der tiefen Meditationserfahrung aus weiß man, daß die eigenen Gedanken und Gefühle, also man selbst und die eigene Energie, in Verbindung stehen mit allem, was sich um einen herum befindet, mit allem, was die eigene Aufmerksamkeit erregt.

Dieses Kapitel und das folgende erforschen die eigene Erfahrung der nichtlokalen Verflochtenheit mit einer anderen Person oder einem ande-

---

75 Aus dem wunderbaren Buch *The Illuminated Rumi*. New York: Broadway Books, Bantam, 1996, S. 60.

ren Objekt. Zunächst beschäftigen wir uns mit der Erfahrung der eigenen Person als Teil des Körpers eines anderen mittels subtiler Berührung und untersuchen, wie spürende Erfahrungen individuelle Prozesse miteinander verschmelzen.

Überblick über Beziehungsarbeit

Um eine Perspektive auf die Bedeutung der spürenden Beziehungsarbeit zu erlangen, kann es helfen, zunächst einen Überblick über andere Arten des Prozessierens von Beziehungsthemen zu gewinnen. Der Kürze halber werde ich meinen Überblick auf die Zusammenfassung prozeßorientierter Methoden der Beziehungsarbeit beschränken. Leserinnen und Leser, die eingehendere Informationen zu irgendeinem Aspekt wie Übertragung, Aufträumen oder Signalarbeit benötigen, seien auf die jeweiligen Fußnoten verwiesen.

1. und 2. Projektion und Übertragung:

Projektion bezieht sich auf das einseitige Zurückführen eigener Gefühle, Gedanken und Einstellungen auf andere Menschen oder Objekte – insbesondere auf die Externalisierung von Vorwurf, Schuld und Verantwortung. Projektion gründet in der Annahme, daß die eigene Person von der anderen zu trennen ist.

Übertragung ist der Fachbegriff für eine Projektion innerhalb des therapeutischen Kontexts. Freuds Idee der Übertragung bedeutet, Gefühle oder Wünsche, die sich auf die Kindheit und die Eltern beziehen, auf Lehrer und Autoritätspersonen in der Gegenwart zu „übertragen". Projektion unterscheidet sich insofern vom bloßen Denken an einen anderen Menschen, als sie mit sehr viel Emotion einhergeht. Man glaubt nicht nur, daß etwas bloß für die andere Person oder das Objekt zutrifft, sondern ist auch beunruhigt, erregt oder wütend darüber.

Es gibt verschiedene Methoden, mit Übertragung zu arbeiten. Manche Therapeutinnen benutzen sie als einen zentralen Prozeß, indem sie die unangenehmen Projektionen oder die Übertragung sein lassen. Man geht davon aus, daß der Klient Gefühle auf die Therapeutin übertragen muß, die neutral bleibt und dem Klienten so eine Möglichkeit bietet, elterliche Projektionen zu entdecken und auszudrücken. Wenn Sie zum Beispiel meine Therapeutin wären und ich Sie als meine Mutter oder meinen Vater erfahren würde, dann ließen Sie mich einfach den Fokus auf verschiedene Gefühle richten, die ich Ihnen gegenüber hatte, solange, bis sie sich auflösen.

Andere Therapeutinnen und Therapeuten arbeiten nicht direkt mit Übertragung, sondern treten in Beziehungsprozesse ein, nicht als neutrale Wesen oder Projektionsobjekte, sondern als sie selbst. Jedes Paar, bestehend aus Therapeutin und Klient, ist anders. Selbst innerhalb einer psychologischen Richtung handhabt niemand die Übertragung mit jedem Klienten gleich.

3. Gegenübertragung:

Gegenübertragung entsteht, wenn der Helfer, die Lehrerin oder der Therapeut starke Gefühle hinsichtlich der Schülerin oder des Klienten erfährt, insbesondere im Bereich von Übertragungsthemen. Da die Gefühle der heilenden Person hinsichtlich des Klienten zum Teil bestimmen, wie gut die Therapie verläuft, sind Gefühle der Gegenübertragung entscheidend für das, was geschieht. Wenn man seinem Klienten gegenüber gute Gefühle hat, ist es wahrscheinlicher, daß die eigene Arznei oder Therapie von der anderen Person angenommen wird. Wenn die Gegenübertragung negativ wird und man seine eigenen Erfahrungen nicht mehr von denen des anderen zu trennen vermag, ist das Ergebnis unvorhersehbar und hängt von der Bewußtheit beider Seiten ab.

Rang:
Die Chefin und der Angestellte

4. Macht und Rang:

Jede Beziehung bringt Unterschiede in bezug auf Macht und sozialen Rang mit sich, wobei wir den Fokus selten darauf richten, solange in der Beziehung keine Probleme auftreten. Eine Partei hat immer mehr und die andere weniger im Hinblick auf Erfahrung, Bildung, wirtschaftliche Möglichkeiten und so fort. Geschlecht, Rasse, Religion, wirtschaftlicher Status, Bildung, sexuelle Orientierung, Altersunterschied und Gesundheitsfragen geben einer Person in bestimmten Augenblicken größere Macht über eine andere. Damit Menschen gefördert und nicht voneinander getrennt werden, ist beim Gebrauch von Macht das Bewußtsein für Verschiedenheit entscheidend.[76]

Die Karikatur zeigt eine Frau (jemand, der normalerweise einen geringeren sozialen Rang besitzt), die einen weißen Mann herabsetzt (jemand, der über einen höheren sozialen Rang verfügt, zumindest im Westen). Eine Auffassung der Karikatur könnte darin bestehen, daß sie, als Chefin, ihren Rang als Chefin mißbraucht. Doch von einem anderen Standpunkt aus betrachtet, zeigt die Karikatur, wie sie Rache sucht dafür, selbst herabgesetzt worden zu sein.

Bei jedem Beziehungsereignis ist das feine und komplizierte Ranggleichgewicht ein komplexer und bedeutsamer Hintergrund der Kommunikation, der sich von Moment zu Moment verändert. Wie die Karikatur zeigt, kann Rang ein ernstes Thema sein, und der Mißbrauch von Rang ist schmerzvoll. Daher ist Mißbrauch immer ein potentielles Thema in Beziehungen mit Rangunterschieden. Vorschriften, Gesetze und Bürgerrechte wurden geschaffen, um denjenigen mit einem niedrigeren Rang gegen jene mit einem höheren sozialen und wirtschaftlichen Rang zu schützen. In der Therapie schützen diese Rechte den Klienten vor Rangmißbrauch seitens des Therapeuten.

Dennoch reichen Regeln und Gesetze nicht aus, um uns vor Projektion, Gegenprojektion, Liebe und Rangmißbrauch zu schützen. Im besten Fall dienen Regeln und Gesetze in der Therapie dazu, Menschen den unbewußten Gebrauch von Macht bewußt zu machen. Doch ohne Geistesgegenwart und Bewußtheit sind allgemeine Regeln von geringem Wert.

---

[76] Für eingehendere Informationen zu Rang und Macht siehe Mindell: *Mitten im Feuer.*

5. Aufträumen:

Aufträumen unterscheidet sich von Projektion und Gegenübertragung. Aufträumen geschieht, wenn meine Träume unabsichtlich die Gefühle eines anderen Menschen hervorbringen – ohne daß dem anderen oder mir bewußt ist, daß dessen Gefühle mit meinen Träumen verbunden sind. Mit anderen Worten, die eigenen Gefühle werden nicht durch die eigene Psychologie allein erschaffen, sondern zeitweilig hervorgerufen oder aufgeträumt durch Dinge, die ich unbewußt tue und die in meinen Träumen sichtbar sind.

Ein Klient zum Beispiel, der von einem bedürftigen Kind träumt, mag eine Therapeutin zu positiven Gefühlen ihm gegenüber aufträumen. Die Therapeutin vermag den Ursprung dieser positiven Gefühle zu lokalisieren, indem sie die Träume des Klienten untersucht. In diesem Fall ist es vorstellbar, daß das „bedürftige Kind" die Therapeutin aufträumt, ihm gegenüber positive Gefühle zu hegen.

Umgekehrt kann auch der Klient aufgrund der Träume der Therapeutin aufgeträumt werden, sich in einer bestimmten Art und Weise zu verhalten. Nehmen wir eine Therapeutin, die sich nicht mag. Als Klient findet man vielleicht heraus, daß man ihren Mangel an Selbstliebe ausgleicht, indem man sich dauernd gedrängt fühlt, ihr etwas Unterstützendes oder Liebevolles zu sagen.[77] Es ist nicht immer möglich, genau zu entflechten, was Projektion, Gegenübertragung oder Aufträumen ist. Diese Prozesse sind aufgrund des träumenden Hintergrundes miteinander verflochten.

Die Arbeit mit Verflochtenheit ist eine große Herausforderung für das Bewußtsein. Ich erinnere mich an ein verblüffendes Beispiel von Verflochtenheit, das ich vor einigen Jahren in Zürich während meiner Tätigkeit als Lehranalytiker erlebte. Eine meiner Klientinnen war selbst Therapeutin. Sie kam zu mir, weil sie sich ungewöhnlich deprimiert fühlte. Nachdem sie mit mir an ihren Problemen gearbeitet hatte, erzählte sie mir schließlich von einem ihrer eigenen Fälle. Einer ihrer männlichen Klienten wollte sich das Leben nehmen, war aber nicht suizidgefährdet gewesen, bevor er sie getroffen hatte. Sie erzählte mir, daß sie ihm zu helfen versuchte, ihre eigene Depression ihr das aber erschwerte.

---

77 Für weitere Ausführungen zum Thema Aufträumen siehe Joseph Goodbread: *Radical Intercourse*. Portland, Oreg.: Laotse Press, 1997.

Als seine Therapeutin sträubte sie sich dagegen, mit ihm über ihre eigene Depression zu sprechen. Eines Tages jedoch, nachdem ihr Klient ihr gesagt hatte, er würde unter ihren Launen leiden, nahm sie all ihren Mut zusammen und entschloß sich, über sich selbst zu sprechen. In einer anscheinend dramatischen Interaktion offenbarte sie ihm ihre eigene Depression. Zu ihrer großen Überraschung war er hocherfreut, daß sie dieses Problem ebenfalls hatte, und beschloß, ihr zu helfen.

Die beiden entschlossen sich, die Rollen zu wechseln. Seine Therapeutin – meine deprimierte Klientin – wurde seine Klientin. Können Sie dem Geschehen folgen? Sie wurde die Klientin ihres suizidgefährdeten „Klienten" und zahlte ihn sechs Stunden lang, in denen die Rollen umgekehrt waren.

Er war unendlich viel hilfreicher für sie, als ich es je war. Überdies half er ihr, ihm zu helfen. Nach jenen sechs Stunden wechselten sie zurück zu ihren ursprünglichen Rollen, und sie wurde wieder seine Therapeutin. Seine suizidalen Gefühle verschwanden, und später entschied auch er sich, Therapeut zu werden.

Nicht alle verflochtenen Situationen sind so dramatisch oder enden so gut wie dieses Beispiel. Dennoch gibt es immer Momente, in denen Beziehungen wechseln, der Hilfesuchende wird zum Helfer, die Schülerin lehrt den Lehrer und so fort. Der Rollenwechsel spielt eine entscheidende Rolle in jeder Beziehung, obgleich die meisten Menschen jene Gefühle ignorieren, die sie wechseln ließen.

Wenn man Lehrer oder Lehrerin wird, läuft man Gefahr, an der damit einhergehenden Macht und dem sozialen Privileg anzuhaften. Da wir es alle genießen, über Autorität und ein Gefühl der Macht zu verfügen, müssen wir darauf achten, das Bewußtsein für Verflochtenheit und Rollenwechsel nicht zu marginalisieren. Unbewußtheit über die Anhaftung an Macht läßt es in gewisser Hinsicht leichter sein, ein weniger privilegierter Klient, Schüler oder Revolutionär zu sein als eine Lehrerin, die über ihre eigene Position unbewußt ist. Bewußtheit und Losgelöstheit werden von allen benötigt.

Projektion, Aufträumen, Übertragung, Gegenübertragung und Rang sind Begriffe, die über Menschen sprechen, als wären sie entflochten oder zumindest nur leicht verflochten. Tatsächlich ist jedoch ein gewisses Maß an Verflochtenheit stets gegenwärtig; man kann nicht immer sagen, wer wer ist. Sich durch die daraus folgende Verwirrung, Verstrickung und Rollenumkehr zu arbeiten, erfordert eine hohe Bewußtheit und Flexibilität seitens aller Beteiligten.

Da es wenig Unterstützung für eine solche Fluidität in Beziehungen gibt, ist wenig Bewußtsein für die Kompliziertheit der Verflochtenheit vorhanden. Dennoch können solche Situationen, sofern sie mit Luzidität und Bewußtheit durchgearbeitet werden, unglaubliches Lernen ebenso wie Heilung hervorbringen. In dem zuvor von mir erwähnten Beispiel machten sowohl meine Klientin als auch ihr Klient Fortschritte. Ohne Bewußtheit jedoch kann Verflochtenheit zu weniger positiven Ergebnissen führen.

Ich benutze den Begriff „Verflochtenheit" zum Teil wegen seiner Anwendung in der Quantenphysik.[78] Verflochtenheit in der Physik bezieht sich auf die Schwierigkeit, Quantenprozesse zu unterscheiden, das heißt, den Zustand eines Teilchens vom Zustand eines anderen Teilchens zu unterscheiden. „Nichtlokal" und „Mangel an Unabhängigkeit" sind andere Begriffe für Verflochtenheit. Nichtlokalität bezieht sich auf zwei räumlich voneinander getrennte Prozesse, die miteinander verbunden zu sein scheinen, als befänden sie sich unmittelbar nebeneinander.

Im Falle der menschlichen Signale resultiert Verflochtenheit aus dem spürenden Zustand, der während des Signalaustauschs vorherrscht. Verflochtenheit beschreibt die Schwierigkeit zu entscheiden, wer was zuerst tat. Lächelte die andere Person zum Beispiel als Reaktion auf meine Körperhaltung? Oder war meine Körperhaltung eine spürende Reaktion auf etwas, das vor dem Lächeln der anderen Person zwischen uns geschah? Da der Ursprung aller Signale im Bereich des Spürens liegt, können nur deren äußere Manifestationen erhascht werden.

Von einem Standpunkt aus gesehen, hat jeder Schuld an dem, was zwischen uns geschieht; von einem anderen Standpunkt aus gibt es keine Schuld, keine einzelne Ursache. Unsere Beziehung und ihr Signalaustausch sind bloß ein Teil des Träumens. Durch das Erlangen von Luzidität und Bewußtsein vermögen wir das Träumen am besten auf eine Art und Weise zu entfalten, die allen dienlich ist.

---

78 In der physikalischen Fachliteratur wird oft von Verschränkung gesprochen. (Anm. d. Übers.)

6. Signalaustausch:

Zusätzlich zu Übertragung, Gegenübertragung, Aufräumen und der Verflochtenheit all dieser Prozesse ist der Signalaustausch selbst eine spezifische Art und Weise, mit Beziehungen zu arbeiten. Bei der Arbeit am Signalaustausch versucht man zunächst, den Ursprung von Signalen in Zeit und Raum zu lokalisieren, darum wissend, daß deren Lokalisierung und zeitliche Bestimmung den spürenden Hintergrund marginalisiert.

Signalarbeit bestimmt, wer was tat. Man achtet besonders auf unbeabsichtige Signale oder Doppelsignale. Unbeabsichtige Signale oder Doppelsignale wie Lächeln, wenn man wütend ist, resultieren fast immer aus der Kultur der Beziehung, aus dem impliziten Mangel an Freiheit oder der Übereinkunft, daß bestimmte Dinge nicht gezeigt oder ausgesprochen werden können. Signalarbeit prüft die Bedeutung des Doppelsignals – in diesem Fall Wut – und den Grund, warum es dem Sender unmöglich zu sein scheint, sein Doppelsignal klar zu fühlen und auszudrücken.[79]

7. Grenzarbeit:

Wenn Sie sich frei fühlten, wenn es keine „Grenzen" gäbe, wären Sie einfach wütend, wenn Sie wütend wären, anstatt zu lächeln. Grenzen sind weder gut noch schlecht; sie sind lediglich der Grund, warum Signale ins Verborgene getrieben werden. Anstatt an Signalen zu arbeiten, können Beziehungen durch die Frage nach dem Freiheitsgefühl in der Beziehung bereichert werden. Ein Mangel an Freiheit schafft Grenzen oder Energieschwellen. Diese Begrenzungen machen es schwierig, bestimmte Signale zu senden oder sich mit ihnen zu identifizieren.

Wenn Sie zum Beispiel Angst vor mir haben, werden Sie nicht imstande sein, bestimmte Dinge auszusprechen, und müssen sie geheimhalten. Aber Prozesse verschwinden nicht; sie werden lediglich weniger augenscheinlich. „Geheime" Gefühle treten durch unbeabsichtige Signale wie Angst oder Wut in Erscheinung. An diesem Punkt kann man entweder mit den Signalen arbeiten und sie ermuntern, sich zu zeigen,

---

[79] Für eingehendere Informationen zum Signalaustausch siehe Mindell: *Der Traumkörper in Beziehungen*. Basel: Sphinx, 1994.

oder man arbeitet mit dem größeren Thema im Hintergrund, nämlich der Frage, was in der Beziehung Angst erzeugt. Den Fokus auf dieses größere Thema zu richten, ist Grenzarbeit.

Signalarbeit hängt davon ab, gut zu sehen und zu hören, während Grenzarbeit zum großen Teil davon abhängt, das Freiheitsgefühl oder die vorliegende Gefangenschaft zu fühlen.

8. Große Träume:

Außer auf der impliziten Verflochtenheit im Hintergrund gründet die bislang von mir besprochene Beziehungsarbeit darauf, daß man von seinen Freunden getrennt ist und sich von ihnen unterscheidet. Sprechen wir hingegen von den Träumen oder dem Mythos hinter Beziehungen, dann ist es unmöglich, die Individuen voneinander zu trennen.

Die oftmals ein Leben lang währenden Muster, die Beziehungen zu jedem gegebenen Zeitpunkt steuern, können aus Erinnerungen an die erste große Erfahrung oder den ersten großen Traum zwischen zwei Menschen erahnt werden. Diese Erinnerungen und Träume zeigen die allgemeine Struktur dessen, was sich wahrscheinlich später ereignen wird.

Das Muster, das in großen Träumen oder in Erinnerungen erkannt werden kann, ist von entscheidender Bedeutung, als mir zu dem Zeitpunkt bewußt war, da ich es zum ersten Mal entdeckte.[80] Die erste Erfahrung, die man mit jemandem macht, die Zeit des Zusammenkommens, ist mythisch, besonders dann, wenn die andere Person sagt: „Ich erinnere mich auch daran." Diese erste Geschichte ist wie ein Kindheitstraum, eine Wurzel oder ein Same der Beziehung, und die weitere Beziehung wird um diesen Samen herum aufgebaut.

Ich erinnere mich an ein Kollegenpaar mit großer Familie, die zu mir kamen, weil sie beide eine Wand oder Barriere fühlten, die sie trennte. Als ich sie nach ihrer ersten Erinnerung der Beziehung fragte, kam beiden die erste Nacht in den Sinn, in der sie miteinander geschlafen hatten. Sie waren auf einer Party in einem Motel gewesen und hatten versucht, sich in ein anderes Motelzimmer davonzustehlen, da sie nicht wollten, daß ihre Freunde wußten, wo sie waren.

---

80 In *Der Traumkörper in Beziehungen* bespreche ich große Träume in Beziehungen zum ersten Mal.

Als sie jedoch das Zimmer verlassen wollten, verriegelte sich die Tür zufälligerweise und ließ sich nicht von innen öffnen. Sie konnten nicht raus! Sie saßen für Stunden miteinander fest, bis der Manager die Tür aufbrach, um sie herauszuholen. Überdies hatten alle Teilnehmer der Party, ihrem Geheimhaltungsversuch zum Trotz, entdeckt, daß sie miteinander geschlafen hatten, da die Aufregung über ihr Eingeschlossensein für Aufsehen im Motel gesorgt hatte.

Als ich Jahre später mit ihnen arbeitete, hegten beide das Gefühl, schwer zu bearbeitende Barrieren würden sie auseinanderhalten. Als sie mir die Geschichte vom Eingeschlossensein in dem Motelzimmer erzählten, entschloß ich mich, ihnen zu helfen, wieder mit jenem Mythos, dem Gefühl des Eingeschlossenseins, in Berührung zu kommen. Wir lachten, bis uns die Tränen in die Augen stiegen, als sie die Tür spielten, die sie einschloß, und ich die Freunde, die entdeckten, daß sie zusammen waren. Ich dachte, es müsse etwas Bedeutsames in jener Erfahrung des Eingeschlossenseins liegen, und schlug deshalb vor, sie sollten für zwei Wochen auf eine abgelegene Insel fahren. Ich dachte, es könne helfen, sie wieder einzuschließen. Überdies mußten sie ihren Kindern und all ihren Freunden sagen, daß sie die Stadt verließen.

Als das Paar auf die Insel fuhr, verschwanden ihre Probleme. Die Barriere zwischen ihnen löste sich auf. Die Barriere erschien, als sie die Verbindung zum Träumen verloren, das in ihrem „Mythos" auftauchte, und normale, beschäftigte Menschen wurden. Diese Geschichte zeigt, daß es hilfreich ist, mit unserem ersten Traum oder unserer ersten Erinnerung in Verbindung zu treten. Diese mythischen Strukturen helfen uns, das tiefere Träumen zwischen uns zu berühren. Solche Träume und Erinnerungen gehören weder zur einen noch zur anderen Person, sondern sie gehören zur „Verflochtenheit" in Beziehungen.

Die graphische Darstellung auf S. 168 faßt die verschiedenen Methoden der Beziehungsarbeit zusammen. Sie schließt Methode Nummer 9, spürende Verflochtenheit, die ich als nächstes bespreche, mit ein. Es gibt sehr viel mehr Arten von Beziehungsarbeit, einschließlich der Kommunikationstheorie, der strukturellen Familienanalyse und der Feldtheorie, die alle in bestimmten Momenten und Situationen von Nutzen sind. Die vorhergehend erwähnten Methoden stellen lediglich den kürzesten Überblick über einige der wichtigsten prozeßorientierten Methoden dar.

Methoden der Beziehungsarbeit

1. Projektion – Man integriert, was nach außen verlagert wurde.
2. Übertragung – Man entdeckt, was die Klientin auf die Helferin projiziert.
3. Gegenübertragung – Man entdeckt, was man auf eine Klientin projiziert.
4. Rang – Man entdeckt Macht und wie sie gebraucht wird.
5. – Man findet die eigenen Signale in den Träumen anderer.
6. Signalaustausch – Man findet unbeabsichtigte Signale.
7. Grenzarbeit – Man erforscht, wo Menschen sich gefangen fühlen, und befreit alle Seiten.
8. Erste Träume – Man entdeckt den Mythos des Paares.
9. **Verflochtenheit – Spürende Arbeit mit Körpersignalen ebenso wie mit visuellen Signalen.**

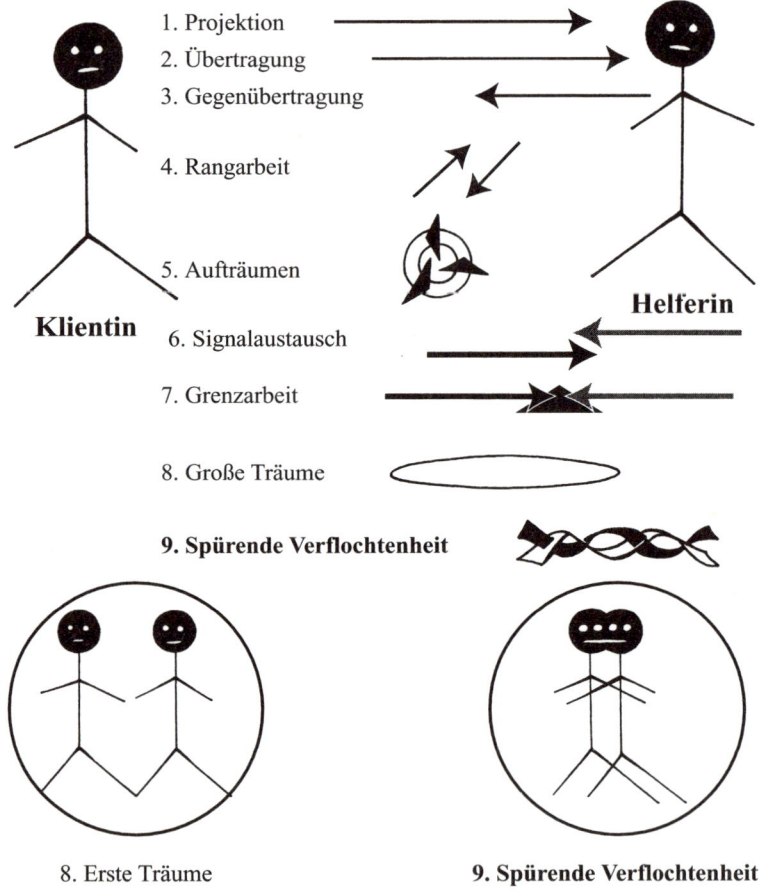

9. Spürende Verflochtenheit:

Sie mögen bemerkt haben, daß bei den ersten sieben Methoden Menschen und Signale trotz des verflochtenen Hintergrundes von Beziehungen voneinander unterschieden werden können. Bei den letzten beiden Methoden wird die Unterscheidung von Individuen unmöglich.

Richten wir den Fokus nun auf spürende Beziehungsarbeit. Spürende Beziehungsarbeit ist damit verbunden, die subtile Atmosphäre zwischen Menschen zu spüren, bevor sie sich als Signal von einer Person oder der anderen offenbart. Während die ersten sieben Methoden nützliche Arten der Problemlösung darstellen, fokussiert die spürende Arbeit auf das einigende Element von Beziehung; diese Methode ist eine Art Bewußtseinstraining.

Die spürende Arbeit erforscht das Träumen, welches Menschen unterhalb des Bereichs von „Problemen" verbindet. Es gibt viele Möglichkeiten, spürend zu arbeiten. Man kann einfach die Atmosphäre spüren; man kann mit Suchttendenzen oder mit visuellen Flirts arbeiten, wie wir in Kapitel 11 und 12 sehen werden. Oder man kann seinen Tastsinn benutzen, womit wir uns nun beschäftigen.

Eine einfache Methode, mit spürender Arbeit zu beginnen, besteht darin, Ihren Tastsinn neu zu schulen, um Luzidität zu erlangen. Ich fordere Sie auf, eine besondere Art der Berührung zu gebrauchen, um präverbale, der Materie vorangehende Erfahrungen zu spüren, die zu geschehen versuchen oder sich zwischen Ihnen und einer befreundeten Person ereignen.

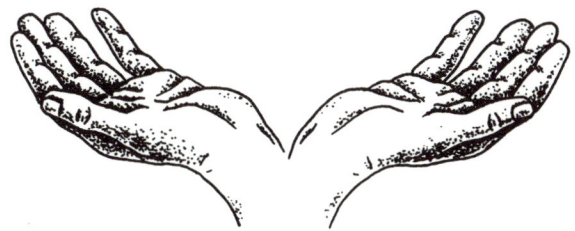

Die spürende Berührung weckt Luzidität in Ihren Händen

Spürende Interaktion findet in einem nicht auf Konsens beruhenden Bereich statt, in dem man sich leicht durch, über oder unter die Grenzen der anderen Person bewegen kann. Daher sollten Sie, bevor Sie mit jemand anderem in dieser Weise arbeiten, die Erlaubnis einholen.

Bitte bedenken Sie, daß manche Menschen körperscheu sind; sie sind es nicht gewohnt, gesehen oder berührt zu werden, und noch viel weniger sind sie auf subtile Berührung eingestellt. Fragen Sie, wo Sie sie berühren können. Im allgemeinen ist der Rückenbereich ein guter Bereich, um zu beginnen.

Sagen wir zum Beispiel, Sie beginnen, indem Sie Ihre Hand auf den Rücken der anderen Person legen. Stellen wir uns vor, Sie finden, während Sie den Rücken der anderen Person abtasten oder berühren, plötzlich etwas Knochiges, etwas, das Sie nicht ganz formulieren können. Wenn Sie etwas Knochiges fühlen, beginnt der nächste Schritt, nämlich damit zu experimentieren, sich mit dem knochigen Ding in Zusammenhang zu bringen, indem Sie seine Essenz, seine Tendenz oder Wurzel erforschen. Möglicherweise fühlt sich das knochige Ding in Ihrer Wahrnehmung wie eine Tendenz an, auf etwas hinzuweisen, den eigenen Standpunkt durchzusetzen, klar zu sein.

Ihr Alltagsverstand wird behaupten, Sie projizierten etwas auf den anderen, wenn Sie sich aufmerksam auf die Erfahrungen konzentrieren, die aus Ihrem Körper hervorgehen. Streiten Sie während der spürenden Arbeit nicht mit Ihrem Alltagsverstand. Nehmen Sie ihn einfach wahr. Seien Sie Ihrer Befürchtungen hinsichtlich Projektion, Gegenübertragung, Signalen, Grenzen, Mythen oder Telepathie gewahr, doch richten Sie den Fokus jetzt nicht weiter darauf.

Lassen Sie, mit dem Einverständnis des anderen, Ihren Alltagsverstand los, und gehen Sie in das hinein, was Sie erfahren. Es geht um die spürende Essenz, die sich durch Ihre Berührung offenbart.

Versuchen Sie, sobald Sie mit Ihrer spürenden Erfahrung vertraut sind, diese für die andere Person in Worte zu fassen. Vage zu sein ist unvermeidlich und sogar hilfreich. Sagen Sie so etwas wie: „Ich fühle etwas Knochiges, Knochenähnliches. Vielleicht ist es ein Stück Metall oder ein Stock?" Raten Sie um Ihre spürende Erfahrung herum; formulieren Sie sie in Alltagsbegriffen. „Gibt es dort hinten etwas, das auf etwas hinweisen möchte? Handelt es sich um Klarheit, Deutlichkeit?"

Während Sie wahrnehmen und die spürende Essenz Ihrer Berührung der anderen Person mitteilen, wird deren Körper reagieren. Sie könnten neue Erfahrungen aus ihm hervorgehen fühlen; vielleicht nehmen Sie eine Veränderung der Körpertemperatur wahr, oder Sie mögen spüren, wie sich Muskeln und Gewebe unter Ihrer spürenden Bewegung neu anpassen. Vielleicht wird die andere Person verbal antworten, während sie entdeckt, wovon Sie sprechen und sich damit in Verbindung bringt. Seien Sie luzid. Wenn Sie die spürende Essenz hinter dem, was Sie erfahren, spüren und beschreiben, werden Sie sich mit dem Träumen der anderen Person verbinden. Eine unglaubliche Erfahrung verbindet Sie beide.

Der verdrehte Arm und der Fisch

Ich erinnere mich an die Arbeit mit einem Mann, den ich nie zuvor gesehen hatte. Ich legte meine Hand sanft auf den Arm dieses Mannes und spürte sogleich etwas, was ich nur als eine Drehung beschreiben kann. Zunächst dachte ich, seine Muskeln oder Sehnen seien verdreht worden, und sah mich darüber phantasieren, daß sein Arm verdreht worden war. Ich teilte ihm mit, daß ich seinen Arm erlebte, als wäre er verdreht, ja gequält worden. Zu meiner Überraschung erwiderte er, sein Arm sei einige Jahre zuvor aus dem Gelenk gedreht worden.

War diese Drehung sein Prozeß oder mein eigener? Ohne daß ich ihm diese Frage stellte, stimmte er zu, weiterzugehen, und wir begannen, gemeinsam zu träumen. Wir traten in einen spielerischen Kampf ein. Wir rangen miteinander, indem wir einander sanft die Arme verdrehten, sprachen und verspielt miteinander boxten, bis er einen Kampf vollendet hatte, der vor langer Zeit begonnen hatte. Er erzählte eine schmerzvolle Geschichte darüber, wie er geschlagen worden war und sich nicht zur Wehr setzen konnte. Nun, als wir jene Szene noch einmal aufleben ließen, setzte er sich zur Wehr und fühlte sich erleichtert.

Diese Geschichte rief traumatische Erfahrungen meiner eigenen Kindheit wach. Als ich ihm von meinen Erfahrungen verdrehter Arme erzählte, vermochte er tiefer in seine eigenen zu gehen. Während er das tat, nahm ich wahr, daß auch ich tiefer in meine hineinging. Wer arbeitete mit wem? Die spürende Berührung hatte uns zu einem Prozeß verbunden, der weder seiner noch meiner war, sondern unser beider.

Ich erinnere mich an ein anderes Beispiel, das ich mit einem schüchternen Freund hatte. An einem Punkt unserer gemeinsamen Arbeit legte ich mit seiner Erlaubnis meine Hand auf seinen Rücken, auf den oberen Teil seiner Schultern. Zu meiner Überraschung hatte ich das irrationale Gefühl, etwas Weiches, Fischähnliches dort hinten zu spüren. Als ich dieses fischähnliche Wesen zu beschreiben begann, reagierte der Mann zu meiner großen Freude augenblicklich. Er erzählte mir, er wisse von Astrologen, daß er im Sternzeichen Fische geboren sei. Er war also ein Fisch. Siehe die Abbildung weiter unten.

Vielleicht wissen Sie, daß die Astrologen Menschen, die zwischen dem 19. Februar und dem 20. März geboren sind, als Fische betrachten. Das Bild zweier in entgegengesetzte Richtung schwimmender Fische, die durch eine Schnur miteinander verbunden sind, symbolisiert das zwölfte und letzte Zeichen des Tierkreises, die Fische. Astrologinnen und Astrologen glauben, daß die zwischen diesen beiden Fischen entstandene Spannung die Tendenz zur Unentschlossenheit repräsentiert, die den typischen Fisch charakterisiert. Solche Menschen sind freundlich, aber immer veränderlich. Infolge dieser inneren Dualität tun Fische oftmals zwei Dinge auf einmal, und es mag ihnen an der nur in eine Richtung gehenden Antriebskraft mangeln, die andere Menschen benutzen, um Ziele zu erreichen.

Fische

Während dieser Begegnung mittels Körperarbeit ehrte ich den Fisch in ihm und entdeckte, daß er Schwierigkeiten damit hatte, seinen Fischteil zu lieben. Er fühlte Schüchternheit in bezug auf dieses flexible, fischähnliche, fließende Verhalten.

Doch der Fisch war nicht nur sein Prozeß; er war auch meiner. Obgleich ich nicht im Sternzeichen der Fische geboren bin, besitze ich

Fischqualitäten. Ich fühle den inneren Fisch über dem Wasser, der mit demjenigen unter Wasser verbunden ist. Wenn ich öffentlich arbeite, mag ich extravertiert erscheinen, mich aber sehr nach innen gerichtet fühlen. Menschen denken oft, ich sei extravertiert, da sie mich in der Welt arbeiten sehen. Andere halten mich für introvertiert, da sie mich für Wochen unter Wasser verschwinden sehen, wenn ich schreibe. Doch tatsächlich bin ich nicht nur nach innen oder nach außen gerichtet. Ich besitze beide Seiten, einen Fisch über und einen unter Wasser.

Dies alles erzählte ich meinem Freund, der mich vollkommen verstand, so wie ich zu verstehen vermochte, wer er in seinem tiefsten Innern ist. Wer arbeitete mit wem? Mein Freund und ich sind verschieden, doch wir sind auch gleich. Mein Freund ist ein Fisch; aber mich gibt es auch. Dies zu wissen verband uns auf unglaubliche Weise.

Übung: luzide Berührung

Es selbst auszuprobieren, ist der beste Weg zum Verständnis der luziden Berührung und der Verflochtenheit. Um das luzide Bewußtsein in Ihren Händen zu wecken, experimentieren wir zunächst mit dem Gebrauch Ihrer Hände auf einem Stück Material oder einem Ihrer Kleidungsstücke. Nehmen Sie sich einen Augenblick Zeit, und sensibilisieren Sie Ihre Hände für Ihre Kleidung. Wahrscheinlich bringen Sie nicht viel Zeit damit zu, das, was sie tragen, oder die Materialien um Sie herum, zu befühlen. Nehmen Sie sich daher jetzt einen Augenblick Zeit, und wählen Sie etwas, was Sie berühren möchten.

Teil I. Die Hände sensibilisieren

Nehmen Sie das Material in ihre Hände und entspannen Sie sich. Nehmen Sie sich ein paar Minuten Zeit. Lassen Sie Ihren Verstand und Ihre Hände verschwommen werden, unfokusiert.

Gebrauchen Sie nun Ihre Hände, um die spürende Essenz im Innern des von Ihnen berührten Materials zu erforschen. Was befindet sich dort drinnen? Erlangen Sie Luzidität über die spürende Natur Ihrer Berührung und erfahren Sie das, was mit Ihrer Hand flirtet. Berühren Sie sanft, und nehmen Sie Ihre spürende Erfahrung wahr. Sie müssen jetzt nicht weiter gehen. Nehmen Sie sich Zeit.

Sobald Sie die Tendenz im Innern des Materials erfahren, helfen Sie der spürenden Erfahrung, sich zu entfalten. Tun Sie so, als sei sie der Same einer Schöpfung, die sich zu zeigen versucht und die Ihre Hände formen und herausbringen können. Benutzen Sie Ihre künstlerischen Fähigkeiten; lassen Sie Ihre Hände zunächst entdecken und dann ausdrücken, was sich in dem Material befindet. Erlauben Sie dem Prozeß, sich aus eigener Kraft zu entfalten. Helfen Sie, die Erfahrung ins Bewußtsein zu bringen. Vielleicht könnten Sie eine Geschichte erfinden über eine Person, die nach dieser Erfahrung gesucht, sie gefunden und im Leben genutzt hat.

Betrachten Sie das, was Sie aus dem Material hervorgebracht haben. Inwiefern kann das, was Sie erschaffen haben, ein Teil Ihres Lebens sein? Wie könnten Sie es noch mehr nutzen und leben? Nehmen Sie sich hierfür Zeit. Versuchen Sie, diese Fragen zu beantworten. Wie kann das aus dem Material entstandene Objekt oder die Form ein nützlicher Teil Ihres Lebens werden?

Nun, da Ihre Hände sensibilisiert sind, arbeiten wir wieder ähnlich, diesmal mit dem Träumen, das man mit einer anderen Person teilt. Sie können beginnen, indem Sie Ihre Hände benutzen, um den anderen auf eine spürende Art und Weise zu berühren, nachdem Sie ihn gefragt haben, wo, wann und wie Sie ihn berühren dürfen. Nehmen Sie wahr, was mit Ihrer Aufmerksamkeit flirtet. Denken Sie daran, daß Ihr Verstand möglicherweise während der Arbeit mit jemand anderem sagt: „Das kannst du nicht tun." In gewisser Hinsicht hat Ihr Verstand recht. Sie können es nicht – aber Ihr spürendes Bewußtsein kann es. Wenn Sie Ihre Hände auf die andere Person legen, nehmen Sie wahr, daß deren Körper Ihnen Rückmeldung gibt, während Sie in einer offenen Art und Weise über Ihre Empfindungen sprechen. Der Körper des anderen wird mit Ihnen sprechen. Warten Sie, bis die bewußte Stimme des anderen „ja" sagt. Folgen Sie dann dem Flirten und Piepen, das Sie in seinem Körper fühlen.

Vergessen Sie nicht, daß das, was Sie erfahren, weder Sie sind noch die andere Person, sondern beide. Sie arbeiten nicht mit dem anderen, sondern mit der Kombination aus Ihnen beiden. Die Geschichte und Erfahrung des anderen wird die Ihre nähren, so wie die Ihre den Prozeß des anderen nährt. Jede Geschichte vertieft und hilft dem anderen, über Grenzen zu gehen. Beide Geschichten ereignen sich gleichzeitig. Dies ist ein Beziehungsexperiment – ein Körper, eine Person und zwei Psychologien.

Teil II. Auf spürende Art und Weise mit dem anderen arbeiten

Sitzen oder stehen Sie nahe bei Ihrem Freund und beginnen Sie, indem Sie sich selbst erlauben, in einen verschwommenen Zustand einzutreten. Dann legen Sie, unter Benutzung Ihres spürenden Bewußtseins, Ihre Hände, wenn sie bereit sind, langsam und sanft auf die andere Person, auf einen Bereich, der zuvor von ihr erwähnt wurde. Nehmen Sie Tendenzen, Essenzen und Empfindungen des Körpers der anderen Person wahr. Welche Empfindungen flirten mit Ihrer Aufmerksamkeit? Wovon fühlen sich Ihre Hände beim anderen angezogen oder abgestoßen?

Sobald Sie den träumenden Flirt oder die träumende Tendenz finden, gebrauchen Sie – mit der Erlaubnis des anderen – Ihre Hände, um die Essenz der Empfindung zu formen und herauszubringen. Wenn Sie zum Beispiel so etwas wie eine Pflanze gefühlt haben, bringen Sie die Pflanze heraus. Wenn Sie so etwas wie einen Stein gefühlt haben, erschaffen Sie mit Ihren Händen einen imaginären Stein.

Beschreiben Sie die spürende Erfahrung, die Tendenz hinter demjenigen, das Sie gespürt haben, in Worten, und überprüfen Sie die Rückmeldung Ihres Freundes. Wenn Sie verschwommen, spürend und luzid sind, wird der andere Ihnen rückmelden, daß Sie mit etwas in ihm in Verbindung stehen. Dies ist ein sehr irrationaler Vorgang; er kann kaum in Worten beschrieben werden. Ihr Körper und der Körper des anderen führen Sie.

Träumen Sie zusammen. Bitten Sie den anderen, ebenfalls spürend und luzid zu sein und mit Ihnen gemeinsam Ihrer beider kombinierte Erfahrung in Bewegung, Geschichtenerzählen und Kunst auszudrücken. Nehmen Sie sich Zeit. Sobald ich zum Beispiel den Fisch beschrieb, den ich im Rücken meines Freundes fühlte, beschrieben wir Fische, phantasierten darüber und bewegten uns sogar wie Fische, bis wir sie „geformt" und zusammen geträumt hatten.

Helfen Sie der anderen Person, die Erfahrung zu prozessieren, als wäre sie ausschließlich ihr eigener Prozeß. Geben Sie diesem Prozeß Raum, sprechen Sie zu ihm und über ihn, und beziehen Sie sich auf die Erfahrung, die sich entfaltet hat. Denken Sie über die Bedeutung kurz zurückliegender Träume nach. Beziehen Sie sich dann auf Ihre eigene Erfahrung, sprechen Sie über sich selbst. Beschreiben Sie, inwiefern die Erfahrung auch ein Teil Ihres eigenen Prozesses ist.

Erkunden Sie schließlich die miteinander geteilte Natur der Erfahrung, des Tanzes oder der Geschichte. Auf welche Art und Weise ist der Prozeß, der sich entfaltet hat, sowohl der Ihre als auch der des anderen? Erforschen Sie die Verflochtenheit, die beiden Prozesse als einen einzigen, und denken Sie daran, daß Ihre Beziehung zu der anderen Person ein Feld ist, das schon immer da gewesen ist.

Sie und ich gehören zu einem vollständigeren Beziehungsprozeß. Vielleicht sind wir zusammen ein einzelnes Wesen, das träumt. Wir mögen an einem von uns arbeiten, doch es gibt einen Geist, der sich durch zwei Wesen entfaltet. Wenn wir auf spürende Art und Weise mit unseren Händen arbeiten, ist der träumende Hintergrund von Beziehung leicht zu verstehen und zu erfahren. Doch er ist auch leicht zu marginalisieren. Deshalb besteht der nächste Schritt beim luziden Träumen über vierundzwanzig Stunden darin wahrzunehmen, wie Sie mit allen Dingen verbunden sind, im Wissen darum, daß Sie das Material sind, das Sie umgibt. Sie sind nicht nur Ihre Freunde, Sie sind auch Ihr Fahrrad, Ihr Auto, die Straße, der Motor, die Pflanzen und all die Tiere.

Zur Erinnerung

In der Quantenphysik bedeutet „Verflochtenheit", daß der Zustand eines Teilchens nicht vom Zustand eines anderen Teilchens zu unterscheiden ist.

„Nichtlokal" ist ein anderer Begriff für Verflochtenheit und einen Mangel an Unabhängigkeit. Nichtlokalität bezieht sich auf zwei räumlich voneinander getrennte Prozesse, die miteinander verbunden zu sein scheinen, als befänden sie sich gleich nebeneinander.

Wenn Sie spürende Körperarbeit durchführen, wird Ihr Alltagsverstand behaupten, daß Sie etwas auf den anderen projizieren. Streiten Sie nicht mit Ihrem Alltagsverstand. Nehmen Sie ihn einfach wahr. Seien Sie Ihrer Befürchtungen hinsichtlich Projektion, Gegenübertragung, Signalen, Grenzen, Mythen oder Telepathie gewahr, doch richten Sie den Fokus nicht während der spürenden Körperarbeit darauf.

Kapitel 11

Süchte und Beziehungen

Die suchterzeugende Atmosphäre verändern

> *Warum besitzt der (Kommandeur der Armee) ...*
> *nur einen Fuß?*
> *War es das Werk des Himmels oder des Menschen?*
> *Der Kommandeur sagte: „Es war das Werk des Himmels, nicht*
> *des Menschen. Der Himmel machte mich einfüßig.*[81]

Dem Kommandeur mit einem Fuß zufolge hatte das Tao und nicht der Feind seinen Fuß abgetrennt. Nach Ansicht des Kommandeurs sind Körperprobleme nicht auf einen selbst oder andere zurückzuführen, sondern mit dem gesamten Feld verflochten. Vielleicht wird die Verbindung zwischen Körpergefühlen und dem Tao oder der Atmosphäre am deutlichsten, wenn wir Süchte betrachten. In diesem Kapitel erforschen wir diejenigen Aspekte Ihrer eigenen Suchttendenzen, die mit dem Feld, in dem Sie leben, verbunden sind.

Allgemeine Überlegungen

Über Süchte zu sprechen bedeutet, gefährliches Terrain zu betreten, da jedermann mit ihnen zu tun hat. Im allgemeinen tendieren wir dazu, uns entweder als Expertinnen und Experten auf diesem Gebiet zu sehen oder zu meinen, mit Sucht nichts zu tun zu haben. Süchte und Suchttendenzen sind ein ernsthaftes Gesundheitsproblem, nicht nur weil sie

---
[81] Chuangzi, S. 57.

so beschwerlich sind, sondern weil manche Tendenzen so subtil sind, daß sie kaum wahrgenommen werden.

Einigen wir uns zunächst darauf, was wir als Sucht bezeichnen. Sagen wir, eine Sucht ist ein Bewußtseinszustand, in dem Sie zunehmend mehr von einem Nahrungsmittel oder einer Substanz zu sich nehmen, um die gewünschte Wirkung zu erzielen. Dieser Bewußtseinszustand wiederum gefährdet die eigene Gesundheit oder die eigenen Beziehungen. Im Gegensatz zur Sucht ist die Suchttendenz ein Bewußtseinszustand, in dem wir gezwungen sind, mehr von einer Substanz zu nehmen, um dieselbe Wirkung zu erzielen. Dabei sind jedoch die eigene Gesundheit oder die eigenen Beziehungen nicht direkt gefährdet. Beziehungen und Gesundheit sind nicht voneinander zu trennen, denn wenn die eigenen Beziehungen gestört sind, ist am Ende auch die Gesundheit gestört, und umgekehrt.

Eine Suchttendenz ist nicht unmittelbar schädlich, könnte es aber möglicherweise werden. Viele Menschen nehmen zum Beispiel zu viel Salz zu sich. Salz mag einem nicht unmittelbar zu schaffen machen, verstärkt jedoch viele andere Probleme. Weniger Salz kann zu mehr Entspannung führen oder den Blutdruck senken. Die Abbildung weiter unten zeigt, wie die reduzierte Aufnahme von Salz den Blutdruck senken kann.

Salz ist eine Tendenz zur Sucht

In den 80er Jahren entdeckten Amy und ich, daß jeder über zwei Arten von Suchttendenzen verfügt. Die eine unterstützt die eigene Identität, während die andere das unterstützt, womit man sich nicht identifiziert. Mit anderen Worten: Diejenigen Nahrungsmittel und Substanzen, zu denen man sich am meisten hingezogen fühlt, unterstützen entweder die persönliche Alltagsidentität oder die geheime, uneingestandene Identität im Traumland.

Betrachtet man sich zum Beispiel als jemand, der sehr schnell ist, wird man zu stimulierenden Nahrungsmitteln und Substanzen wie Kaffee tendieren, da diese die Primäridentität unterstützen. Die komplizierteren, gefährlicheren und hartnäckigen Süchte sind jedoch mit den „Nicht-ich-" oder Sekundärprozessen verbunden, und zwar mit Verlangsamung. Alkohol ist eine Substanz, die Verlangsamung unterstützen kann.

Nimmt man sich jedoch als langsam oder deprimiert wahr, hat man möglicherweise eine Vorliebe für Substanzen oder Gewohnheiten, die einen ruhig werden lassen, zum Beispiel überißt man sich. In diesem Fall werden die schwerwiegenderen Süchte jedoch mit Nahrungsmitteln und Substanzen verbunden sein, die den Antrieb steigern, wie Zucker oder Koffein.

Die schwierigsten Süchte sind mit unbekannten Teilen des eigenen Selbst verbunden. Da diese Teile marginalisiert sind, können sie die eigene Aufmerksamkeit nur durch Verführung erlangen: Sie flirten mit einem und lassen einen über sie nachdenken, da das eigene Bewußtsein die Identifikation mit marginalisierten Zuständen verweigert.

Viele suchterzeugende Eßgewohnheiten wie das Essen von Pommes Frites oder Kartoffelchips haben keine direkten negativen Auswirkungen. Sie können allerdings mit der Zeit die Blutchemie stören. Das ist ein subtiler Prozeß. Man nimmt ihn nicht wahr und denkt auch nicht darüber nach, bis er im Verlauf von vielen Jahren die Gefäße verstopft. Ohne Luzidität erkennt man nicht, inwiefern das Essen fettreicher Nahrung eine Suchttendenz oder Sucht sein kann.

An diesem Punkt der Geschichte richtet die westliche Medizin den Fokus auf die Instandsetzung der Blutgefäße und des Herzens und ignoriert dabei gewöhnlich die subtile Natur der Suchttendenzen, die für zahlreiche Symptome die biochemische Grundlage schaffen.

Methoden der Suchtarbeit

Es gibt viele Arten, mit Sucht zu arbeiten. Jede Kultur hat ihre eigenen Methoden, so daß man nicht eine einzige für allgemeingültig erklären kann. Jede Person, Kultur oder Subkultur ist anders.[82] Wie man mit Sucht und Suchttendenzen arbeitet, hängt vom Individuum, der Kultur, dem Alter und dem Gesundheitszustand ab. Die Methoden der Suchtbehandlung sind so zahlreich, daß der Umfang einer ganzen Enzyklopädie zu deren Beschreibung nicht ausreichen würde. Dennoch muß ich zur Darstellung der spürenden Arbeit mit Süchten andere bedeutende Methoden der Suchtarbeit kurz, wenn auch unzulänglich, beschreiben.

Medizinische Interventionen:

Jemand mit einer langjährigen, gesundheitsgefährdenden Sucht muß ermutigt werden, kurzerhand damit aufzuhören. Es gibt diesbezüglich verschiedene unterstützende chemische Hilfsmittel und psychologische Behandlungen, vom einfachen Aufhören bis hin zu Behandlungszentren für bestimmte Süchte. Medizinische Entzugseinrichtungen können bei langjährigen Süchten helfen, bei denen alles andere versucht wurde. Eine Klinik kann medizinische Hilfe zur Verfügung stellen, damit Betroffene von suchtauslösenden Substanzen loskommen. Sobald dann die umittelbare Krise vorüber ist, ist es von entscheidender Bedeutung, an den psychologischen und gemeinschaftlichen Ursprüngen von Sucht zu arbeiten.

Gemeinschaftsarbeit:

Süchte sind mit Gemeinschaftsproblemen verbunden. Wo immer möglich, sollte die individuelle Suchtarbeit von Arbeit mit der gesamten Gemeinschaft begleitet sein. Genau wie Individuen haben auch Gemeinschaften, die unter starkem Streß leben, ernste Beziehungs- und Suchtprobleme. Dabei ist Entrechtung, das heißt Herabsetzung und

---

82 Obschon viele Menschen ausgezeichnete Resultate mit den Anonymen Alkoholikern erzielt haben, thematisiert der Geistliche Cecil Williams in seinem Buch *No Hiding Place: Empowerment and Recovery for our Communities* (San Francisco: Harper, 1994), inwiefern das Konzept der Anonymen Alkoholiker in der afroamerikanischen Gemeinschaft nicht funktioniert. Williams behauptet, daß dieses Konzept bei Afroamerikanern nicht erfolgreich sei, weil es auf weißeuropäische Ideen und Bedürfnisse wie „ich bin machtlos" zugeschnitten ist, anstatt auf afrikanischen Traditionen und Überzeugungen zu gründen.

Unterdrückung durch mächtigere Gruppen, ein bedeutender Faktor hinter Süchten. Angespannte Situationen im Geschäftsleben können ebenfalls Sucht erzeugen.

Für Organisationen und Gemeinschaften mit hohen Leistungsansprüchen oder hohen spirituellen Bestrebungen ist es bezeichnend, Geheimnisse zu besitzen. Wo viele Geheimnisse sind, gibt es viele Süchte; in solchen Situationen kann Gemeinschaftsarbeit tiefe Heilung bedeuten.

Beinahe jede Gruppenarbeit, die die Enthüllung von Geheimnissen mit sich bringt, einschließlich der Enthüllung von Süchten und Suchttendenzen, ist nützlich. Es ist heilend, anderen die eigenen Suchttendenzen zu offenbaren, aber auch schwierig, da Süchte mit zutiefst unbewußten Prozessen zu tun haben, über die man nicht viel Kontrolle besitzt. Die meisten Menschen haben das Gefühl, der Mangel an Kontrolle sei ein Zeichen der Schwäche, und wollen eine solche „Schwäche" nicht eingestehen, nicht einmal sich selbst gegenüber.

Süchte verschlimmern sich jedoch, wenn sie versteckt werden. Heimlichkeit stört Beziehungen, und gestörte Beziehungen erzeugen Streß sowie eine noch größere Tendenz zu Suchttendenzen.

Konfrontation:

Chronische Süchte gehen immer mit „Nicht-wahrhaben-Wollen" einher. Man denkt: „Wer, ich? Ich bin doch kein Suchttyp." Mit anderen Worten: Man macht sich unaufhörlich etwas vor in bezug auf die eigenen Suchtprobleme und Suchttendenzen ebenso wie in bezug auf andere Gesundheitsfragen. Man tendiert zur Einstellung, bestimmte Probleme nicht zu haben, selbst wenn das Gegenteil der Fall ist. Man hat eine „Grenze" gegen sie, man verdrängt sie. Man sagt: „Ich esse, trinke oder tue dies seit Jahren, doch seien wir ehrlich, es ist nicht schädlich. Schließlich geht es mir noch gut, oder zumindest bin ich am Leben." Wenn man so redet, vermeidet man unangenehme Themen. Sofern ich das Gefühl habe, daß meine Beziehung zu einem anderen Menschen eine Konfrontation aushält, sage ich: „Du machst dir etwas vor. Du versuchst, dir einzureden, daß es nicht schädlich ist, aber tatsächlich ist es tödlich. Belüge dich nicht. Du bist dabei, Selbstmord zu begehen."

Es bedarf starker Beziehungen, damit solche Konfrontationen ausgehalten werden. Wenn zwei Menschen sich verbunden fühlen, werden selbst vernichtende Aussagen als Akt der Liebe empfunden.

Den Suchtzustand wiedererfahren

Das Wiedererfahren ist eine Methode, bei der man über eine Sucht nachdenkt und erneut in den durch sie hervorgerufenen veränderten Bewußtseinszustand eintritt. Nehmen Sie Zucker. Ein Weg, den Zustand, den Süßes in Ihnen hervorruft, wiederzuerfahren, besteht darin, die Süße zu spüren und das Gefühl und die Atmosphäre zu erforschen, die durch das Essen von Süßigkeiten verursacht werden. Das Wiedererfahren hat sich für Menschen mit weniger schwerwiegenden Süchten als nützlich erwiesen. In schwierigen Situationen kann jedoch das Bedüfnis nach der Substanz durch Wiedererfahren reaktiviert werden.

Es gibt viele nützliche Methoden für die Arbeit mit Süchten. Die obige Aufzählung ist ein breiter und oberflächlicher Überblick über ein riesiges und komplexes Feld. Auch die folgende Zusammenfassung ist stark vereinfacht.

Methode der Suchtarbeit	Wie damit gearbeitet wird
1. Gemeinschaftsarbeit	Die Gruppe wird aufgefordert, Spannungen durch die Darstellung von Polaritäten zu prozessieren.
2. Konfrontation	Tendenzen zur Selbstverleugnung und zum Selbstmord konfrontieren.
3. Medizinische Intervention	Die Einnahme von Medikamenten innnerhalb oder außerhalb eines klinischen Rahmens.
4. Aufhören	Kurzerhand aufhören, besonders in einer Krisensituation und dann, wenn alles andere fehlgeschlagen hat.
5. Wiedererfahren	In die Erfahrung einer Substanz zurückgehen.
6. Spürender Zugang	**Sucht als eine spürende Tendenz im Beziehungsfeld wahrnehmen.**

Leiter verschiedener Kliniken erklärten mir, daß nur 25 Prozent der Menschen, die in irgendeiner Art Klinik an ihrer Sucht arbeiten, nach zehn Jahren von ihrer Sucht frei sind. Hier gibt es zweifellos Anlaß zu weiterer Forschungsarbeit hinsichtlich der psychosozialen und medizinischen Grundlagen der Sucht.

Ich möchte den Fokus nun auf eine sechste Methode richten, den „spürenden Zugang", eine Methode, die sich sogar bei langjährigen Süchten als hilfreich erwiesen hat. Erkunden wir nun das Gemeinschaftsfeld von Beziehungen, in dem Süchte Wurzeln schlagen.

Der spürende Zugang zum Beziehungsfeld

Wenn Sie an Ihren Süchten gearbeitet haben, sind Sie wahrscheinlich an sie herangegangen, als handele es sich dabei um „Ihre" Süchte. Nun werden wir die Verbindung zwischen Süchten und der Sie umgebenden Welt untersuchen. Diese Arbeit schafft ein Bewußtsein dessen, was der Körper in einem bestimmten Moment verlangt, und untersucht die Möglichkeit, daß Ihre körperlichen Bedürfnisse mit der Atmosphäre um Sie herum verbunden sind.

Sie werden Süchten nun große Aufmerksamkeit schenken, ihnen viel Raum geben, sich auszudrücken, und ihre Zeiten und Räume wahrnehmen. Denken Sie bitte daran, noch einmal genau hinzusehen, falls Sie sich sagen, daß Sie keine Süchte haben. Wir alle sind süchtig nach Dingen oder haben Suchttendenzen. Gehen Sie zurück zu Ihrer Art zu essen und fragen Sie sich, wieviel Sie essen oder wie wenig. Dies zu tun könnte für Ihre Gesundheit entscheidend sein. Wenn Sie zu wenig essen, ist dies mit der Suchttendenz verbunden, zu viel zu essen? Wenn Sie Medikamente gegen etwas nehmen, ist dies auf irgendeine Art und Weise mit Suchttendenzen in bezug auf gewisse Nahrungsmittel verbunden, die Sie belasten?

Nehmen Sie zur Kenntnis, daß die folgende Meditation Suchttendenzen momentan wieder zugänglich macht. Falls Sie Angst haben, diese Übung auszuführen, da sie die Sucht selbst verschlimmern könnte, erhöhen Sie Ihre Anstrengungen, Ihr Bewußtsein für Tendenzen zu disziplinieren, und arbeiten Sie nicht direkt an der Sucht.

Spürende Suchtarbeit

Teil I. An sich selbst arbeiten

Finden Sie einen bequemen Sitzplatz, und wählen Sie eine Sucht oder Suchttendenz, um darauf zu fokussieren. Denken Sie daran, daß dies etwas sein kann, das zu sich zu nehmen Sie sich oftmals gezwungen fühlen, obgleich es Ihrer Gesundheit oder Ihren Beziehungen nicht bekommt oder dazu tendiert, sich negativ auszuwirken. Es mag sich um eine Substanz oder ein Nahrungsmittel handeln. Als Alternative wählen Sie die Menge an Essen, die Sie zu sich nehmen, wenn Sie dazu neigen, zu wenig zu essen oder zu viel in sich hineinzustopfen.

Nun, da Sie eine Sucht oder Suchttendenz gewählt haben, benennen Sie sie, das heißt Kaffee, Zucker, Tabak, Alkohol, Marihuana und so fort. Erinnern Sie sich als nächstes an das Verlangen nach der Substanz; fühlen Sie jenes Verlangen. Welches ist der Bewußtseinszustand, den Sie sich von der Substanz erhoffen? Erlauben Sie sich, die Substanz zu erfahren oder vielmehr den Zustand, den Ihnen die Substanz nun bringen soll – ohne die Substanz zu nehmen. Können Sie den Zustand in Ihrem Körper fühlen? Machen Sie irgendwelche Bewegungen, die jenen Zustand ausdrücken.

Richten Sie den Fokus auf den Impuls hinter der Sucht, nicht auf die Sucht selbst. Der Weg, zu der Tendenz oder dem Impuls zu gelangen, der existiert, bevor die Suchttendenz entsteht, besteht darin, sich an den Zustand zu erinnern, den man sich von der Substanz erhoffte. Machen Sie wieder einige Handbewegungen, die den Zustand darstellen, auf den Sie gehofft haben. Hören Sie nun langsam auf, oder lassen Sie die Bewegung los, und fühlen Sie nur die zurückgebliebene Energie oder Tendenz, das Träumen, das diesen Zustand hervorruft.

Diese Tendenz, dieses Träumen, ist die nicht verbalisierbare, spürende Essenz Ihrer Suchttendenz. Erforschen Sie das Träumen, den Impuls auf der Spürebene hinter der Einnahme der Substanz. Erforschen Sie die Welt an der spürbaren Wurzel Ihrer Suchttendenz. Wie fühlt sie sich an? Wie sind Raum und Zeit an der spürenden Wurzel Ihrer Sucht oder Suchttendenz beschaffen? Wie ist die Atmosphäre in jener Welt? Leben Sie dort, erfahren Sie sie genau jetzt. Dies ist subtile Arbeit. Geben Sie ihr Zeit.

Fragen Sie sich nun, warum Sie diese Erfahrung so oft marginalisieren und statt dessen einen Ersatz, eine Substanz, zu sich nehmen. Wie können Sie sich dieser Welt öffnen und sie in Ihrem Leben gegenwärtig sein lassen? Notieren Sie sich etwas über diesen Zustand und darüber, wie Sie seiner Existenz bewußter sein können.

Die Arbeit an der spürenden Essenz, dem Träumen hinter Süchten, macht den ersten Teil unserer Suchtarbeit aus. Der nächste Schritt besteht darin, diese Arbeit mit Beziehungen und Gemeinschaftsfeldern zu verbinden. Die folgende Übung kann in Beziehung ausgeführt werden, oder man kann sich vorstellen, mit jemandem zusammen zu sein und durch die folgenden Erfahrungen zu gehen.

Teil II. Arbeit am Gemeinschaftsfeld

Stellen Sie sich die Atmosphäre um eine Person oder eine Gruppe herum vor, in deren Gegenwart Ihre Suchttendenzen aufzutreten scheinen.

Wenn Sie sich vorstellen, mit der anderen Person oder Gruppe zusammenzusein, sehen Sie sich selbst arbeiten und reden und in jener Atmosphäre leben. Nehmen Sie präzise wahr, wann Ihre Suchttendenzen auftreten. Fragen Sie sich, wonach Sie tendenziell hungrig sind, nach welcher Substanz, welchem Nahrungsmittel, welchem Getränk und welcher Art zu rauchen. Welche Tendenz entsteht in Ihnen?

Nehmen Sie diese Substanz nicht. *Dringen Sie statt dessen zur spürenden Essenz des Impulses hinter der Sucht vor.* Gehen Sie in die Essenz jenes Impulses, seine der Sucht vorangehende Erfahrung, in sein Träumen.

Inwiefern müßte sich die Atmosphäre in jener Beziehung, Gruppe oder Gemeinschaft ändern, um Ihre Suchtimpulse zu reduzieren? Stellen Sie sich eine neue Atmosphäre vor, in der Ihre Süchte nicht auftreten würden. Nehmen Sie, während Sie diese neue Atmosphäre imaginieren und schaffen, wahr, wie die andere Person, Gruppe oder Gemeinschaft sich verhält. Wie reagieren die anderen auf die neue, von Ihnen angeregte Atmosphäre?

Stellen Sie sich schließlich vor, andere dazu aufzufordern, mit Ihnen gemeinsam eine neue Atmosphäre zu schaffen; träumen Sie zusammen. Bringen Sie die anderen in jene neue Atmosphäre. Lassen Sie den oder die anderen an einem Schauspiel teilnehmen, an einer Meditation, einem Tanz, einer Geschichte oder einem verrückten Erlebnis. Fordern Sie die anderen auf, ebenfalls ihrer spürenden Erfahrung zu folgen.

Fragen Sie die anderen – oder stellen Sie es sich vor –, ob und wie ihre Suchttendenzen mit der Atmosphäre, wie sie war, verbunden sind, und untersuchen Sie, inwiefern die Veränderung in der Atmosphäre sich auf die Menschen, die Sie umgeben, ausgewirkt hat.

Dieses Experiment fordert Sie auf, darüber nachzudenken, daß der Körperzustand eines jeden in Zusammenhang steht mit der Atmosphäre, in der Menschen leben.

Die formelle Party

Ein Beispiel zweier meiner Freundinnen kommt mir in den Sinn; nennen wir sie Rhonda und Sally. Sie arbeiteten mit mir an ihren Suchttendenzen, die bei einer formellen Party in Erscheinung traten. Die Party war zu lang, Rhonda aß und Sally trank zu viel. Als sie nach Hause kamen, war beiden schlecht.

Während unserer gemeinsamen Arbeit erforschte Rhonda das Überessen und fand heraus, daß die spürende Erfahrung im Hintergrund Hunger war, Erregung. Ihr zufolge waren die Menschen auf der Party langweilig, zu normal, zu sozial und „konventionell". Rhonda wollte etwas Spannendes, sozusagen etwas zum „Reinbeißen". Sie marginalisierte ihre eigene Erregung und aß statt dessen. Um die Atmosphäre zu verändern, stellte sie sich vor, alle Gäste der Party dazu aufzufordern, über elektrisierende, kreative Dinge zu sprechen.

Sallys Erfahrung war eine andere. Während sie ihren Fokus darauf richtete, Luzidität über die Erfahrung hinter ihrer Suchttendenz zum Trinken zu erlangen, beschrieb sie die Atmosphäre auf der Party als „zu formell"; sie ließ sie angespannt werden und trieb sie zum Alkohol. Die Essenz des Trinkens stellte für sie „Ungezwungenheit" dar, Freiheit; die Freiheit zu sein, wie sie wollte, zu sagen, was sie sagen wollte. Für sie hätten alle ihre sozialen Regeln vergessen und unvorhersehbar werden müssen, um ohne Trinken aus der formellen Atmosphäre hinauszugelangen. Sie stellte sich vor, wie alle wild tanzten. Um die Atmosphäre zu verändern, stellte sie sich vor, alle dazu aufzufordern, ihr formelles Verhalten aufzugeben.

Das faszinierende, gemeinsame Element sowohl hinter Rhondas als auch hinter Sallys Partyerfahrung war die unangenehm soziale, gezwungene Atmosphäre. Beide Frauen reagierten mit verschiedenen Suchttendenzen, um die langweilige, angespannte Atmosphäre auszugleichen. Beide beteiligten sich daran, wünschten aber eigentlich jene Atmosphäre zu verändern, um zum Träumen hinter dem Konflikt zwischen Förmlichkeit und individueller Erfahrung zu gelangen. Statt diesen Konflikt bewußt anzuerkennen und die Essenz hinter Suchttendenzen auf luzide Art und Weise zu erforschen, haben die beiden, wie die meisten von uns, das Träumen einfach marginalisiert.

Die allgemeine Atmosphäre wirkt sich auf uns aus. In jedem von uns laufen Prozesse ab, die mit der gesamten Umwelt verbunden sind. Wenn man Luzidität über seine Süchte erlangt und sich der Konflikte in der Atmosphäre bewußt wird, verändert man sich und ist imstande, der Umwelt zu helfen, sich ebenfalls zu verändern. Der Kontakt mit dem Träumen verringert nicht nur Körperprobleme wie Süchte, sondern beinhaltet auch soziale Themen. Wenn man Luzidität über die eigene spürende Erfahrung erlangt, weiß man, wie man die Welt verändern kann. Man weiß, inwiefern man diese schwierige Welt ist. Wir schaffen die soziale Atmosphäre und deren Konflikte mit. In gewisser Hinsicht kann der eigene Körper zur Lösung führen, zum Träumen, das in Erscheinung zu treten versucht. Auf diese Weise ist man selbst eine schöpferische Gottheit, die alle Wesen in ihren Händen hält und die sowohl die Menschen als auch die Welt erschafft. Darüber hinaus, und das ist vielleicht das Wichtigste, wird das Gefühl der Trennung zwischen einem selbst und dem Göttlichen geheilt.

Zur Erinnerung

Falls Sie sich sagen, daß Sie keine Süchte haben, sehen Sie bitte noch einmal genau hin. Wir alle verfügen über Suchttendenzen.

Erforschen Sie den Zustand, nach dem Sie süchtig sind. Nehmen Sie die Substanz nicht, sondern erfahren Sie den spürenden Impuls hinter der Einnahme der Substanz auf luzide Art und Weise, und entfalten Sie ihn.

Wie muß sich die Atmosphäre in Ihrer Beziehung, Gruppe oder Gemeinschaft verändern, damit sich Ihre Suchtimpulse reduzieren?

Ihr Körper wird vom Tao beeinflußt und kann auch daran teilhaben, es zu verändern.

Kapitel 12

Ungebrochene Ganzheit in Beziehungen

*Wir sind sehr verschieden voneinander,
und wir sind auch gleich*

> *Ist der Geliebte überall,
> dann ist der Liebende ein Schleier.
> Doch wird das Leben selbst
> der Freund,
> lösen Liebende sich in nichts auf.* [83]

Der Meditation, dem indigenen Denken, der Quantenphysik und der Psychologie zufolge ist der Hintergrund dessen, was wir Alltagsrealität nennen, ein komplexer, spürender, der Nicht-Konsensusrealität zugehöriger Austausch. Er wird die Leere genannt, das Träumen, Wellenfunktionen oder das Unbewußte. Dieser spürende Austausch zwischen den miteinander verflochtenen Teilen bildet die Wurzel der Realität, eine Wurzel, die gewöhnlich nur von Poeten und Mystikern wahrgenommen wird. Von deren Standpunkt, vom Standpunkt der Nicht-Konsensusrealität aus, ist die Alltagswelt ein riesengroßes, halbmenschliches Feld, das aus Beziehungen, Flirts und Flashes besteht. Jeder von uns ist dann ein „Schleier", wie Rumi es ausdrückt. Wir sind bloß die äußeren Membranen der darunterliegenden spürenden, nichtlokalen Essenz. Während sich das Träumen entfaltet, werden Grenzen geschaffen, ein „Du", ein „Ich" und eine „Uhr" entstehen. Doch es scheint, als habe sich die Welt, das heißt, Sie und ich, darauf geeinigt, den träumenden Hintergrund des Miteinander-verbunden-Seins zu ver-

---

[83] *The Illuminated Rumi*, S 127

gessen. Wenn wir dieses Träumen vergessen, sind wir nicht mehr gleich wie auch voneinander verschieden: Wir sind einfach und vollständig voneinander getrennt.

Dennoch macht es der spürende Austausch zwischen den miteinander verflochtenen Teilen schwer, wenn nicht gar unmöglich, unsere Prozesse voneinander zu unterscheiden. Ungeachtet unserer Grenzen und Regeln, so nützlich sie auch sind, verspüren wir noch immer Verwirrung, Erstaunen, Ehrfurcht und Wut angesichts unserer Verflochtenheit. Man könnte sagen, wir haben ein Verflochtenheitsproblem.

Die Quantenphysik hat ebenfalls ein Verflochtenheitsproblem. Verflochtenheit erscheint in der Physik am deutlichsten in Bells Theorie der „Einen Welt".[84] Bells Formulierung der nichtlokalen Phänomene und David Bohms Versuch einer Erklärung der Nichtlokalität als Folge einer ungebrochenen Ganzheit des Feldes, in dem wir leben, spiegeln das berühmte Experiment wider, welches zeigt, daß im selben Moment entstehende einzelne Materieteilchen für immer miteinander verbunden sind.

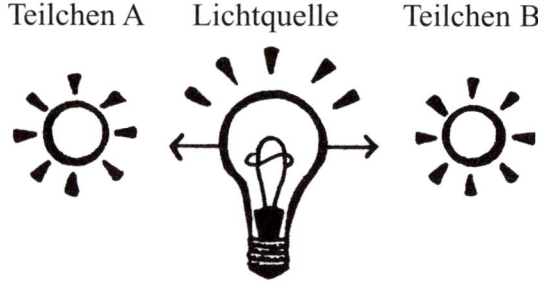

Denken Sie über die obige Darstellung nach. Sie sehen dort eine Lichtquelle und zwei Lichtteilchen oder Photonen, die aus jeder ihrer Seiten herausschießen. Das Experiment legt zwingend nahe, daß die beiden Photonen, Teilchen A und Teilchen B, die gleichzeitig und gemeinsam entstehen, für immer miteinander verbunden bleiben, wohin sie auch fliegen. Zunächst wurde diese Versuchsanordnung von Einstein, Podolsky und Rosen als Gedankenexperiment formuliert, um

---

84 Fand bereits in Kapitel 5 in Verbindung mit «Nichtarbeiten an sich selbst» Erwähnung.

die Quantentheorie zu widerlegen. Die Gleichungen der Quantenmechanik forderten nämlich, daß dabei nichtlokale Effekte im Sinne einer scheinbaren „Fernbeeinflussung" der beiden Teilchen auftauchen sollten, die viele beunruhigten. Ein nichtlokales Universum erschien Einstein wie vielen anderen Physikern widersinnig. David Bohms Erklärungsmodell, das Einsteins Bedenken entkräften sollte, fand durch Bell eine mathematische Formulierung, die eine experimentelle Entscheidung zwischen der lokalen (klassischen) und der nichtlokalen (quantenmechanischen) Erklärung erlaubte. Bells Theorem wurde in den 70er Jahren geprüft, und die von Alan Aspect durchgeführten Experimente sprachen für die nichtlokale Auffassung der Quantenmechanik. Obschon diese Ergebnisse viele Physikerinnen und Physiker schockierten, setzten sie sich mit weiterer Präzisierung der Experimente durch, obgleich sie im klassischen Sinne unerklärbar bleiben.

David Bohm, der Nobelpreisträger für Physik, formulierte das Experiment in Form einer neuen Hypothese neu, die auf einem Hintergrund „ungebrochener Ganzheit" beruhte, der alle Teile des Universums miteinander verbindet. Er vertrat die Ansicht, daß ein Hintergrund „ungebrochener Ganzheit" alle Teile des Universums miteinander verbindet. Andere Theoretiker zogen alternative Erklärungen für das Experiment in Betracht, einschließlich überlichtschneller Teilchen.[85] Ungeachtet der Erklärung, die man dafür findet, implizieren Experiment ebenso wie Theorie, daß es in unserer Welt eine unentwirrbare Verflochtenheit materieller Objekte gibt, die unser Dasein auf unerklärte Weise durchzieht.

Während in der Physik die Debatte um die Natur der Realität andauert, haben Meditierende und Träumende der Ureinwohner unsere Alltagsrealität bestehend aus Steinen, Bäumen, Stühlen, Tischen und Menschen von jeher als von Natur aus verbunden erfahren. Mit anderen Worten: Während wir untereinander verschieden sind, erfahren wir auch eine darunterliegende Verbundenheit miteinander. Dieses Kapitel befaßt sich mit jener gegenseitigen Verbundenheit in Beziehungen und benutzt dazu visuelle Flirts, das heißt, aufflackernde, flüchtige Wahrnehmungen, die jeweils nur Bruchteile von Sekunden währen.

---

85 Siehe *Quantum Mind*, Kapitel 18, für eine Erörterung der Argumente im Umkreis von Bells Theorem.

Virtuelle Flirts in der Psychologie

Auf den menschlichen Bereich übertragen, besteht eine Folge von Bells Theorem darin, daß wir alle miteinander verbunden sind, mit allem – mit dem Boden, auf dem wir gehen, den Wolken über uns, den Städten, die wir überfliegen, dem Teich, an dem wir vorbeifahren, den Ameisen, auf die wir treten, und den Viren, die wir miteinander teilen.

Die Psychologie verfügt über verschiedene Arten von Nichtlokalität und ihre eigenen Analogien zu Bells Theorem. Familientheoretikerinnen benutzen seit langem Feldtheorien, um vorherzusagen, inwiefern Mitglieder von Familien und kleinen Gruppen untrennbar miteinander verbunden sind. Denken Sie daran, wie der „identifizierte Patient", oftmals auf das Kind in einer Familie projiziert, die Rolle des leidenden Individuums spielt, mit dem sich niemand identifizieren will. Häufig geht es dem Kind besser, sobald einer der Erwachsenen das Leiden aufgreift und über sich spricht. Alle Teile des Systems sind miteinander verbunden.

Obgleich Jung, so weit wir wissen, nie die Feldtheorie in Betracht zog, hatte er eine Art intrapsychische Feldtheorie. Jung bemerkte, auf welche Art und Weise die Figuren in den Träumen zweier Menschen in einer Partnerschaft miteinander verbunden sind. In einer Zeit, da Heterosexualität als die einzig normale und maßgebliche Art der Beziehung angesehen wurde, waren Partner – Mann und Frau – in Träumen durch ein Liebespaar verbunden. Jung stellte sich die „Anima" des Mannes und den „Animus" der Frau, dem oben erwähnten Photonenpaar ähnlich, als unentwirrbar miteinander verbunden vor. Die Anima entsprach seiner inneren Traumfrau, und der Animus ihrem männlichen Traumgegenstück.

Ich würde Jungs Theorie gerne auf eine allgemeine Formel bringen, um alle Arten von Partnerschaft mit einzuschließen. Nennen wir jede Gestalt, zu der Sie sich in einem Traum hingezogen fühlen, einen „inneren Gefährten". Dieser innere Gefährte mag Ihr gegenwärtiger Partner sein, ein Freund aus der Vergangenheit, eine potentielle Freundin der Zukunft oder einfach eine Phantasiefigur ohne Bezug zur Alltagsrealität.

Jung erkannte, daß dieser Animus und die Anima wie die oben beschriebenen Photonen miteinander verbunden sind; das Verhalten des

Animus beeinflußte die Anima und umgekehrt.[86] Anstatt von Photonen sprach Jung von Traumfiguren. Wir können nun von einem umfassenderen Standpunkt aus sagen, daß unsere „inneren Gefährten" sich wie virtuelle Teilchen verhalten; sie kommunizieren auf unerklärliche Weise miteinander. Indem wir das heterosexuelle Vorurteil loslassen, fällt es uns leichter zu sagen, daß die eigenen Gefühle mit den Gefühlen und Ideen des Partners verbunden sind. Dieser Gedanke stellt eine Art Teilchentheorie in der Psychologie dar, eine Traumteiltheorie.

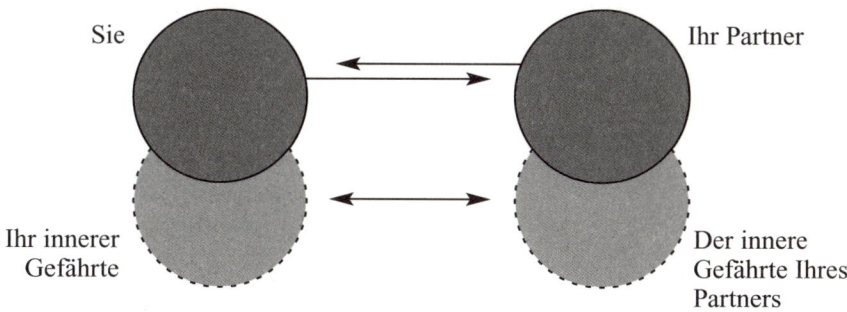

Unbewußte Teile von uns verhalten sich wie verflochtene Photonen

Während Sie und Ihr Partner durch Sprechen, Gestikulieren und den Austausch von Signalen kommunizieren, die man auf einer Videoaufzeichnung Ihrer Kommunikation sehen kann, manifestieren die inneren Gefährten traumähnliche, miteinander flirtende Aspekte.

Selbst wenn Sie und ich nicht als Individuen im sozialen Sinne miteinander flirten, flirten traumähnliche Figuren in uns miteinander. Das heißt, Teile von uns, die man in Träumen sehen kann, tauschen flüchtige Blicke aus, während wir miteinander sprechen. Aufflackerndes Lächeln, flüchtige Blicke, kurze Verlegenheitsgefühle, Zögern, Schüchternheit und Dreistigkeit sind Flirts im Sinne nahezu unsichtbarer, flüchtiger Erfahrungen. Wir marginalisieren die meisten dieser Flirts. Wir versuchen, es zu vermeiden, jemandes Körper oder Kleider

---

86 In einem grob vereinfachten Beispiel für Jungs Theorie würde die Anima des Mannes, das heißt, seine Gefühle, launisch, wenn ihr Animus, das heißt, ihre Ideen, rechthaberisch wäre. Wäre die Anima glücklich, wäre der Animus möglicherweise entspannter und so fort.

anzustarren, doch wir kleiden uns so, daß unsere Kleider die Aufmerksamkeit des anderen erregen. Etwas in uns möchte Aufmerksamkeit auf sich ziehen und erkannt werden.

Sie mögen denken, daß Sie ganz frei aussuchen, was Sie tragen. Wären Sie jedoch luzider über Ihre spürende Erfahrung, würden Sie wahrscheinlich wahrnehmen, daß das von Ihnen gewählte Material Ihrer Kleidung Ihnen spürende Erfahrungen vermittelt, mit denen sich etwas in Ihnen verbunden fühlt. Überdies signalisieren die Farben und Formen Ihrer Kleidung, was Ihr Bewußtsein als sexy, schön, hübsch, stark, spirituell, müde, krank und so weiter interpretiert. Äußere Erscheinungen werden zusammengestellt, um miteinander zu flirten, obgleich die Essenz dieser Flirts nur mit Luzidität erfahren werden kann. Trauen Sie Ihrem Bewußtsein nicht, wenn es um die Interpretation der äußeren Erscheinung eines anderen geht, da Sie wahrscheinlich falsch liegen werden.

Die Zeichnung links unten impliziert, daß Flirten eine unbewußte Kommunikation darstellt, die im Träumen und mitunter in der Alltagsrealität erfahrbar wird und auch in in den Gestalten des nächtlichen Traumlandes gesehen werden kann. Folglich beziehen wir uns auf verschiedene Ebenen. Wir senden beabsichtigte Signale aus wie „guten Tag" und „auf Wiedersehen". Wir senden unbeabsichtigte Signale aus, indem wir durch einen hängenden Kopf Traurigkeit ausdrücken, während wir sagen, daß es uns gut geht. Und wir flirten miteinander mittels aufflackernder Gefühle, die der sichtbaren Kommunikation oder

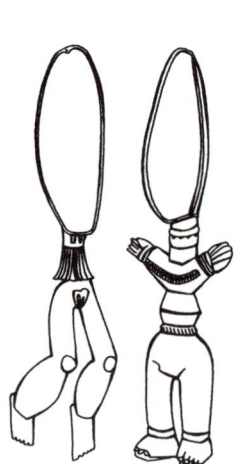

Signalen vorangehen und so schnell ablaufen, daß sie auf der Videoreproduktion eines Gesprächs nicht wahrzunehmen sind. Diese aufflackernden Gefühle kommen vom Träumen, vom verflochtenen Zustand der ungebrochenen Ganzheit her.

Es ist unmöglich, das Träumen oder die nicht auf Konsens beruhende Kommunikation in Teile zu brechen und festzulegen, welche Traumfigur oder spürende Erfahrung exakt zu wem gehört oder welche Person was zuerst getan hat. Daraus müssen wir schließen, daß wir wie Zwillingsphotonen miteinander verflochten sind. Ich nenne diese Unteilbarkeit auf der Quantenebene von Beziehungen gleichgeartete spürende, das heißt, Gleichheit spiegelnde Wahrnehmung. Sie und Ihr Partner können auf der Alltagsebene sehr verschieden sein, und dennoch mögen Sie dieselben oder ähnliche Eigenschaften im Träumen manifestieren.

Vom luziden Standpunkt in Beziehungen, vom Standpunkt des Träumens aus, betrachte ich mich selbst, wenn ich dasjenige an Ihnen betrachte, was meine Aufmerksamkeit erregt. Mit anderen Worten, aus der Sicht des Kleinen Ich bin ich von mir selbst in Ihnen angezogen. Oder ich ziehe mich selbst an. Oder Sie sind ich, oder ich bin Sie. Nur in der Alltagsrealität meinen wir, von unseren Gegensätzen angezogen zu werden. Die obige, von südpazifischen Ureinwohnern stammende Zeichnung, stellt diese wesentliche Gleichheit dar.[87]

Vom Blickpunkt meines Alltagsfokus auf die Konsensusrealität sind wir verschieden. Aus der Perspektive des Träumens zieht mich an Ihnen an, was das Kleine Ich vergessen hat – das größere Selbst, das wir teilen.

Gleichgeartete spürende Wahrnehmung des Sternzeichens Fische

Sie werden sich an das Beispiel aus Kapitel 10 erinnern, als ich einen großen Fisch wahrnahm, während ich meine Hände in spürender Art und Weise auf den Rücken meines Freundes legte. Darauf entfalteten wir das „Fische-Träumen" gemeinsam. Er erzählte mir von seiner Fischnatur, was mich dazu veranlaßte, über meine zu sprechen. Wir teilten Eigenschaften, die Astrologinnen und Astrologen Fischen zuschreiben: sensibel, emotional, sonnig, leicht zu beeindrucken, verträumt, kreativ, medial veranlagt und mystisch.[88]

Ein Fisch im Rücken meines Freundes flirtete mit meiner spürenden Wahrnehmung. Der Fisch war unsichtbar; man könnte ihn nicht auf

---

[87] Aus *Art Mania 10.000*. Ohne Verweis auf ein bestimmtes Volk von Ureinwohnern, wahrscheinlich deshalb, weil es sich hierbei um indigene Kunst handelt.

[88] Unter „Fische (Astrologie)", Microsoft® *Encarta*® *97 Encyclopedia*©,1993–96 Microsoft Corporation, ist zu lesen: „Fische neigen zum Idealismus; manchmal wird die reale Welt zu hart und zu häßlich für sie. Um unangenehmen Realitäten zu entfliehen, ziehen sich manche Fische in ihre Träume und Phantasien zurück und werden ausweichend oder sogar betrügerisch. Andere entfliehen auf produktive Weise durch gemeinnützige Arbeit, die Künste, Religion, Meditation und Einsamkeit. Fische sind gute Zuhörer, vermögen verschiedene Seiten von Themen zu sehen und besitzen oftmals großes Mitgefühl für das Leiden anderer."

einer Videoaufzeichnung meines Freundes sehen. Jener Fisch war weder seiner noch meiner, sondern ein Aspekt des Träumens, das uns verband. In der empirischen Welt der Alltagsrealität läßt sich nicht sagen, wer der Fisch war. Doch das störte uns nicht; wir waren glücklich, einfach im Wasser zu sein.

Alles, was mit einem flirtet, ob das Flirten nun von einem Baum, einem Stein oder einer Person stammt, alles, was Beobachtungen, Projektionen und alltäglichen Reaktionen vorangeht, war zunächst das Träumen, das sich dann entfaltete.

Die Ebenen des Bewußtseins

Mit dem spürenden Hintergrund von Beziehungen und Gruppen zu arbeiten ist „präventive" Beziehungsmedizin. Wenn man die Wurzeln der Erfahrung zu fassen bekommt, reduziert man die dramatische Natur von Projektionen. Umgekehrt wird man ohne Luzidität über Dinge am anderen, die die eigene Aufmerksamkeit erregen, glauben, daß jene Dinge – wie der Fisch – ausschließlich zum anderen gehören und nicht zu einem selbst.

Die Marginalisierung der eigenen Erfahrungen ist der Beginn der Projektion. Die meisten explosiven und schwierigen Situationen in Beziehungen wären zu verbessern gewesen, hätte man sich der ungebrochenen Ganzheit erinnert, die uns verbindet.

Die folgende Übung ermutigt Sie zur Luzidität in Beziehungen. Im Folgenden werden Sie dazu aufgefordert, die subtilsten flirtähnlichen Prozesse zu verbalisieren. Während Sie mit einem anderen zusammensitzen oder sich das vorstellen, werden Sie beginnen, verschwommen zu werden und dann Ihre Aufmerksamkeit auf die Atmosphäre in der Beziehung zu fokussieren. Dies mag neu für Sie sein, da Sie vielleicht nicht daran gewöhnt sind, verschwommen zu sein oder über Dinge zu sprechen, die schwer zu verbalisieren sind. Sie werden Ihre Aufmerksamkeit auf unterschwellige, dem Bereich des Spürens zugehörige Beziehungsphänomene richten und aufflackernde Aspekte der anderen Person, die Ihre Aufmerksamkeit erregen, wahrnehmen.

In vergangenen Zeiten und in den Kulturen der Ureinwohner begaben sich Schamanen in Trancezustände, trommelten und erforschten spürende, veränderte Bewußtseinszustände. Sie erfuhren dabei kulturelle Unterstützung, und ihre Arbeit wurde als ein entscheidender Teil des Lebens betrachtet. Heute stellt man mitunter fest, daß man alleine ist, wenn man in spürender Art und Weise an Beziehungen arbeitet. Das erfordert Mut.

Obgleich man nicht über unterschwellige und irrationale Phänomene reden sollte, mag es für die folgende Übung hilfreich sein, daran zu denken, daß man nicht wirklich über sich selbst oder irgendeinen anderen spricht, wenn man die spürende Erfahrung zum Ausdruck bringt, sondern über das Feld zwischen sich und der anderen Person.

Übung in Beziehungsbewußtsein

Beginnen Sie so, wie sonst auch, wenn Sie mit jemandem Zeit verbringen oder reden. Da Sie momentan dieses Buch lesen, beginnen Sie damit, sich ein Gespräch mit jemandem vorzustellen, der Sie aus irgendeinem Grund interessiert.

Seien Sie verschwommen, fangen Sie an zu meditieren, und sprechen Sie laut aus, wie sich die Atmosphäre zwischen Ihnen anfühlt. Ist sie lustig, schwer, deprimierend, beängstigend oder etwas anderes?

Wenn Sie bereit sind, experimentieren Sie nun damit, der träumenden Atmosphäre zu erlauben, in Form von Flirts und Flashes in Erscheinung zu treten. Es könnte notwendig sein, daß Sie sich zunächst entspannen und verschwommen werden. Schließen Sie einen Moment lang Ihre Augen. Wenn Sie bereit sind, öffnen Sie Ihre Augen halb, und betrachten Sie die andere Person. Erlauben Sie Ihrem Unbewußten, jene vorbeirasenden Flashes wahrzunehmen, die von der anderen Person oder dem sie umgebenden Bereich auszugehen scheinen. Nehmen Sie wahr, was mit Ihnen flirtet. Marginalisieren Sie nicht, was Sie sehen oder fühlen. Erlangen Sie statt dessen Luzidität über die spürende Erfahrung.

Richten Sie Ihren Fokus nun auf jenen Flirt. Finden Sie seine Essenz, die Gefühlsatmosphäre, die er erzeugt. Bleiben Sie nicht bei der äußeren Sache, sondern dringen Sie zu ihrem Samen vor, ihrer Tendenz. Sie richten Ihren Fokus auf das geheimnisvolle Feld zwischen Ihnen und der anderen Person.

Wechseln Sie nun die Form. Versuchen Sie, die Essenz zu spüren und sich in die Welt der Essenz dessen zu bewegen, was mit Ihnen geflirtet hat, jener Eigenschaft „der anderen Person". Wenn Sie bereit sind, stellen Sie sich vor, die flirtende Erfahrung habe einen eigenen Geist. Werden Sie zu jener Eigenschaft der „anderen" Person; schlüpfen Sie in deren Geist.

Betrachten Sie sich schließlich durch die Augen jener Eigenschaft. Übermitteln Sie sich selbst eine Botschaft, oder lassen Sie eine Diskussion zwischen Ihrem gewöhnlichen Selbst und der flirtenden Essenz entstehen. Dies mag sehr irrational sein, doch lassen Sie es geschehen, vierundzwanzig Stunden luzid zu träumen. Sehen Sie durch die Augen jenes Elementes der „anderen" Person, das mit Ihnen flirtete, und geben Sie sich selbst eine Botschaft. Worin besteht diese Botschaft?

Wenn Sie in der Lage sind, mit der anderen Person in veränderte Bewußtseinszustände einzutreten, und die andere Person dazu bereit ist, versuchen Sie, zusammen zu träumen. Entfalten Sie das gemeinsame Träumen miteinander.

Überlegen Sie sich danach, wie und warum Sie beide jene Erfahrung marginalisieren. Sprechen Sie über die Atmosphäre, das Feld zwischen Ihnen und den Grund, weshalb Sie beide dazu tendieren, jene Erfahrung zu marginalisieren.

Seien Sie luzid über die Atmosphäre und das Feld, in dem Sie leben. Diese Atmosphäre ist das Träumen. Sehen Sie die andere Person an; erkennen Sie, wie die Atmosphäre in einem Flirt, der anscheinend von ihr ausgeht, erscheinen kann. Würdigen Sie diesen Flirt auch als Teil Ihrer selbst.

Liebe zu sich selbst

Wie vorher erwähnt, stellt die spürende Art der Beziehungsarbeit die allgemeine Annahme in Frage, daß wir uns zu unserem Gegensatz hingezogen fühlen. Wie das obige Beispiel zeigt, befindet man sich immer in dem Prozeß, sich zu sich selbst hingezogen zu fühlen. Die Objekte und Menschen, die Sie anziehen und empören, sind Sie selbst. Die Methode, vierundzwanzig Stunden luzid zu träumen, vermittelt Ihnen das Gefühl, daß alles, was Sie ansehen, Ihr erweitertes Selbst oder Ihre Gemeinschaft ist.

Für gewöhnlich identifizieren Sie sich mit Ihrem Namen. Ihr Alltagsverstand meint wahrscheinlich, daß die Menschen, die Sie interessieren, nicht Sie selbst sind. Wer an seiner Alltagsidentität festhält, marginalisiert das Große Ich und erzeugt innere Spannung, äußeren Konflikt und Mißverständnis.

In der Konsensusrealität sind wir voneinander getrennt. Ich bin ein Individuum. Ich bin Arny, und Sie sind, wer auch immer Sie sind. Ich komme aus dieser Kultur; ich habe diese Hautfarbe, dieses Geschlecht, diese sexuelle Ausrichtung, dieses Alter, diesen Hintergrund und so fort. Wir sind verschieden. Es besteht eine unglaubliche Schönheit in unserer Vielfalt. Doch diese Vielfalt wird zum Teil durch die Marginalisierung unserer spürenden Erfahrungen erzeugt. Es ist wichtig, unsere Unterschiede zu erkennen und für sie einzustehen. Doch lediglich Bewußtsein über unsere Standpunkte der Konsensusrealität und deren politische und soziale Realität zu erlangen kann das Träumen marginalisieren. Konsensusrealität und Nicht-Konsensusrealität sind zwei Ebenen der Realität, die sich in einem ewigen Kampf miteinander befinden. Die Geschichte ist die Geschichte des Kampfes zwischen Verschiedenheit und Gleichheit, Vielfalt und Einheit. Die meisten von uns sind der Vielfalt in der Konsensusrealität nicht genügend gewahr oder ausreichend luzid über unser gemeinsames Träumen.

Meine Erfahrungen mit Großgruppenprozessen und Unternehmen, ebenso meine Erfahrungen beim Prozessieren der Atmosphäre in Familien, Gruppen und Städten haben mir gezeigt, inwiefern Konflikt über das Potential verfügt, die Sensibilität für Verschiedenheit zu erhöhen. Bewußtsein hinsichtlich sozialer Rangsysteme kann für diejenigen mit einem niedrigeren Rang eine Sache von Leben und Tod sein.

Ein Bewußtsein über Vielfalt zu erlangen, ist schwer genug. Doch Sie dürfen hier nicht aufhören. Es ist zu wenig. Sie müssen einen Schritt weitergehen. Das bedeutet, daß Sie Ihre Verschiedenheit entdecken und *zugleich Ihre Gleichheit*. Je bewußter Sie über den anderen sind, desto mehr können Sie sein Anderssein schätzen. Je luzider Sie sind, desto näher fühlen Sie sich allen anderen. Sie teilen dasselbe Schicksal wie jeder, der Ihre Aufmerksamkeit erregt.

Die Arbeit mit verschiedenen Gruppen von Ureinwohnern rund um die Welt bedeutet eine große Ehre für mich und eine Quelle unermeßlichen Lernens. Ich habe gelernt, daß Mitglieder dieser Gemeinschaften oftmals auf einer Ebene miteinander umgehen, als seien sie identisch, als seien sie eine „Familie". Wenn sie „Schwester und Bruder" sagen, meinen sie damit zum Teil „du bist anders als ich, doch auch gleich". Wir befinden uns in der gleichen Familie, zusammen mit allen anderen fühlenden Wesen, die alles umfaßt, was unsere Aufmerksamkeit erregt, einschließlich der Töpfe und Pfannen, der Bäume, Autos und Tiere.

Viele meiner Leserinnen und Leser stammen aus Kulturen oder Familiensystemen, deren Traditionen noch immer das gleichzeitige Wahrnehmen von Vielfalt und Gleichheit, Bewußtsein und Luzidität begrüßen. In diesen Kulturen sind die Pflanzen und Bäume, die Tiere und die Erde unsere Verwandten. Es gibt eine Menge von unseren indigenen Verwandten zu lernen. Indigene Traditionen unterstützen die spürende Erfahrung der Welt und sind sich darüber bewußt, daß, was auch immer irgend jemandem oder irgend etwas geschieht, einem selbst geschieht.

Seien Sie mutig im täglichen Kontakt und im Gespräch; schalten Sie auf das Träumen um. Wechseln Sie die Ebene Ihrer Kommunikation; gelangen Sie zur spürenden Essenz Ihrer Unterhaltung. Sprechen Sie über die Atmosphäre und die Flirts. Begreifen Sie Beziehungen als eine Gelegenheit. Nehmen Sie reale Menschen als die helle Seite des Mondes, und das Gefühl, von jemandem angezogen oder abgestoßen zu werden, als die dunkle Seite desselben Mondes, als eine Chance, vierundzwanzig Stunden luzides Träumen zur Erforschung der spürenden Realität anzuwenden. Denken Sie daran, daß unser getrenntes Selbst, Ihr Kleines Ich und mein Kleines Ich, Ihre und meine Identität mit Sicherheit sterben. Doch unsere spürende Gleichheit währt ewig; unsere Beziehung ist nichtlokal, zeitlos und unsterblich.

Ohne Luzidität werden Beziehungsprobleme niemals vollständig zu lösen sein, Leben und Tod immer die großen Trenner bleiben. Mit Luzidität jedoch gibt es keine Trennung, keinen Tod. Sie und Ihr Freund können nie auseinandergehen, da Sie beide immer gerade ankommen. Dies erinnert mich an einen schönen Satz von Thich Nhat Hanh, dem vietnamesischen buddhistischen Mönch: „Sage nicht, daß ich morgen fortgehe; selbst heute komme ich noch an."[89]

---

[89] Aus seinem wunderbaren Buch *Nenne mich bei meinem wahren Namen*. Freiburg: Herder, 1998.

Zur Erinnerung

Wir verbinden uns auf spürende Art und Weise miteinander, wie Zwillingsphotonen – wir sind verflochten, miteinander verbunden, nichtlokal und überall.

Es erfordert Mut, Flirts in Beziehungen zu folgen.

Es erfordert noch mehr Mut, zur Essenz dieser Flirts zu gelangen und nicht von deren Abbildern im Alltagsleben hypnotisiert zu werden.

Die tiefsten Beziehungsfragen sind vermutlich nur mit Luzidität zu lösen.

Kapitel 13
Träumen als Weltarbeit
Luzidität und Bewußtsein in Großgruppen

Man muß die Veränderung sein, die man in der Welt zu sehen wünscht.
Mahatma Ghandi

Bis hierher haben Sie möglicherweise gefühlt, daß vierundzwanzig Stunden luzides Träumen Ihnen dabei hilft, in Ihrem Inneren ein größeres Gefühl der Vielfalt und inneren Verbundenheit mit allen Wesen zu schaffen. Doch kann es Ihnen auch helfen, Konflikte in Gruppen und in der Welt als Ganzes zu lösen? Wird die Harmonie, die mit der Entdeckung einhergeht, daß man selbst der oder die andere ist, nicht das eigene Bewußtsein für Vielfalt und das Interesse an sozialem Wandel auslöschen?

Während eine erhöhte Luzidität unser Interesse an sozialem Wandel auf den ersten Blick zu verringern scheint, ist ihr Effekt in der Tat das Gegenteil. In diesem Kapitel werden wir sehen, wie Luzidität benutzt wird, um Fragen der Vielfalt zu prozessieren. Ohne Luzidität wird sich die Welt letztlich nicht verändern.

Das Problem besteht darin, daß die losgelöste und mystische Erfahrung der Luzidität, das Gefühl nämlich, der andere zu sein, einen gegenüber Konflikten blind machen kann, sofern man nicht auch über Bewußtsein verfügt. Aus diesem Grunde bezeichnete Marx Religion als Opium für das Volk. Indem man auf die Ewigkeit fokussiert, kann man leicht die Probleme von heute übergehen. Viele Mystikerinnen und Mystiker tendieren dazu, auf Uneinigkeit und Widerstand herabzusehen und zu implizieren, daß etwas mit den daran beteiligten Menschen nicht stimmt.

Nach meiner Erfahrung jedoch treten Überleben und die Lösung schwerwiegender Konflikte am schnellsten ein, wenn Luzidität über das

Träumen und ein Bewußtsein für die daraus hervorgehende Vielfalt gleichermaßen vorhanden sind. Erleuchtung bedeutet letztlich Luzidität und Bewußtsein, und sie bringt Staunen über die Vielfalt und Vergnügen daran mit sich. Alleine bin ich nicht erleuchtet, aber zusammen haben wir eine Chance.

Mystizismus in soziales Handeln umsetzen

Bis hierher haben wir den mystischen Glauben verankert, daß man selbst die Welt ist, und zwar im Sinne der empirischen Erfahrung ebenso wie im Sinne der indigenen und westlichen Wissenschaft. Mystikerinnen und Mystiker aller Religionen, Taoisten, Buddhisten und Hindus ebenso wie einige Quantenphysikerinnen und -physiker, sie alle stimmen darin überein, daß wir aus ein und demselben Stoff gemacht sind: aus Sternenstaub. Wir alle teilen dieselben Teile in der Traumzeit; wir sind quantenverflochten, das heißt in der Nicht-Konsensusrealität schwer voneinander zu trennen. Um diese Einsichten in den Alltag einzubringen, müssen wir uns im luziden Leben üben, das heißt Flirts wahrnehmen und zu deren Essenz gelangen, um das Träumen herauszubringen und unsere Akzeptanz der Vielfalt zu erhöhen.

Heiße Momente

Als Individuum nehmen Sie die ganze Zeit über Dinge wahr, die mit Ihrer Aufmerksamkeit flirten. Ohne die Methode, vierundzwanzig Stunden luzid zu träumen, tendieren Sie dazu, diese Dinge zu marginalisieren. In dieser Arena verhalten sich Gruppen ebenso wie Individuen. Nennen wir die Momente, die mit Gruppen flirten, „heiße Momente". Dies sind emotionale Momente, die die Aufmerksamkeit einer Gruppe erregen, aber zu erstaunlich oder zu unbequem sind, als daß die Gruppe den Fokus darauf richten könnte; daher werden sie übergangen. Um sie wahrzunehmen, muß eine ganze Gruppe über Luzidität verfügen.
    Stellen Sie sich den folgenden Gruppenprozeß im Themenbereich des Rassismus vor. Sozialaktivistinnen und -aktivisten debattierten wäh-

rend eines großen, spannungsgeladenen offenen Forums in den Vereinigten Staaten mit einer Frau aus einer Mainstreamgruppe über ihre Ignoranz hinsichtlich der Unterdrückung in ihrer Gegend. Stur hielt sie an ihrer Position fest und wies jegliche Verantwortung für die traurige Geschichte der Unterdrückung entrechteter Menschen von sich.

Ihrer Ansicht nach sollten die Sozialaktivistinnen weniger wütend und laut sein. Natürlich machte dies bloß die nicht dem Mainstream zugehörigen Gruppenteilnehmer und Aktivistinnen wütend, die ihr die Situation zu erklären versuchten. Die Szene eskalierte und führte in eine Sackgasse.

Inmitten dieser aufgeheizten Situation begannen die Glocken der nahegelegenen Kirche zu läuten. Alle waren einen Moment lang still, hörten die Glocken und fuhren mit der hitzigen Debatte fort. Die Facilitatorinnen waren jedoch luzid. Sie bekamen das „flirtende Geläut" zu fassen und baten die Gruppe, einen Moment abzuwarten, solange die Glocken läuteten. Die Facilitatorinnen baten die Gruppe, die läutenden Glocken zu fühlen. Auf einmal durchbrach eine Stimme das herrschende Schweigen und die Glockenklänge, indem sie ruhig verkündete, die Glocken würden sie an Christus erinnern.

Die Facilitatorinnen nahmen das auf und „entfalteten" die Erfahrung der Glocken, indem sie darauf hinwiesen, daß sich die Figur Christi in irgendeiner Art und Weise in der Hintergrundatmosphäre befinden könnte. Sie erkannten an, daß nicht jeder in der Gruppe ein Christ war, dennoch aber sprachen alle von Christus als einer fehlenden Rolle, einem notwendigen, die Vielfalt symbolisierenden Teil der allgemeinen Situation. Die Facilitatorinnen wiesen darauf hin, daß das Gefühl von Jesus präsent sei, und fragten, ob irgend jemand für Ihn sprechen könne, als sei Er anwesend. Das fand Zustimmung, und einige gaben einen Moment lang vor, Jesus Christus zu sein. Sie zeigten Mitgefühl für alle Menschen, für jene, die in dieser Stadt unterdrückt wurden, ebenso wie für diejenigen, die unterdrückten, einschließlich der sturen Frau, die dem Mainstream angehörte. Die Jesusfiguren strahlten eine solche Güte aus, daß alle zuhören mußten.

Die dem Mainstream angehörige Frau war berührt; sie brach zusammen und weinte. Alle schwiegen. Nach ein paar Minuten gab sie ihre unhaltbare Position auf und bat alle um Verzeihung für das, was sie gesagt hatte. Sie erkannte ihre Verantwortung in bezug auf die andauernde Unterdrückung an und versprach, sich mehr Bewußtsein für gegenwärtige soziale Themen anzueignen und sich mit ihrer eigenen rassistischen Familie auseinanderzusetzen.

Ob wir uns in einer Gruppe befinden oder alleine sind: Das Träumen flirtet mit uns und versucht, den Hintergrund der ungebrochenen Ganzheit in eine Welt zu bringen, die in Teile aufgespalten ist. Luzidität über die spürende Essenz flirtender Ereignisse und heißer Momente wie die läutenden Glocken schafft Bewußtsein und Toleranz gegenüber Vielfalt. So sind Konflikt und Harmonie, Bewußtsein für Teile und Luzidität über den einheitlichen Hintergrund von entscheidender Bedeutung, wenn es darum geht, Lösungen für Weltprobleme zu finden.

Individuum und globales Tao

Innere Arbeit und Weltarbeit

Unsere Welt gleicht einem Wasserkessel auf dem Herd, der infolge von Spannungen zwischen polarisierten Gruppen häufig überkocht. Diese spannungsgeladenen Momente stellen eine perfekte Gelegenheit dar, die Weltarbeit anzuwenden. Weltarbeit ist eine Methode der Gruppenarbeit, die auf der Annahme der „tiefen Demokratie" basiert, das heißt, jede Stimme und jedes Gefühl muß repräsentiert werden, damit eine Gruppe sich selbst kennt und ihre Probleme lösen kann. Die Methode, vierundzwanzig Stunden luzid zu träumen, ist ein zusätzlicher Weg, das Potential der Weltarbeit zu realisieren.

Es gibt viele Momente inmitten von Familien-, Gruppen- oder Stadtprozessen, in denen Sie Ihr luzides Bewußtsein anwenden können. So können Sie beispielsweise auf heiße Momente achten. Jene Momente wahrzunehmen, die mit der Gruppenaufmerksamkeit flirten, und zu deren Essenz zu gelangen kann zur Lösung führen, wie das vorhergehende Beispiel zeigt.

Eine andere Möglichkeit, Ihre Luzidität anzuwenden, besteht darin, Sprecherinnen und Sprecher in einem Gruppenprozeß zu bitten, von ihrem tiefsten Sein aus zu sprechen. Viele Menschen sind zu schüchtern, um in Gruppen zu sprechen, und wenn sie es dann tun, sprechen sie bloß aus der Sicht ihres Kleinen Ich, anstatt in luzider Art und Weise vom Standpunkt des Herzens aus.

Eine dritte Möglichkeit zur Anwendung Ihrer Luzidität liegt darin, Ihr Bewußtsein zu gebrauchen, um wahrzunehmen, wann Sie sich als „Gegner" fühlen. Sobald Sie gesprochen haben, bedeutet das Aufrechterhalten von Bewußtsein in einem Gruppenprozeß, wahrzunehmen, ob Sie noch auf Ihrer Seite stehen oder unbewußt dabei sind, die Seite eines anderen einzunehmen. Wenn dies der Fall ist, tun Sie das. Wechseln Sie die Rollen; Sie können sogar die Seite Ihrer Gegnerin einnehmen.

Zum Beispiel erinnere ich mich an eine bewegende Situation im Rahmen eines Großgruppenprozesses, der Rassenfragen zum Thema hatte. Ein Konflikt brach aus, als ein jüngerer schwuler Weißer einen älteren Afroamerikaner kritisierte, zu dominant zu sein. Der ältere Mann verteidigte sich zunächst. Als ihm jedoch bewußt wurde, wie sehr er eigentlich den Mut des jungen Mannes schätzte, seine Meinung frei zu äußern, räumte er ein, den jüngeren Mann zu mögen, und unterstützte ihn in der freien Äußerung seiner Meinung. Der Afroamerikaner sagte dem Weißen, er sei dabei, sich zu einem Ältesten zu entwickeln. Der ältere Mann hatte offenbar einen Flirt von dem jüngeren Mann ausgehen sehen. Er nahm die Kraft des jungen Mannes wahr und verband sich mit ihr. Anstatt zu streiten, trat der ältere Mann in jene Kraft ein und unterstützte den jungen Mann ebenso wie sich selbst. Es war ein eindrucksvoller Moment, die beiden Männer zu sehen, die, beide aus marginalisierten Gruppen stammend, mit Streit begannen und mit gegenseitiger Bewunderung endeten. Jener Vorfall brachte eine ganze Gruppe zusammen.

Jedesmal, wenn Sie etwas am „anderen" wahrnehmen, das Sie anzieht oder stört, und jedesmal, wenn Sie jenen Flirt erforschen und teilen, gestalten Sie gemeinsam das Träumen ebenso wie den Rollenwechsel. In gewisser Hinsicht lassen Sie Ihre Selbstdefinition fallen und erweitern sie, um den gemeinsamen Boden zwischen Ihnen und der anderen Person mit einzuschließen.

Die Selbstdefinition fallen zu lassen und zu erweitern stellt eine Art Formwechsel dar. Es ist einfacher, über den Formwechsel zu sprechen, als ihn zu vollziehen, da man, wenn man in schwierige Situationen gerät, vom Bewußtsein und der offenkundig polarisierten Situation der Vielfalt fasziniert wird. Die Ausübung der Weltarbeit erfordert ein hohes Maß an innerer Disziplin, Übung und Meditation. Das eine ist nicht tragfähig ohne das andere.

Die folgende Übung in innerer Arbeit hilft Ihnen, sich durch Gruppenprobleme mit Ihrer Familie, Gruppe und Organisation hindurchzubewegen. Sie gibt Ihnen die Möglichkeit, verschiedene Momente in Gruppenprozessen wahrzunehmen, in denen Luzidität eine große Hilfe sein kann.

Träumen in der Weltarbeit

Denken Sie an eine Familie, Gruppe, Organisation oder ein Unternehmen, das Sie in der letzten Zeit beschäftigt hat. Welche dieser Gemeinschaften erregt Ihre Aufmerksamkeit in diesem Augenblick?

Wie ist die Atmosphäre in jener Gruppe oder jenem Teil der Gruppe? Ist sie rauh, angenehm, angespannt, auf Wettbewerb ausgerichtet, friedlich oder partyähnlich?

Nehmen Sie sich einen Augenblick Zeit, und fragen Sie sich nach der spürenden Essenz hinter jener Atmosphäre. Was liegt hinter der Atmosphäre, was ist ihre Wurzel? Aus welchem Samen hat sich diese Atmosphäre entwickelt? Wird dieser Same in der Gruppe repräsentiert? Wie könnten Sie diesen Samen repräsentieren und andere dazu ermutigen, dasselbe zu tun? Notieren Sie eine kurze Bemerkung über diesen Samen.

Richten wir den Fokus nun auf die äußeren Rollen im Feld. Wer oder was ist das scheinbare Thema? Wer sind die Anführerinnen und Anführer, wer die Mitläufer und wer die spirituellen Ältesten? Wer fühlt sich herabgesetzt, wer sind die Unterdrückenden? Welche anderen

Rollen existieren in jener Gruppe? Wer hat in Ihrer Gruppe die marginalisierte Rolle inne?

Stehen Sie mit irgendeiner Person oder Rolle in jener Gruppe in Konflikt? Nehmen Sie sich einen Augenblick Zeit und erinnern Sie sich an das Verhalten der Person in jener Rolle. Was genau ärgert Sie an diesem Menschen?

Sehen Sie sie, und experimentieren Sie dann damit zu fühlen, wie die andere Person fühlt. Dies ist nicht leicht, seien Sie also geduldig mit sich. Was ist die spürende Essenz ihres Fühlens? Ist dies ein Teil Ihrer selbst, den Sie marginalisiert haben? Fühlen Sie sich in jene Rolle oder Person hinein, bis Sie diese Erfahrung nicht mehr marginalisieren.

Wenn Sie fertig sind, vollziehen Sie einen Formwechsel; geben Sie sich eine Chance, die Rolle der anderen Person zu erfahren. Inwiefern haben Sie diese Rolle unbewußt gespielt? Dies ist eine schwierige Frage. Nehmen Sie sich einen Augenblick Zeit, und denken Sie darüber nach. Nehmen Sie einfach wahr. Kritisieren Sie sich nicht. Versuchen Sie, die Form zu wechseln und sich in die Rolle der anderen Person zu begeben, mit der Sie in Konflikt stehen. Experimentieren Sie damit, diese Person zu sein, sich wie sie zu verhalten. Fühlen Sie, wie es ist, sie zu sein, und versuchen Sie zu verstehen, woher sie kommt.

Konzentrieren wir uns nun auf die möglichen heißen Momente der Gruppe. Welche Ereignisse erregen die Aufmerksamkeit der Gruppe oder könnten sie hin und wieder erregen? Welches sind die heißen Momente, die sie tendenziell übertüncht? Identifizieren Sie einen solchen heißen Moment, und stellen Sie sich vor, mit der ganzen Gruppe darauf zu fokussieren. Entfalten Sie den heißen Moment in Ihrem eigenen Geist, stellen Sie sich vor, er ginge weiter, träumen Sie ihn weiter. Inwiefern ist die spürende Essenz des heißen Moments mit der spürenden Essenz der Person oder Rolle zu vergleichen, die Sie gestört hat?

Stellen Sie sich vor, bei einem künftigen Treffen Ihre Luzidität aufrechtzuerhalten; stellen Sie sich vor, eine Ihrer Erfahrungen hinsichtlich der spürenden Essenz einer Situation in den Gruppenprozeß einzubringen. Stellen Sie sich vor, über die Atmosphäre, die spürende Essenz der Person zu sprechen, die ein Problem für Sie darstellte; stellen Sie sich vor, heißen Momenten gegenüber luzid zu sein, wie im Beispiel der läutenden Glocken zu Beginn dieses Kapitels.

Denken Sie an Ihre Einzelarbeit aus früheren Kapiteln. Rufen Sie sich in Erinnerung, wie die Arbeit mit Ereignissen, die mit Ihnen geflirtet haben, Gebete beantwortete, die Sie nicht einmal formuliert hatten. Denken Sie darüber nach, wie die Entfaltung des auf der vorigen Seite angesprochenen heißen Moments eine mögliche Antwort auf die tiefsten und vielleicht unformulierten Gebete der Gruppe sein mag. Stellen Sie sich vor, diese Einsicht beim nächsten Treffen mit der Gruppe zu teilen.

Gemeinschaftsspannungen sind eine große Herausforderung und eine Gelegenheit, miteinander auf eine Selbstendeckungsreise zu gehen. Was kann Sie und Ihre Welt sonst noch zu Bewußtsein über die eigenen Teile und Menschen sowie in Richtung auf vierundzwanzig Stunden luzides Träumen führen?

Konfliktarbeit mit großen Gruppen

Meine Lehrerinnen und Lehrer in der Psychologie hielten es für verrückt, mit großen Gruppen zu arbeiten, und fanden, man sollte sie besser sich selbst überlassen. Sie dachten, Gruppen würden das geistige Niveau des einzelnen senken. Meine Lehrer hatten recht, doch sie hatten auch nicht recht. Gruppen fordern in der Tat das eigene geistige Niveau heraus, versetzen einen in veränderte Bewußtseinszustände, lassen einen Dinge fühlen, die man nicht fühlen will, erinnern einen an Angst, Haß und Wut, Ehrgeiz, Stolz, Demütigung oder Gier. Gruppen können beängstigend sein. Aus diesem Grunde meiden viele Menschen Großgruppenprozesse.

Doch diese veränderten Bewußtseinszustände sind nicht bloß Probleme, sondern auch Lösungen. Meine Empfehlung lautet, diese Probleme nicht zu marginalisieren, weil sie unangenehm sind. Erlangen Sie Luzidität und Bewußtsein, nehmen Sie das Problem auf, gehen Sie in es hinein, gehen Sie tiefer, und erkunden Sie die Zustände und Menschen, die mit Ihnen fllirten; gelangen Sie zur spürenden Essenz, und helfen Sie dem Ganzen, sich zu transformieren.

All dies zu erlernen mag sich leichter anhören, als es ist. Als ich mit Themen der Vielfalt zu arbeiten begann, war das meiste von dem, was sich abspielte, ein Konflikt. Und zu allem Übel kritisierten mich meine Kolleginnen und Kollegen aus anderen psychologischen Gemeinschaften. Manche waren der Ansicht, ich würde die Psychologie oder zumindest die Prozeßarbeit ruinieren. Warum sich für all diese sozialen Probleme öffnen? Doch ich hatte keine Wahl. Was waren meine Optionen? Ich konnte mich entweder allen diesen Problemen öffnen und lernen, wie ich nützlich sein und mich verändern kann oder in Hoffnungslosigkeit verfallen und die Welt kritisieren, unbewußt und gewalttätig zu sein.

In diesem Geist der Luzidität und Bewußtheit empfehle ich jedem, der sich für soziales Handeln und Psychologie interessiert, Weltveränderung und Meditation.[90]

Innere Arbeit ist notwendig, um die Gefühle zu verfolgen, die Sie während einer Gruppenarbeit empfinden. Es ist wichtig, daß Sie wahrnehmen und sich erinnern, wie Sie in die eine oder andere Rolle im Feld gedrängt werden, da diese Rollen potentielle Kräfte in Ihnen sind. Luzidität über Ihre spürende Erfahrung erlaubt Ihnen, Vielfalt zu verstehen und Rollen bewußt zu wechseln. Wir alle sind wirklich zu groß und haben zu viele Seiten, um in einer Rolle steckenzubleiben. Einzig unsere Alltagsidentität hindert Sie am Rollenwechsel, indem Sie darauf bestehen, daß Sie Sie sind und Ihr Feind der da draußen.

---

[90] Einzelheiten der Weltarbeit finden sich in: Arnold Mindell, *Das Jahr Eins. Ansätze zur Heilung unseres Planeten.* Olten: Walter, 1991, *Der Weg durch den Sturm – Weltarbeit im Konfliktfeld der Zeitgeister.* Petersberg: Via Nova, 1997, und *Mitten im Feuer.*
Kurz gesagt, schließen die Elemente der Weltarbeit Atmosphäre, Rollen, Rang und verrückte Weisheit mit ein. Wie ich zuvor gesagt habe, ist es wichtig, die allgemeine Gefühlsatmosphäre im Raum wahrzunehmen. Diese Atmosphäre mag angespannt oder entspannt sein. Luzidität über die Atmosphäre im Bereich des Spürens beobachtet, wie sich diese Atmosphäre in Polaritäten entfaltet wie den Unterdrücker, die Lehrerin, den Schüler, die Chefin und die Angestellten und so fort.
Entdecken Sie, wie sich das Feld in Form von Rollen manifestiert und wie wichtig Rang und Bewußtheit über jene Rollen sind. Unbewußtheit in bezug auf die Rolle, die Sie spielen, und den Rang, den sie in Ihrem sozialen Rahmen innehat, erzeugt Spannung und Angst.
Sie müssen Ihre Luzidität auch zur Wahrnehmung von Freude, verrückter Weisheit und Feiern gebrauchen. (An manchen Orten ist das Feld wirklich spannungsgeladen und fühlt sich ernst und dicht an, und es mag verboten scheinen, die ganze Szene luzid wahrzunehmen, als sei sie eine göttliche Offenbarung. Sie mögen sich bei der Konsensusrealität entschuldigen und Ihre Losgelöstheit erklären müssen, bevor Sie Ihre Ansicht mitteilen, daß die Welt ein göttliches Puppentheater ist und die meisten von uns dessen Puppen.)
Wenn viele miteinander konkurrierende Themen vorhanden sind, filtern Sie sie, und bitten Sie die Anwesenden, für dasjenige Thema zu stimmen, welches sie zuerst ansprechen möchten. Da wir auf spürende Art und Weise arbeiten, das heißt, indem wir das Gefühl wahrnehmen, wird

Erinnern Sie sich an Feynmans Diagramme für Teilchen in einem elektromagnetischen Feld? Ein Elektron tritt in ein Feld ein, und plötzlich werden andere Rollen erschaffen. Ein fließendes, luzides Elektron fühlt das Feld, wechselt die Rollen, indem es die Natur seines Antimaterie-Gegenstücks, des Positrons, annimmt, und tritt aus seiner gewöhnlichen Rolle der Konsensusrealität heraus. Die Quantenphysik legt nahe, daß Sie sich genauso verhalten können: Sie können versuchen, spürend zu sein und die Rollen zu wechseln.

Gruppenarbeit in Irland

Der Rollenwechsel verfügt über eine immense Kraft; er vermeidet Vernichtung, nicht nur unter Elementarteilchen, sondern auch in Gruppenprozessen. Eine erstaunliche Szene aus unserer Konfliktarbeit in Irland zeigt, wie machtvoll das Wechseln der Rollen sein kann.

Wir hatten ursprünglich geplant, in Belfast zu arbeiten, doch in dem Vorort, wo wir engagiert waren, herrschte zu viel Gewalt, als daß die Zusammenkunft zur Konfliktlösung hätte organisiert werden können. Ein paar Monate bevor wir in Irland hätten arbeiten sollen, organi-

---

sich herausstellen, daß beinahe alle Rollen und Themen miteinander verflochten sind. Sie können finanzielle Probleme nicht lösen, ohne sozialen Rang anzusprechen; Sie können Rang nicht ansprechen, ohne Sexismus und Rassismus anzusprechen; Sie können nicht an diesen Themen arbeiten, ohne den Fokus auf die Wirtschaft und auf Homophobie (starke Abneigung gegen Homosexualität) zu richten.

Sobald Sie eine Atmosphäre oder ein Thema identifizieren, treten verschiedene Rollen oder Polaritäten auf, das heißt, die verschiedenen Standpunkte innerhalb des Themas erscheinen.

Wenn Sie zum Beispiel ein Umweltproblem in Ihrer Stadt haben, gibt es einige Menschen, die auf der grünen Seite des Themas stehen und die Umwelt erhalten wollen, und auf der anderen Seite stehen Geschäft, Waldrodung oder Wachstum. Diese Polaritäten erzeugen im Moment eine bestimmte Atmosphäre oder ein Gefühl.

Es sind immer Geisterrollen vorhanden. Wenn Ihre Gruppe beispielsweise zusammenkommt und ein Umweltthema zu diskutieren beginnt und einige über die Kinder oder die Bäume sprechen, die davon betroffen sein könnten, dann sind die Kinder und die Bäume Geister, wenn sie nicht direkt zu sprechen vermögen. Sie sind Rollen, über die man spricht, doch noch werden sie von niemandem verkörpert. Rollen in einem Feld sind virtuell; sie werden gefühlt, doch in einer tiefen Demokratie kann man zu keiner vollständigen Darstellung gelangen, ohne nicht jeden und alles zu repräsentieren. Folglich müssen alle Geisterrollen in einer tiefen Demokratie ausgefüllt werden. In diesem Fall bedeutet dies, daß Menschen in die Rollen der Kinder und Bäume einsteigen und sprechen müssen.

sierte die Prozeßarbeitsgruppe aus Dublin dort ein Seminar. Etwa zweihundert Menschen aus ganz Irland kamen in einem großen Theater in Dublin zusammen, nur zwei Tage bevor das Friedensabkommen von 1998 unterschrieben wurde. Ich erinnere mich an eine ungeheuer spannungsgeladene Szene aus den Gruppenprozessen, die sich in jenen Tagen ereigneten.

Nachdem verschiedene Sprecherinnen und Sprecher die Probleme aus der nördlichen und aus der südlichen Perspektive diskutiert hatten, wurde ein Mann aus Irland in einen aufgeheizten Konflikt mit einem politischen Aktivisten aus Nordirland verwickelt. Beide bekämpften einander mit Worten, sie brüllten sich an, während die anderen sich um sie drängten.

Jeder sprach von dem überwältigenden Schmerz, daß er habe mitansehen müssen, wie ihre Familie durch die gegnerische Partei getötet wurde. Jeder hatte Verletzungen durch Bomben davongetragen. Keiner der beiden Männer wollte aufhören zu toben. Einer sagte sogar, er plane nicht, jemals damit aufzuhören. Dies war das erste Mal in fünfundzwanzig Jahren, daß er mit einem Mann von der anderen Seite gesprochen hatte.

An einem Punkt beharrte der Mann aus dem Norden darauf, daß er, obwohl er aus Großbritannien komme, noch immer ursprünglich Ire sei. Diese Aussage wirkte wie eine Bombe, und die Hölle brach los. Der Mann aus dem Süden brüllte ihn mit rot angelaufenem Gesicht in einer nicht enden wollenden Schimpftirade an. Unterdessen ermunterte und unterstützte die Gruppe die Männer und johlte, als sie weitermachten. Es war, als ob das Ungesagte schließlich zum Vorschein kam.

Doch dann erinnerte ich mich an Bewußtsein und Luzidität. Die helle rote Farbe des Halses eines der Männer flirtete mit mir. Dann nahm ich wahr, wie rot auch der andere Mann war. Ich erwischte diesen anscheinend irrationalen Flirt und fragte mich, warum sie beide so rot waren. In mir reflektierte ich und wußte, warum ich so rot war; ich war erschrocken, wütend und hatte Angst vor Gewalt und Tod. Ich hatte das Gefühl, der Tod verfolge mich.

Ich fragte einen der Männer nach der Röte an seinem Hals, und zu meinem Erschrecken und dem Erstaunen aller Anwesenden hörte der Mann, den ich angesprochen hatte, sofort auf zu schreien. Er hörte auf. Plötzlich war es still im Raum. Er hörte mich und antwortete mir. Er sagte, er habe gerade ein paar Wochen zuvor einen Herzanfall erlitten.

Es sollte noch mehr Schockierendes folgen. Sofort nachdem er gesprochen hatte, sagte sein Gegner, er leide an einem gefährlich hohen Blutdruck, und auch er habe Angst vor dem Tod.

Plötzlich strömten die Worte aus mir heraus. Ich wußte aus Erfahrung, wie schmerzvoll es ist, Sozialaktivist zu sein, und wie Aktivisten oft an schwerwiegenden medizinischen Problemen leiden. Ich rief laut: „Paßt auf, sonst werdet ihr euch umbringen, bevor ihr den Gegner vernichten könnt." Alle hielten inne. Dann taten diese erstaunlichen Männer etwas, was niemand hätte vorhersehen können.

Aus irgendeinem unerklärlichen Grund ging der Mann aus dem Süden auf die Seite des Mannes aus dem Norden. Seine alte Rolle hinter sich lassend, legte der Mann aus dem Süden seinen Arm um die schmalen Schultern seines Gegners. Ich war überwältigt. Alle waren überwältigt. Die Menschen in der Gruppe weinten und bewunderten diese beiden Männer, die das Zusammenkommen des Nordens und des Südens vorlebten, bevor der eigentliche Friedensvertrag am nächsten Abend in Dublin unterzeichnet wurde.

Ich hatte dem Mann aus dem Süden offenbar geholfen, sich an seinen Tod zu erinnern. In dem Moment konnte der Mann aus dem Norden sich mit ihm verbinden. Das Thema der Diskussion war das Töten gewesen, das bereits geschehen war. In gewisser Hinsicht ereignete sich der Tod noch einmal während jener Diskussion. Der Tod war der gemeinsame Nenner, das Träumen, das die Gegner zusammenbrachte.

Diese beiden Männer bestätigten erneut meine Hoffnung auf das Leben. Sie lehrten mich eine Menge. Sie zeigten mir, daß ihre Wut daraus resultierte, daß sie ansehen mußten, wie ihre eigenen Familien durch den Gegner getötet wurden. Sie lehrten mich, daß der Tod ringsherum war. Krieg heißt, daß Menschen einander töten. Krieg ist das Träumen des Todes.

Die meisten von uns Menschen hassen den Tod, wir meiden ihn, vergessen ihn, versuchen, ihn zu überwinden. Doch der Tod ist einfach die Unvermeidlichkeit des Wandels. Vielleicht ist Krieg der Tod, der sich selbst ins Leben träumt. Der Tod umgibt uns und erinnert uns daran, daß das Leben kurz, verwundbar und zu wertvoll ist, um es zu verschwenden.

Die Natur stellt uns zwei Möglichkeiten zur Wahl. Wir können einander vernichten wie das sprichwörtliche Elektron, das seine sture Vorwärtsbewegung in der Zeit aufrechterhält und von seinem Gegner vernichtet wird. Oder wir können das Leben eines luziden Wesens leben, das, wenn es in ein spannungsgeladenes Feld eintritt, in die Ewigkeit heraustritt. Die zweite Möglichkeit läuft im Rahmen von Gruppenprozessen darauf hinaus, Luzidität zu erlangen, zur spürenden Essenz des Dialoges vorzudringen; wahrzunehmen, was mit der eigenen Aufmerksamkeit flirtet, und zur Essenz von heißen Momenten zu gelangen, die mit Gruppen flirten. Rollenwechsel und Träumen folgen.

Konflikt ist ein Meisterlehrer. Er lehrt, daß man selbst und auch der andere als Folge eines universellen Prinzips miteinander verschmelzen, des Nondualismus des Träumens, des Nondualismus, der dem Tod oder der Relativität des Kleinen Ich folgt.

Wie erhalten Sie vierundzwanzig Stunden luzides Träumen aufrecht? Die Antwort lautet: Achtsamkeit, Konzentration und keine Ereignisse vermeiden, die Sie nicht mögen. Üben Sie. Fokussieren Sie. Schulen Sie sich. Die Welt ist eine ehrfurchtgebietende Meditationshalle. Lernen Sie, luzid und bewußt zu sein, während Sie sich inmitten all dessen befinden. Ich erinnere mich an den Rat Samuel Becketts, von dem mir einer der Konfliktteilnehmer in Dublin erzählte: Das Leben ist, als würde man ein Konzert geben, während man das Geigenspielen erlernt.

Zur Erinnerung

Seien Sie mutig und erwecken Sie Ihre Gemeinschaft wieder zu ihrer Luzidität. Teilen Sie die spürende Essenz der Rollen und heißen Momente, die Ihre Aufmerksamkeit und die der anderen auf sich ziehen.

Um die Welt zu verändern, seien Sie wie das Universum, sehen Sie Vernichtung kommen, und wechseln Sie die Rollen, das heißt, treten Sie aus der Zeit und Ihrem Kleinen Ich heraus.

Teil III
Luzides Leben

Kapitel 14

Liebesgeschichte, Doppelgänger

Das Große Ich, das Kleine Ich und der Doppelgänger

*Ich weiß nicht,
Wer hier in meiner Brust lebt
Oder warum das Lächeln erscheint.
Bin nicht ich selbst vielmehr der nackte
Grüne Knoten einer Rose,
Die jedes einzelne Blütenblatt
An den Morgenwind verloren hat.*[91]

So stelle ich mir die Rose vor, von der Rumi spricht.

Wer lebt in Ihrer Brust? Was bleibt, nachdem alle Blütenblätter von der Blume abgefallen sind? Was bleibt, wenn Ihr Körper dahinschwindet?

Einige Mystikerinnen und Mystiker beziehen sich auf dieses essentielle, ewige Ich mit verschiedenen Namen wie beispielsweise dem des „Doppelgängers". Ich denke an den Doppelgänger als die Qualität hin

---
91 Aus *The Illuminated Rumi* von Coleman Barks and Michael Green, S. 97.

ter all jenen Dingen, die mit einem flirten. Er ist die spürende Essenz, ein unsichtbares Gesicht hinter allen anderen Gesichtern, hinter den schrecklichsten und den herrlichsten Ereignissen, er ist die Weisheit in den eigenen Träumen, Süchten und schlimmsten Zwängen. Der Doppelgänger ist ein nicht menschlicher Teil von uns selbst, der sich auf die Steine, die Bäume, den Wind, das Wasser, die Erde, das Sonnensystem, auf das gesamte Universum ebenso wie auf die Ameisen, die Elefanten und die Welt der Menschen bezieht und sich in beständigem Kontakt damit befindet. Die Welt der Menschen ist nur eine von vielen Welten.

Der Doppelgänger ist die Traumerfahrung, die sich in die Figuren des Großen Ich entfaltet. Im zweiten Teil – Luzides Heilen – haben wir uns darauf konzentriert, vierundzwanzig Stunden luzides Träumen auf Symptome, Süchte, Beziehungen und Gruppensituationen anzuwenden. Diese Anwendungsbereiche sind wie die Blütenblätter der Blume; sie gehören zu der Art und Weise, in der sich die spürende Essenz im menschlichen Alltagsleben manifestiert. In diesem dritten und letzten Teil nun möchte ich den Fokus auf den grünen Knoten, die Wurzel, auf den Doppelgänger hinter diesen Manifestationen richten. In diesem Kapitel fokussieren wir auf den direkten Zugang zum Doppelgänger. In den letzten Kapiteln werde ich die Aufmerksamkeit auf die enormen Auswirkungen des vierundzwanzig Stunden luziden Träumens auf die spirituelle Praxis und die Zukunft des Lebens auf der Erde lenken.

Das Große und das Kleine Ich

Die ewigen Philosphien und spirituellen Traditionen raten, sich mit etwas zu identifizieren, was ich das Große Ich genannt habe oder die nichtduale Welt des Doppelgängers, der im Alltagsleben als der Älteste in Ihnen existiert und auf der Ebene des Traumlandes in Form von weisen Gestalten erscheint. Eine machtvolle Art, über das Große Ich zu lernen, besteht darin, an den eigenen Tod oder den Tod einer Person, die man liebt, zu denken. Der alte chinesische Weise Chuangzi drückte es so aus: „Der Meister kam, weil es Zeit war. Er ging (starb), weil er dem natürlichen Fluß folgte; sei zufrieden mit dem Moment und willens, dem Fluß zu folgen; dann wird es keinen Platz geben für Trauer oder Freude. ... Das Holz wird verzehrt, doch das Feuer brennt weiter, und wir wissen nicht, wann es zu Ende geht."[92]

In der taoistischen Denkweise ist das Kleine Ich ein Stück Holz, das mit der Zeit verbrennt. Doch der Doppelgänger, hier symbolisiert durch das Feuer, brennt weiter. Sie werden sicher sterben. Doch das spürende Feld, das Feuer oder die Energie Ihres Lebens ist von Zeit und Raum unabhängig. Sie mögen sich fragen, was dies für Ihr Alltagsselbst bedeutet, das sich Sorgen macht, länger zu leben versucht, Geld verdient, gesunde Nahrung zu sich nimmt und an sozialen Verpflichtungen festhält. Vom Standpunkt der Alltagsrealität aus ist das Feuer, auf das sich Chuangzi bezieht, ein veränderter Bewußtseinszustand.

Mit zunehmender Luzidität gibt es keine veränderten Bewußtseinszustände mehr; es gibt nur noch Feuer oder Fließen. Je näher Sie sich am luziden Leben bewegen, desto mehr erscheinen Sie anderen in Gestalt des Großen Ich. Doch der Weise, auf den sich Chuangzi bezieht, ist nicht nur eine große menschliche Gestalt, die alle möglichen Gegensätze umfaßt, er ist ein Ältester für die Menschen, die ihn umgeben. Seine eigene Erfahrung befindet sich außerhalb des menschlichen Bereichs. Die menschliche Identität des Weisen hat sich verändert; sie weiß um das Feuer des Lebens und identifiziert sich damit.

Zugang zum Großen Ich

Erinnern Sie sich an die Abbildungen aus Kapitel drei, die die verschiedenen Bedeutungen der Luzidität erläutern? Ich wiederhole diese Abbildungen weiter unten.

Das Große Ich ist die Quelle Ihrer Träume; es ist ein anderer Name für den Traummacher. Das Große Ich ist der spürende Kern all dessen, was Ihre Aufmerksamkeit erregt ebenso wie die Dinge selbst. Der Doppelgänger ist das träumende Feuer hinter dem Großen Ich, das Feuer und die Intelligenz hinter Ihren Träumen. Wenn Sie über Luzidität verfügen, spüren Sie die Welt durch den Geist des Großen Ich und verstehen Ihre Träume, noch bevor Sie sie träumen.

---

92 Chuangzi, S. 59.

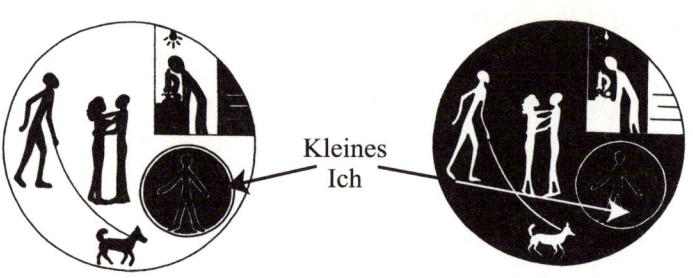

Sie selbst
IN EINEM TRAUM
Auf dem linken Bild stellt der Kreis einen Traum dar, in dem Sie ein Teil sind.

Ihr Großes Ich

Auf dem rechten Bild stellt der Kreis Ihr Großes Ich dar: das heißt, Sie sind alle Teile des Traums ebenso wie die spürende Empfindung im Hintergrund.

Auf dem linken Bild stellt der Kreis einen Traum dar, in dem Sie ein Teil sind. Alle Figuren sind Teil Ihres Traumes.

Auf dem rechten Bild stellt der Kreis Ihr Großes Ich dar: Das heißt, Sie sind alle Teile des Traums, ebenso wie die spürende Empfindung im Hintergrund.

Das Große Ich erscheint in Träumen selten als explizite Figur, da es alle Träume zusammen ist. Gelegentlich wird das Große Ich in Phantasien als großmütiges menschliches Wesen, als Gottheit, Göttin oder Gott personifiziert. Das Große Ich könnte als Naturgeist, als weise alte Frau oder als weiser alter Mann erscheinen. Manche sehen das Große Ich als einen Gott oder eine Kombination von Göttern. Während Sie an sich selbst arbeiten, nimmt das Große Ich *Ihr Gesicht* an. In diesem Moment kommen Sie Ihrem Doppelgänger näher.

Während Sie wachsen, wird das Kleine Ich Ihrer Gesamtheit immer ähnlicher. In Ihren Träumen beginnen Ihr Kleines und Ihr Großes Ich einander ähnlicher zu sehen. Folglich erscheint der Doppelgänger, obwohl er eine unsichtbare, nahezu unvorstellbare Präsenz darstellt, in Träumen als Ihr Gesicht, welches dasjenige des Großen Ich reflektiert, während Sie beginnen, das Große Ich kennenzulernen und ebenso innerhalb wie außerhalb der Welt der Polarität und Dualität zu leben.

In Ihrem gewöhnlichen Bewußtseinszustand ist das Kleine Ich, den Sorgen in Zeit und Raum verhaftet, nicht in Kontakt mit dem Großen Ich. Daher erscheint die Figur in einer Form, die sehr verschieden ist von Ihnen selbst; sie mag als Heiler oder Antagonist in Träumen erscheinen, als Ihr Feind oder Verbündeter, der bekämpft oder geliebt werden muß.

Carlos Castaneda, ein Anthropologe, der durch die Stimme seines legendären Lehrers Don Juan sprach, gab einen Überblick über die Entwicklung, die zum Doppelgänger führt. Während dieser Entwicklung ringt ein Krieger zunächst mit dem Großen Ich in Gestalt eines Dämonen, der als Erzfeind erscheint.

Aus der Sicht des vierundzwanzig Stunden luziden Träumens erscheint das Große Ich zunächst in Ihren schlimmsten Problemen, Körpersymptomen, zwanghaften Gedanken, Süchten und Beziehungs- sowie Gruppenproblemen, die Sie zu überwältigen drohen. Um in diesem Spiel zu bestehen, muß das Kleine Ich ein Krieger bzw. eine Kriegerin werden und kämpfen, um die dämonische Destruktivität jenes furchterregenden inneren Gegners zu unterbrechen. Während dieser mythische Kampf andauert, bricht die Kriegerin nicht unter ihren scheinbar unüberwindlichen Problemen zusammen, sondern überlebt und stellt fest, daß ihre Schwierigkeiten lediglich eine Maske waren, die die Kraft tarnten, die nun ihr Verbündeter ist, der „Geheimnisgeber".[93]

Während der Arbeit an Ihren Körpererfahrungen, Symptomen, Beziehungsproblemen und Süchten in den letzten Kapiteln haben Sie hoffentlich auch das Gefühl gehabt, daß sich hinter Ihren schlimmsten Problemen ein unheimlicher Geist, das Große Ich, befindet. Jener Geist testet nicht nur die Grenzen Ihrer menschlichen Fähigkeiten, sondern wünscht auch, sich mit Ihnen zu verbinden und Ihre Identität zu erweitern. Ihre Probleme in Zeit und Raum geben ihm eine Möglichkeit, sich im Hier und Jetzt zu entfalten.

Kurzum, Ihre Dämonen werden zu Ihren Verbündeten. Durch innere Arbeit und Meditation entwickelt sich der Verbündete langsam, um Ihr Gesicht anzunehmen, während Sie behutsam aus der Zeit heraustreten und dem Geist ähnlicher werden. In jenem Moment begegnen Sie Ihrem

---

[93] Für weitere Einzelheiten über den Verbündeten siehe Arnold Mindell: *Den Pfad des Herzens gehen.*

eigenen Selbst statt dem Verbündeten und lernen Ihren Doppelgänger kennen.

Ein Verbündeter wartet hinter Ihren schlimmsten Problemen, und hinter dem Verbündeten befindet sich das Große Ich und der Doppelgänger, die Essenz der sich wandelnden äußeren Formen, einschließlich aller und all dessen, was Ihre Aufmerksamkeit erregt. Das Große Ich oder der Doppelgänger ist keine spirituelle Spekulation – er erscheint gerade jetzt vor Ihnen, in Ihrer spürenden Erfahrung in genau diesem Moment. Sehen Sie sich einfach um, greifen Sie auf, was geschieht, und schon befinden Sie sich im Herzen dessen, was Sie betrachten. In gewisser Hinsicht versucht das Große Ich in der Maske Ihrer Feinde die ganze Zeit über mit Ihnen zu flirten; es möchte Ihre Aufmerksamkeit auf sich ziehen und mit Ihnen in Liebe verbunden sein.

Um die Idee des Großen Ich und des Doppelgängers zu festigen, haben Sie vielleicht Lust, folgende Übung auszuprobieren.

Innere Arbeit – den Doppelgänger finden

Für die folgende Übung ist es hilfreich, einen Stift und ein Blatt Papier zur Hand zu haben.

Nehmen Sie sich zunächst einen Augenblick Zeit, und entspannen Sie sich. Ich möchte Ihnen dabei helfen, einige Ihrer Erfahrungen in einen kohärenten Zusammenhang zu bringen. Wenn Sie bereit sind, erinnern Sie sich an einige der spannenden und erstaunlichen Dinge, die Ihre Aufmerksamkeit während der letzten Tage erregt haben. Erinnern Sie sich auch an die schwierigen Situationen. Machen Sie sich ein paar Notizen dazu. Hier, an der Küste von Oregon, erinnere ich mich daran, Wale gesehen zu haben, dann gab es eine schreckliche Auseinandersetzung in einer der Bars in der Nachbarschaft und eine dramatische Liebesszene im Fernsehen. Machen Sie Notizen über die Dinge, die Ihre Aufmerksamkeit erregt haben.

Versuchen Sie als nächstes, sich an die Visionen und Erfahrungen zu erinnern, die Sie hatten, als Sie sich zum ersten Mal mit dem Gegenstand Ihres Flirts auseinandergesetzt haben. Können Sie sich an Ihre Divinationserfahrung erinnern, Ihr Gefühl der Zeitreise, die Suchtarbeit? Schreiben Sie ein oder zwei Stichworte zu diesen Erfahrungen auf.

Machen Sie dann ein paar ausführlichere Notizen. Welches waren Ihre Erfahrungen bei der Arbeit mit der spürenden Essenz Ihrer Symptome, der Arbeit mit Berührung, Beziehungen und Weltthemen? Wir werden diese Aufzeichnungen für die Arbeit mit dem Doppelgänger brauchen.

Wenden wir uns nun der Gegenwart und Ihren Phantasien über die Natur zu. Es gibt sicher verschiedene Plätze in der Welt, die sie gerne besuchen oder gerne besuchen würden, wenn Sie könnten. Denken Sie nun über einen dieser besonderen Plätze in der Natur nach. Denken Sie an denjenigen Teil der Natur, der Sie am meisten anzieht, vielleicht in der Wüste oder im Hochgebirge, an der Meeresküste, im Wald, im Park oder in einem Teil der Stadt. In Ihrer Phantasie könnte es Tag oder Nacht sein, vielleicht sogar Sonnenaufgang am frühen Morgen. Lassen Sie Ihr Unbewußtes dasjenige Stück Natur finden, das in diesem Moment am stärksten mit Ihnen flirtet.

Tauchen Sie nun in Ihre Phantasie ein. Reisen Sie zu diesem speziellen Platz auf der Erde, und seien Sie dort zu jener bestimmten Tageszeit. Betrachten Sie den Platz, spüren Sie ihn, hören Sie auf die Geräusche der Erde dort. Was mögen Sie so sehr an diesem Fleckchen Erde? Was zieht Sie an diesem Teil der Natur an? Sehen Sie sich langsam um, und gebrauchen Sie Ihre Luzidität, um wahrzunehmen, welcher Teil dieser natürlichen Umgebung gerade jetzt Ihre Aufmerksamkeit erregt. Befindet sich dieser Teil, der Ihre Aufmerksamkeit erregt, vor Ihnen, rechts oder links von Ihnen, hinter Ihnen, über Ihnen, unter Ihnen, oder umgibt er Sie? Betrachten Sie diesen Teil der Natur. Studieren Sie ihn.

Wenn Sie so weit sind, finden Sie die Essenz, die Tendenz, die dieses wunderbare Stück Natur hervorbrachte. Gelangen Sie zu seiner Wurzel im Bereich des Spürens, seiner Basis. Finden Sie seinen Ursprung, die Art Energie, die es erschaffen hat.

Wechseln Sie nun die Form dahingehend, seine Essenz, seine Natur zu sein. Welche Erfahrung der Zeit haben Sie dort, wo Sie sich nun befinden? Wie ist der Raum dort beschaffen? Wenn Sie fertig sind und Ihr Verstand es zuläßt, stellen Sie sich vor, daß dieser Teil der Natur über einen eigenen Geist und eigene Augen verfügt. Seien Sie dieses Stück Natur; seien Sie dieser Geist, sehen Sie durch seine Augen.

Nehmen Sie sich einen Augenblick Zeit, und zeichnen Sie seine Augen, sein Gesicht, in den Rahmen auf Seite 224.

Seien Sie dieses Gesicht, dieser Geist und sehen Sie durch diese Augen.

Ihre Zeichnung des Gesichts, des Geistes und der Augen der Natur

Sehen Sie sich selbst durch die Augen jenes Stücks Natur. Betrachten Sie sich. Hat die Natur einen Rat für Sie? Welche Botschaft hält die Natur für Sie bereit? Hören Sie auf ihre Empfehlungen. Nehmen Sie wahr, wie Sie durch die Augen der Natur sehen. Nehmen Sie sich hierfür Zeit; die Erfahrung mag neu und sehr irrational für Ihren Alltagsverstand sein. Vertrauen Sie einfach Ihrer Kreativität, sehen Sie das Gesicht der Natur, und hören Sie auf ihre Botschaft.

Wenn Sie Ihr gesamtes Selbst sind, wird es wie Sie aussehen und klingen. Stehen Sie Ihrem Kleinen Ich näher, wird dieser Teil der Natur über besondere, überraschende Botschaften verfügen. Welches ist die Botschaft der Natur? Wie können Sie diese Botschaft in Ihrem Leben jetzt wie auch in Zukunft gebrauchen? Nehmen Sie die Botschaft, den Hinweis, und setzen Sie das Erfahrene um. Dies mag eine Lektion sein, die Sie nie von einem Menschen hören werden. Schreiben Sie sie auf. Lassen Sie die Natur über sich selbst schreiben; lassen Sie sie sprechen, wenn sie das möchte.

Denken Sie an einen Ihrer letzten Träume, als sei er von diesem Stück Natur erschaffen worden. Bedenken Sie die Möglichkeit, daß dieses Stück Natur Ihre Träume als Traummacher erschafft. Schreiben Sie Einsichten über Ihren Traum auf, die dieses Stück Natur Ihnen vermitteln könnte.

Fragen Sie sich schließlich, welcher Teil dieses Großen Ich dem Kleinen Ich seit jeher vertraut war. Können Sie dessen spürende Essenz fühlen? Wenn Sie Luzidität über diese Erfahrung erlangt haben, sind Sie nahe daran, Ihr Doppelgänger zu sein. Wo und wann haben Sie sich wie der Doppelgänger gefühlt?

Experimentieren Sie damit, dieses Stück Natur in oder hinter Ihnen zu fühlen und wahrzunehmen, wie es durch Sie arbeitet. Nehmen Sie wahr, wie dieses Gefühl Ihre Beziehung zu sich selbst beeinflußt. Wie beeinflußt dieses Gefühl Ihre Beziehung zu anderen? Wie könnte es Ihre Zukunft beeinflussen? Auf welche Art und Weise könnte dieses Gefühl Sie dabei leiten, Ihre Beziehung zur Welt zu verändern? Nehmen Sie sich ein paar Minuten Zeit, und denken Sie über diese Fragen in bezug auf Ihr Leben nach.

Wenn Sie möchten, nehmen Sie sich einen Moment Zeit, und danken Sie jener spürenden Essenz, dem Teil der Erde, der Ihnen Ihren Doppelgänger gezeigt hat.

Die Theorie des Doppelgängers

Ich empfehle, denjenigen Teil der Natur zu benutzen, der die größte Anziehungskraft besitzt, da dieser Platz, derjenige ist, an dem all die kleinen Dinge, die die Aufmerksamkeit des Kleinen Ich erregen, zusammenlaufen. Ihr Doppelgänger ist der Geist hinter all dem, was Ihre Aufmerksamkeit erregt. Sie können dies empirisch überprüfen, indem Sie Ihre Aufzeichnungen zu Frage eins weiter oben ansehen, die Frage nach Dingen, die Ihre Aufmerksamkeit in letzter Zeit erregt haben, und nach Erfahrungen, die Sie gemacht haben, während Sie im Verlauf der letzten Kapitel mit sich selbst gearbeitet haben. Wenn Sie diese Erfahrungen untersuchen, können Sie feststellen, daß das sie Verbindende tatsächlich der Doppelgänger war.

Dieses Etwas, das Sie am meisten anzieht, ist ein Gesicht des Großen Ich, und seine Essenz ist der Doppelgänger. Der Doppelgänger ist derjenige Teil von Ihnen, der der wunderbarste Platz auf Erden ist. Sie sind jener Hang, das Wasser oder die Wüste. Vielleicht ist dies der Grund, weshalb sich amerikanische Ureinwohner nach den Namen der natürlichen Umgebung benennen, in die sie hineingeboren wurden. Sie heißen Niedriger Berg, Aufgehende Sonne, Verbrannte Hügel, Weißes Wasser und so fort. Auch Sie sind die Natur, die sie umgibt.

Sagen wir, Sie sind eine Person, die Bäume mag. Vom Standpunkt der Konsensusrealität aus zieht der Baum Sie an, weil Sie etwas auf ihn projizieren; Sie entdecken die Qualität des Baumes irgendwo in ihrem eigenen Verhalten. In diesem Denken gibt es eine Trennung zwischen dem äußeren und dem inneren Baum. Sie „projizieren" auf ihn oder träumen ihn auf. Dies ist die Psychologie der Konsensusrealität, die dabei behilflich sein kann, sich selbst zu verstehen.

In der Konsensusrealität projizieren Sie etwas auf den Baum

Von einem anderen, luzideren Standpunkt her gesehen, flirten Sie und der Baum jedoch miteinander und entstehen gemeinsam als Aspekte eines Feldes. Wenn Sie den Standpunkt der Teile fallenlassen und Ihren indigenen Schwestern und Brüdern folgen, werden Sie und der Baum durch die Erfahrung des Träumens miteinander verbunden. Es gibt nur noch „Baumheit", die geschieht. Vom spürenden Gesichtspunkt her sind Sie und der Baum eins. Er manifestiert sich durch Sie, und Sie manifestieren sich durch ihn. Im folgenden Bild habe ich versucht, Ihr neues Ich als Baum zu zeichnen.

Ihr neues Bild

Wenn sich Ihre Ansicht über den herrlichsten Platz in der Natur nie ändern würde, wäre das Gesicht, das Sie aus der Natur gezeichnet haben, das Gesicht des Großen Ich. So weit können wir im Moment gelangen, um herauszufinden, wie Sie wirklich aussehen. Um noch genauer zu sein, müssen Sie Luzidität über die spürende Essenz hinter dieser Figur erlangen und ihr Träumen erfahren.

Das Konzept, mit einem Namen in eine bestimmte Zeit hineingeboren zu werden, ist eine Art der Konsensusrealität, Ihr Leben zu betrachten. Vom Standpunkt der Luzidität und spürenden Realität aus sind Sie jedoch immer hier gewesen. Sie wurden nie geboren, und Sie werden niemals sterben. In gewisser Hinsicht war das Kleine Ich bloß eines der Blütenblätter Ihrer Blume. Das Kleine Ich mag seine Position, bedingt durch das Große Ich, immer gespürt haben, doch aufgrund der Anhaftung an die Alltagsrealität und deren Bedürfnis danach, daß Sie lediglich Ihr Kleines Ich sind, erkennen Sie diese Position nicht an oder stehen nicht stark genug für sie ein. Vielleicht fürchten Sie deshalb manchmal Ihren Tod. Im Sinne der Konsensusrealität leben „Sie" Ihr endliches Leben, doch vom Standpunkt des vierundzwanzig Stunden luziden Träumens aus währt Ihr Leben ewig.

Großmutter

Amy erzählte mir eine lustige Geschichte von ihrer Großmutter, die diese paradoxen Ideen illustriert. Als Amys Großmutter siebenundneunzig war, wachte sie eines Morgens auf, ging zur Tür, um einen Besucher zu empfangen und fragte ihn ruhig, ob er schon in die Zeitung gesehen habe. Als der Besucher die Frage verneinte, lachte Amys Großmutter. Sie entgegnete: „Sie müssen die Zeitung lesen, denn dort werden sie in den Todesanzeigen erfahren, daß ich gestorben bin."

Verblüfft rief der Besucher Amy an und erzählte ihr diese Geschichte.

Nun war Amys Großmutter beileibe keine Mystikerin. Sie hatte ihr Leben lang hart gearbeitet. Nachdem sie in Rente gegangen war, konzentrierte sie sich darauf, sich zu vergnügen und zog Spielcasinos anscheinend der Meditation vor. Es war ihr natürlicher Prozeß, einfach in ihren Doppelgänger, das Große Ich, einzutreten und durch seine Augen den Tod des Kleinen Ich zu sehen. Amys Großmutter war siebenundneunzig, als ihr dies bewußt wurde; in Todesnähe werden alle zu ihrem Doppelgänger, ungeachtet dessen, ob sie an sich gearbeitet haben oder nicht. Jeder von uns wird seinen Doppelgänger erfahren; diese Erfahrung ist Ihr natürliches Geburtsrecht.

Zur Erinnerung

Stellen Sie sich Ihren schlimmsten Problemen, und erforschen Sie deren Essenz, um sie sich zu Verbündeten zu machen.

Während Sie sich mit dieser Essenz identifizieren, beginnen Sie, wie Ihr Träumen auszusehen. An diesem Punkt entwickeln Sie Ihren Doppelgänger.

Um den unsterblichen Doppelgänger zu finden, reisen Sie an den wundervollsten Platz auf Erden, finden Sie und werden Sie seine spürende Essenz. Ob wir daran arbeiten oder nicht – jeder von uns wird zu seinem Doppelgänger.

Kapitel 15
Ein Allheilmittel gegen die Tragödie, ein Mensch zu sein

Die Bedeutung und die Zeitdimensionen des Bewußtseins

In eben diesem Körper, sechs Fuß lang, mit seinen Sinneseindrücken und seinen Gedanken und Ideen, befindet sich die Welt, der Ursprung der Welt und das Ende der Welt und der Pfad zu allen Zielen.

– Buddha

Ewige Lehren treten stets dann in Erscheinung, wenn man der Begrenzungen des gewöhnlichen Bewußtseins gewahr wird, wenn man sich dem Unendlichen gegenübersieht, mit unlösbaren Problemen konfrontiert ist oder keine befriedigenden Erklärungen mehr für die großen Fragen des Lebens findet. Zugang zum Träumen zu erlangen und hinter allen Erscheinungen die Figur des Doppelgängers zu finden ist ein natürliches Allheilmittel für jeden, der nicht anderswo Antworten gefunden hat. Der Doppelgänger ist die Antwort auf die Frage, warum man sterben muß.

Im gewöhnlichen, auf Konsens beruhenden Bewußtseinszustand marginalisiert man das Gefühl des Doppelgängers, und das Große Ich erscheint wie ein entsetzlicher innerer Gruppenprozeß, der nichts mit einem zu tun hat. In diesem auf Konsens beruhenden Bewußtseinszustand ist man von seinem Doppelgänger oder vom Standpunkt des luziden Zustands getrennt. Der Doppelgänger hat zugestimmt, sich an der Trennung von sich selbst zu erfreuen.

Von jener Bewußtseinsverfassung zu sprechen, in der der Doppelgänger Realität ist, klingt in Begriffen der Alltagsrealität paradox und komplex. Deshalb ist es oftmals so schwierig, normale Menschen oder spirituelle Lehrer bzw. Lehrerinnen, welche Luzidität über den Doppelgänger erlangt haben, zu verstehen. Vielleicht löst einzig die direkte Erfahrung des Doppelgängers die Verwirrung über die Worte auf, die gebraucht wurden, um jene Erfahrung zu beschreiben.

Methoden zur Entwicklung eines Doppelgängers sind für ewige Lehren zentral. Zum Beispiel gibt die Zen-Meisterin Maurine Stuart in *Subtle Sound, The Zen Teachings of Maurine Stuart*, die ewigen Lehren so wieder: „Erleuchtung ist mit ‚klar sehen' verbunden. Dies bedeutet nicht, daß man etwas betrachtet und es analysiert, indem man alle Teile, aus denen es zusammengesetzt ist, zur Kenntnis nimmt; nein. Sieht man klar, das heißt, sieht man die Blume und sieht sie wirklich, dann wird man von der Blume gesehen."

Ihr Zen-Buddhismus wird in den Theorien des spürenden Hintergrundes reflektiert, die wir in der Physik und der Wahrnehmungspsychologie finden und in diesem Buch erforschen. Für sie ist Luzidität Erleuchtung. In ihren Worten bedeutet „klar sehen": eine Blume so anzusehen, daß sie einen sieht.

Stuart fährt fort: „Es ist natürlich nicht so, daß die Blume Augen hat. Es ist so, daß die Blume nicht länger nur eine Blume ist und man selbst nicht nur man selbst. Die Blume und man selbst werden in etwas aufgelöst, was jenseits aller Worte liegt, doch wir können dies erfahren."

Anscheinend schrieb sie diese Sätze, kurz bevor sie starb. Ich glaube, sie meinte, daß eine spürende Haltung die Auflösung der Getrenntheit mit sich bringt, den zeitweiligen Tod des Kleinen Ich, indem sie den Bewußtseinszustand findet, in dem man selbst und die Blume eins sind. Verfügt man über Luzidität, verändert sich die Realität. Man selbst und sogar der Feind sind nicht nur Freunde; beide sind verschiedene – und wundervolle – Aspekte derselben Realität, die sich selbst vergessen hat. Natürlich findet das Kleine Ich nichts Wundervolles am Gegner, und auch das ist in Ordnung. Das Große Ich ist all die Teile sowie der Konflikt und letzlich der Zeuge oder das Selbst, das sich selbst als den Konflikt betrachtet.

Stuart zitiert Meister Eckhart, einen deutschen Mystiker des vierzehnten Jahrhunderts, der von dem Identitätswechsel spricht, der in spürenden Zuständen stattfindet. Meister Eckharts Lehre über die Vereinigung der Seele mit Gott verärgerte Papst Johannes den XXII., der den Mystiker des Pantheismus beschuldigte, jener Lehre, derzufolge Gott das gesamte Universum ist. Eckharts These lautete: „Das Auge, in dem ich Gott sehe, ist dasselbe Auge, darin mich Gott sieht."⁹⁴

Diese Aussage beruhigt etwas tief in mir, das es schwierig findet, die Erfahrung des Doppelgängers in Worte zu fassen. Ich kann diese Erfahrung am besten erklären, indem ich Sie zu einer Phantasiereise einlade. Wenn Sie mit dem Doppelgänger experimentieren möchten, versuchen Sie einmal, ob Sie sich Folgendes vorstellen können. Versuchen wir es gemeinsam.

Können Sie sich vorstellen, früh am Morgen, wenn die Sonne aufgeht, allein in den Bergen oder Hügeln zu stehen? Stellen Sie sich diese herrliche Erfahrung vor. Können Sie die frische Luft riechen? Sie stehen ruhig an einem Berghang, an einem klaren Morgen und genießen den Anblick der ersten Sonnenstrahlen, die von den anderen Bergen her zwischen Ihnen und der Sonne hervorkommen. Da ist nichts als der Klang des Windes. Sie betrachten die Natur, die Berge, und das heller werdende Licht erleuchtet die Dunkelheit der Nacht.

Die Sonne

Kurz vor Sonnenaufgang wird der obere Bergkamm vor Ihnen so hell, daß Sie das Licht der Sonne in sich selbst und um sich herum fühlen.

---

94 Dies ist ein Zitat aus Maurine Stuarts hervorragendem Buch *Subtle Sound*. Boston: Shambala, 1995. Es stammt aus Meister Eckharts *Deutsche Predigten und Traktate*, herausgegeben und übersetzt von Josef Quint. Darin analysiert er den Akt des Sehens und spricht von einem Licht, das „ungeschaffen" ist. Er sagt: „In der Wirksamkeit des Ansehens werden sie [Objekt und Betrachter, in diesem Fall ein Stück Holz und das menschliche Auge] wie eins, so daß man sagen kann: Auge-Holz, und das Holz ist mein Auge."

Dies ist ein wohltuendes, friedliches Gefühl. Dann, während die Sonne aufgeht, findet eine allmähliche Gefühlsveränderung in Ihrem Herzen statt. Sie haben nicht länger das Gefühl, daß das Kleine Ich dort steht und beobachtet, sondern Sie nehmen wahr, wie sich Ihr Körper aufrichtet; er dehnt sich mit dem Sonnenaufgang aus. Sie gehen mit der Sonne auf. Ihr Körper steht aufrechter, als er je gestanden hat, und während Sie sich mit der Erfahrung der Sonne erheben, spüren Sie die Eleganz und Schönheit des Planeten als aufgehendes Wunder. In diesem Moment entspannt sich etwas in Ihnen, und Sie erfahren Ihr Selbst ebenfalls als einen Planeten, nämlich als die Sonne, die sich selbst betrachtet. Sie sieht sich selbst. Sie erfährt Ihre eigene Schönheit.

Sie fühlen sich wie das Spiegelbild der Sonne, wie die Sonne selbst. Ihre Augen sind die Augen der Sonne. Die Augen, mit denen Sie die Sonne betrachten, fühlen sich für Sie an, als gehörten sie der Sonne, die nun auf sich selbst zurückblickt. Sie sehen sich selbst. Und in gewisser Hinsicht sind weder Sie noch die Sonne weiterhin da. Die Konzepte des Großen Ich und des Doppelgängers sind nicht länger passend; Wörter sind Konzepte, keine wirklichen Realitäten. Alles, was sich sagen läßt, ist, daß der Doppelgänger sich kennt. Sie erfahren das sich selbst betrachtende Universum, und die menschlichen Begriffe, die Sie verwenden, um dies zu diskutieren, sind interessant, aber nicht länger zutreffend.

Können Sie dieser Phantasiereise folgen? Es scheint mir, daß Meister Eckhart dies meinte, als er sagte: „Das Auge, mit dem ich Gott sehe, ist dasselbe Auge, darin mich Gott sieht."

Wenn der Doppelgänger sich selbst marginalisiert, wenn er in Stücke und Teile zerfällt und sich entfaltet, das heißt, in Ihre normale Bewußtseinsverfassung, scheinen Dinge, die nicht Sie selbst sind, mit Ihnen zu flirten. In jener Bewußtseinsverfassung ist derjenige Teil Ihres „Auges", der Flirts von einem Objekt auffängt, dasselbe Auge, das der Doppelgänger benutzt, um Sie zu sehen. Im mystischen Sinne ist Gott luzid über sich selbst. Gott ist das spürende Bewußtsein, das wir alle teilen, ob wir unsere Luzidität marginalisieren oder nicht. Jenes Auge in mir, das Ihre spürende Essenz sieht, ist dasselbe Auge in Ihnen, das die meine sieht. Aus der Sicht des Träumens benutzen wir beide dasselbe Auge, denselben Geist; wir sind verschiedene Aspekte desselben.

Luzide Psychologie ist nicht nur im mystischen Christentum und im Zen-Buddhismus zu finden, sondern auch im gesamten spirituellen oder religiösen Denken. Man begegnet ihr bei den Ureinwohnern Afrikas und Australiens, im Islam, im Judaismus oder im Hinduismus. Der Hinduismus benutzt den Pfad des Yoga, um Zugang zum Großen Ich zu erlangen; der Taoismus benutzt taoistischen Yoga; Juden, Christinnen und muslimische Mystiker arbeiten mit Gebet, Musik und Tanz.

Aufwachen

Sie müssen kein Mystiker, keine Mystikerin sein, um Gott zu finden. Alles, was Ihnen widerfährt, widerfährt Gott. Gott schläft und wacht. Gott streitet mit sich selbst; Gott hat finanzielle Probleme; Gott ist die Bank, die Ihnen das Geld nicht gibt.

Wenn Ihnen all dies etwas viel erscheint, wenn Sie Ihn oder Sie noch nicht gefunden haben, warten Sie bis morgen früh. Wenn Sie so sind wie die meisten Menschen, werden Sie Luzidität und den Standpunkt des Großen Ich beim Aufwachen am Morgen erfahren. Erinnern Sie sich an das Aufwachen?

Fragen Sie sich: „Was weckt dich am Morgen? Warum wachst du auf?" Wenn ich Menschen frage, was sie weckt, erhalte ich verschiedene Antworten wie:

- Der Wecker
- Die Bereitschaft aufzuwachen
- Meine Blase

- Mein Baby
- Träume
- Das Morgenlicht
- Ich höre etwas von draußen
- Etwas im Innern sagt mir, daß ich aufwachen soll
- Der Hund
- Gott

Wenn Sie das nächste Mal aufwachen, experimentieren Sie damit, Ihr Bewußtsein während des Erwachens aufrechtzuerhalten. Sofern Sie Luzidität praktizieren, werden Sie wahrnehmen, daß der Traumprozeß andauert, während Sie aufstehen; Ihr Geist träumt, Imagination geschieht, Bewegungen ereignen sich. Wenn Sie über Luzidität verfügen und geduldig verfolgen, wie sich die spürende Erfahrung ins Alltagsleben entfaltet, nehmen Sie wahr, daß „Ihr" Träumen Sie weckt und in den Tag eintritt, aufgrund von etwas, was Sie Ihre Blase, den Hund oder den Wecker nennen.

Andererseits dauert das Träumen fort, selbst nachdem Sie aufgewacht sind. Es wandert, und wenn Sie hellwach sind, können Sie vielleicht wahrnehmen, daß Ihr Träumen nicht wirklich Ihnen gehört; es ist nichtlokal. Manchmal scheint der Träumende Geist, das Große Ich, außerhalb Ihres Körpers zu erscheinen, vielleicht über oder hinter Ihrem Kopf. In der Tat mögen Sie im luziden Zustand den Eindruck erlangen, daß Sie selbst das Träumen sind, welches das Träumen bezeugt, als wäre es nicht Sie selbst. Gleichzeitig sind Sie das Träumen, das an irgendeinem Punkt weit entfernt von Ihrem Körper geschieht.

Da sich das Träumen selbst entfaltet und durch diejenigen Objekte in Erscheinung tritt, die während des Tages mit dem Kleinen Ich flirten, könnte man sagen, daß Ihr Träumender Geist den ganzen Tag lang mit Ihnen, mit sich selbst flirtet und versucht, Sie und sich selbst zu wecken, indem er Sie umherbewegt und Sie hierhin und dorthin führt. Wenn Ihr träumender Geist Sie zu sich selbst erweckt, sagt er: „Wach auf, und erinnere dich meiner in allem, was du siehst, hörst und fühlst."

Von einem umfassenderen Standpunkt aus erweckt er sich zu sich selbst.

Dies klingt paradox, sofern man sich nicht in einer luziden Stimmung befindet. Ist dies jedoch der Fall, gelangt man zu der Idee, daß das, was einen weckt, der Selbstreflexionsprozeß des Universums ist. Er erweckt sich zu sich selbst. Das Kleine Ich erfährt dies als ein Gedrängtwerden, gewisse Dinge wahrzunehmen wie den Wecker oder den Hund, die Blase oder den Körper.

Im Prinzip sind alle fühlenden Wesen, einschießlich der Menschen und der Objekte, die man sieht, verschiedene Zeugen und zugleich derselbe Zeuge des Erwachensprozesses. Man kann fühlen, wie der Erwachensprozeß den ganzen Tag lang geschieht. Alles, was man tun muß, ist, das Träumen zu erkennen, der spürenden Erfahrung, den Flirts, dem Mysterium der Wahrnehmung Aufmerksamkeit zu schenken, das Leben wahrzunehmen in seiner Entfaltung, Entwicklung und Schöpfung.

Die Gemeinschaft aller Wesen

Das Große Ich, auf das sich die Hindus als Shiva beziehen, ist ein Prozeß der Selbstreflexion, der sich überall manifestiert. Alles ist das Träumen. Alles ist Shiva, einschließlich des Prozesses Ihrer Gemeinschaft. Erlauben Sie Ihrer Vorstellung von Gemeinschaft, sich für einen Moment zu erweitern, so daß Ihr Gemeinschaftsbild nicht nur aus Ihren Freunden und Bekannten besteht, sondern alle fühlenden Wesen, alles, was lebt, alles, was Sie wahrnehmen, mit einschließt. Können Sie das einen Moment lang tun? Es mag eines Wechsels in Ihrer Aufmerksamkeit bedürfen, doch erlauben Sie sich zu spüren, daß Sie die Dinge sind, die Sie wahrnehmen, die spürende Essenz all dessen, was Ihre Aufmerksamkeit erregt.

Wenn Sie Ihrem indigenen Hintergrund und dem Träumen nahestehen, fühlen Sie, daß Ihre Gemeinschaft das Große Ich darstellt, bestehend aus all den Menschen in Ihrer Gruppe, Ihrer Stadt, einschließlich der Gebäude, der Fische, des Himmels, der Berge, des Wassers, der Steine und der Flüsse. Mit anderen Worten: Alles ist Sie selbst und die Familie des Kleinen Ich.

Der Quantenphysik und der Psychologie des Spürbewußtseins zufolge reflektieren und senden die anscheinend voneinander getrennten Wesen, über die man nachdenken kann, in der Nicht-Konsensusrealität Signale untereinander aus. Nach der Mathematik der Quantenmechanik findet dieser Signalaustausch mit Lichtgeschwindigkeit statt oder sogar noch schneller. Dieser unendliche, spürende Austausch erweckt und erschafft, was man als sein Kleines Ich, seine Freunde und größere Familie erfährt.

Es geht darum, daß die Welt der Konsensusrealität weit davon entfernt ist, banal zu sein. Sie ist ein unglaublicher Schatz. Die Alltagsrealität ist ein Abbild des Universums, das inmitten der Schöpfung erwacht. Mit anderen Worten, ob Sie am Morgen aufwachen oder nicht, hängt nicht von Ihnen selbst ab. Sie haben keine Wahl. Sie müssen zum Teil am Morgen erwachen, weil das Große Ich, die größere fühlende Gemeinschaft, Sie im Verlauf seines eigenen Erwachens erschafft. Die Erfahrung, vierundzwanzig Stunden luzid zu träumen, liefert Ihnen den persönlichen Beweis, daß Ihr Gemeinschaftsfeld sich entfaltet und jeden seiner individuellen Teile erschafft.

Aus seinem gewöhnlichen Bewußtseinszustand heraus denkt man, man würde andere zu einer bestimmten Reaktion bewegen oder aufträumen oder andere würden dies mit einem selbst tun. Jeder denkt, er sei entweder Ursache oder Opfer dessen, was um ihn herum geschieht. Doch aus der Perspektive des Träumens ist das, was zwischen allen unseren Kleinen Ichs geschieht, die Gemeinschaft, die Erde, die sich manifestiert und erkennt.

Aus der Sicht des Kleinen Ich verursachen die Teile die Probleme. Man bringt sein Leben damit zu, sich und andere zu verteidigen, für etwas einzustehen und gegen etwas anderes zu sein. Ihr Kleines Ich, mein Kleines Ich, der kleine Fisch und die kleine Stadt sind Ursache und Wirkung all dessen, was geschieht. All die Probleme der Erde scheinen von den Unterdrückenden verursacht zu sein, denjenigen, die unbewußt, dumm und unwissend sind.

Doch aus der Sicht des vierundzwanzig Stunden luziden Träumens, vom Standpunkt des Doppelgängers aus, ereignet sich, was auch immer geschieht, weil sich das Große Ich in die Welt der Teile entfaltet, sich selbst entflicht, sich vergißt, Trennungen erschafft, die Schönheit in jedem von uns sieht, die wir so verschieden voneinander sind, und sich schließlich wieder an sich selbst erinnert und sich als der andere sieht.

Das Kleine Ich ist eine Person mit Ihrem Namen, die Entfaltung eines Stücks dieser Gemeinschaft. Das Große Ich ist die Gemeinschaft, die aus Ihnen und den unterdrückenden oder wundervollen Situationen besteht, auf die Ihr Kleines Ich zwanghaft den Fokus richtet. Ihr Schicksal besteht darin, den Standpunkt des Kleinen Ich auszuagieren und zum Ausdruck zu bringen. Doch das Träumen, das Sie erschafft, erschafft auch mich und wird zum Teil von mir erschaffen. Mit anderen Worten: Ihre individuellen Gefühle und Prozesse sind auch meine. Wir alle erschaffen jenes unglaubliche, sich selbst betrachtende Drama, genannt „das Leben".

Wenn Sie Luzidität erlangen, schätzen Sie, wer Sie sind und lösen sich auch davon los. Und Sie verfügen über mehr Mitgefühl für mich. In der Tat können Sie die Rollen wechseln, da Sie wissen, daß Sie all die Rollen sind.

Im Sinne des Kleinen und des Großen Ich zu denken läßt achtsam werden im Umgang mit dem Konzept des persönlichen Wachstums oder der Individuation, da das individuelle oder persönliche Gefühl der Individuation den Einfluß der Gemeinschaft marginalisiert, in der man lebt.

Individuation ist ein nützlicher Begriff, doch er ist auf unbefriedigende Art relativistisch. Das Konzept der Selbstentwicklung oder Individuation funktioniert am besten, wenn es mit einer gegebenen Konsensusrealität verbunden ist, da die eigene Entwicklung oder Individuation von der Interaktion, Verschiedenheit und Gleichartigkeit zwischen einem selbst und der Gemeinschaft oder der Welt abhängt. Man entwickelt sich nicht – „es" entwickelt sich, so wie man nicht selbst derjenige ist, der am Morgen erwacht und aufsteht; „es" erwacht und steht auf. Das Kleine Ich wäre niemals imstande zu erwachen oder über die notwendige Lebensenergie zu verfügen. Das Große Ich ist für all dies verantwortlich.

Ebenso sieht das Kleine Ich nur sich persönlich, wenn es das Gefühl hat, bei irgendeiner Aufgabe versagt zu haben; es vergißt sich selbst und marginalisiert den Gewinner, einen anderen Teil jener Gemeinschaft von Wesen. Das Kleine Ich kann weder gewinnen noch verlieren, weder erfolgreich sein noch versagen, weder gut sein noch schlecht. Jene Erfahrungen können dem Kleinen Ich nur in relativer Hinsicht zum Rest der Gemeinschaft fühlender Wesen widerfahren; jene Erfahrungen sind Aspekte des Großen Ich, das mit sich selbst in Wettbewerb tritt und sich erweckt.

Dies klingt nur dann paradox, wenn Sie die Dinge vom Standpunkt der Konsensusrealität, vom Standpunkt des Kleinen Ich aus, betrachten. Wenn Ihr Alltagsverstand sich einen Moment lang entspannt, wird er verstehen. Vielleicht hilft diese Geschichte über den mystischen Dichter Rumi dem Kleinen Ich zu verstehen:

In der Türkei des dreizehnten Jahrhunderts spielten Rumi und sein Freund Shams eines Tages Schach. Während die beiden spielen, wird für Rumi offenbar, daß er das Spiel innerhalb der nächsten paar Züge verlieren und schachmatt gesetzt werden wird.

„O je, ich habe verloren", sagt er mit spottender Verzweiflung.

Shams sieht ihn plötzlich an.

„Du hast gewonnen", entgegnet er. Und ihre Freundschaft erreicht eine tiefere Ebene der Verwirklichung.[95]

Mit anderen Worten, wenn man verliert, gewinnt man, da Es stets verliert und gewinnt, schläft und erwacht, stirbt und wiedergeboren wird, sich deprimiert fühlt und begeistert ist.

Das Große Ich ist nicht ganz menschlich

Sie mögen sich aus der Diskussion in Kapitel vier daran erinnern, daß, vom spürenden Traumprozeß des *Abhidharma* her gesehen, das Kleine Ich nicht benötigt wird, um Dinge in den frühesten Stadien der Wahrnehmung zu erfahren. Tatsächlich finden die Flirts hinter der Beobachtung einfach statt; die Marginalisierung dieser Flirts geschieht ohne das Wissen des Kleinen Ich. Denken Sie daran, daß kein „Ich" am Flirtprozeß beteiligt ist. Diesen Ideen zufolge bedarf es keines menschlichen Beobachters, damit die Realität erschaffen wird. Es bedarf keiner „menschlichen Form"; es bedarf lediglich der Idee der fühlenden Wesen, um ein Universum zu erschaffen.

Bis heute denken die meisten Physikerinnen und Physiker, es bedürfe eines bewußten Beobachters, damit die Gesetze der Physik existieren, obgleich die Urvölker glaubten, das Träumen habe das Universum erschaffen. Doch das Träumen entfaltet sich selbst. Es bedarf keines menschlichen Beobachters, damit Bewußtsein entsteht. Bewußtsein ist kein fundamentales Prinzip; es wird durch ein spürendes und träumendes Universum erschaffen. Es braucht niemand bereits Gegenwärtigen

---

[95] Aus Coleman Barks und Michael Green: *The Illuminated Rumi.* New York: Broadway Books, Bantam, 1996, S. 100.

irgendwo dort draußen. „Im Anfang" war nicht unbedingt eine menschliche Form vorhanden. Eine spürende, zur Selbstreflexion und Neugier fähige Natur reicht aus, um Luzidität zu wecken. Neugier und Luzidität sind sozusagen fundamentale Prinzipien.

Dies klingt verrückt und ist doch auch grundlegend und fundamental. Ich denke, der Schöpfer der Theorie der Schwarzen Löcher, John Wheeler, würde dem zustimmen. Während seiner Vorlesung zu Albert Einsteins hundertstem Geburtstag im Jahre 1979 beschrieb er das Universum als ein Wesen mit einem Schwanz und einem Auge. Der Schwanz stellt die frühen Stadien des Universums dar, die sich später mittels der Selbstreflexion des Universums in konkrete Realität verwandeln.[96]

Das sich selbst betrachtende Universum

Somit implizieren die der Nicht-Konsensusrealität zugehörige mystische Erfahrung des Miteinander-Entstehens von Gedanken und Bewußtsein ebenso wie die mathematische Struktur der Quantenphysik, daß einzelne Menschen, Sie und ich, sich entspannen können. Vom Standpunkt der Konsensusrealität aus muß man Bewußtsein entwickeln, man muß Luzidität erlangen. Doch aus der Perspektive des Träumens geschieht Bewußtsein. Es entsteht einfach.

Das Kleine Ich muß zur Erlangung von Bewußtsein arbeiten, doch Sie als Ganzes können sich entspannen. Das Konzept eines sich selbst

---

96 Siehe *Quantum Mind*, Kapitel 36, für detaillierte Ausführungen über das sich selbst reflektierende Universum.

erweckenden Universums impliziert, daß Sie und Ich erwachen werden, ohne irgend etwas dafür zu tun, und daß Sie und ich sich an das große Ich erinnern werden. Wir vergessen, und die Welt der Dualität entsteht, und wir erinnern uns und sehen das Träumen als die Quelle der Realität.

Wahrnehmen geschieht automatisch. Jeder von uns erbt dieselbe spontane, neugierige, kreative Kraft und Weisheit der Natur, und jeder erwacht und weiß, was zu tun ist, wenn die Zeit dafür gekommen ist. Natürlich glaubt das Alltags-Ich dies nicht, und es vertraut auch nicht darauf. Aber das macht nichts. Es handelt sich wieder um das Große Ich, das sich vergißt.

Sie und ich, wir denken oft, daß wir gebraucht werden, um einander und uns selbst zu wecken, und vom Standpunkt des Kleinen Ich aus gesehen, stimmt das auch. Doch was wir Einander-Wecken nennen, ist aus der Sicht des Großen Ich die Natur, die sich selbst weckt. Erwachen geschieht. Es ist wunderbar, die Methoden zur Entwicklung von Bewußtsein der Medizin, der Psychiatrie, der Psychotherapie, der spirituellen Traditionen und des sozialen Handelns zu erlernen. Sie sind besonders dann nützlich, wenn man mit dem Kleinen Ich identifiziert ist. Doch sie lösen nicht das größere Problem, das tragische Ende Ihres Lebens.

Entwickeln und benutzen wir also diese Methoden, um so viele Probleme zu lösen wie möglich. Doch wenn die Methoden nicht mehr funktionieren, fällt man automatisch zurück ins Träumen, in die spürende Wahrnehmung, und man erfährt, wie Luzidität über das Träumen und ein Bewußtsein für die Vielfalt dazu tendieren, von selbst zu entstehen.

Nur wenn man die spürende Erfahrung marginalisiert, erfährt man sich „bloß" als Mensch. Während das Menschsein aus der Sicht des Kleinen Ich über viele wunderbare Aspekte verfügt, und man sich als Person für bedeutend oder unbedeutend halten mag, wird etwas immer für das Kleine Ich wahr bleiben. Aus der Perspektive der Konsensuszeit ist das Schicksal der Menschen tragisch. Jeder, der geboren wurde, muß zwangsläufig sterben. Alle, die man liebt, werden ebenfalls sterben. Obschon die meisten von uns diese tragische Wahrheit zu vermeiden suchen, indem sie den Prozeß des Todes, der in uns abläuft, marginalisieren, wird jedem eines Tages bewußt, daß das Leben kurz ist und zu früh endet.

Unter diesen Umständen klingt das Auffinden eines Allheilmittels zu schön, um wahr zu sein. Dennoch existiert es. Finden Sie den Doppelgänger. Er ist Ihr persönlicher Zugang zum spürenden Universum. Der Doppelgänger ist Ihre eigene Möglichkeit zu erfahren, in welcher Art und Weise Sie selbst das Universum sind. Hinter jenem Bild liegt die spürende Erfahrung. Hinter dem Baum, der Blume, dem Stein, dem See, dem Wind, befindet sich die Essenz der Erde. Durch den Zugang zu dieser Blumenheit, Baumheit, Steinheit, zur wassergleichen, windgleichen Natur, werden Sie transformiert. Natürlich ist das Träumen ein Schicksal, das Sie antreibt, Ihre Identität als Mensch zu entwickeln. Doch das Träumen fordert Sie auch auf und sogar dazu heraus, andere Identitäten – einschließlich Ihrer grundlegenden spürenden Natur – zu erforschen. Luzidität lehrt Sie, daß Sie die Essenz der Dinge sind, die Sie am meisten lieben.

Wenn jemand sagt, er werde Sie vermissen, wenn Sie sterben, dann sagen Sie ihm, er solle sich erfahren, seinen Doppelgänger finden, damit er weiß, wer Sie wirklich sind. Falls Sie fürchten, jemand anders zu vermissen, erfahren Sie die andere Person, erforschen Sie deren meistgeliebten Platz, und Sie werden sich erinnern und Ihr Selbst ebenso wie die andere Person erfahren.

In jedem Moment, da Ihnen bewußt ist, daß Sie die spürenden Tendenzen hinter den Dingen sind, die Sie anziehen, feiern Sie den Moment Ihrer eigenen Geburt. Jeder Tag ist Ihr Geburtstag, selbst wenn Sie es manchmal vergessen. Herzlichen Glückwunsch zum Geburtstag, jeden Tag!

Probieren Sie das Allheilmittel für das Menschsein aus, entweder jetzt oder morgen früh, wenn Sie erwachen. Hören Sie mit Ihren Ohren und gelangen Sie dann unter das Geräusch; sehen Sie mit Ihren Augen, und gelangen Sie über die Umrisse dessen hinaus, was Sie sehen. Fühlen Sie Ihre Gefühle, und benutzen Sie Ihre spürende Aufmerksamkeit, um auf luzide Art und Weise die Quelle hinter den Dingen zu erforschen, die Ihre Aufmerksamkeit erregen. Seien Sie diese Quelle. Gebrauchen Sie nicht nur Ihre Ohren und Augen, gebrauchen Sie Ihre Luzidität, um sich selbst zu hören und zu sehen. Dringen Sie zur Leerheit hinter dem Schleier dessen vor, was Sie wahrnehmen.

Lassen Sie mich dies noch einmal sagen: Finden Sie die Essenz dessen, was da war, *bevor* Sie fühlten, was Sie jetzt fühlen. Lassen Sie die menschliche Form für einen Augenblick los, lassen Sie diese schicksalhafte Tragödie los, und betrachten Sie sich selbst durch die Augen der Natur.

Vielleicht werden Sie sich wie Rumi fühlen. Jedesmal, wenn er sich an sein ganzes Selbst erinnerte, feierte der Sufi-Mystiker. Er sagte: „Sechzig Jahre lang war ich jeden Augenblick vergeßlich, doch nicht für eine Sekunde hat dieses Fließen zu mir hin angehalten oder sich verlangsamt."[97]

Zur Erinnerung

Entspannen Sie sich. Aus der Sicht des Träumens geschieht Bewußtsein.

Das Allheilmittel, um das Leben eines Menschen zu führen, besteht darin, mit Ihren Ohren zu hören und unter das Geräusch zu gelangen. Sehen Sie mit Ihren Augen, und sehen Sie darüber hinaus. Fühlen Sie Ihre Gefühle, und erforschen Sie auf luzide Art und Weise die Quelle hinter den Dingen, die Ihre Aufmerksamkeit erregen.

---

97 Barks and Green: *The Illuminated Rumi*, S. 107.

Kapitel 16

Das Diamantzentrum des Mandala

*Die uralte spirituelle Praxis,
ein Diamant zu werden*

> *Essenz ist Leerheit
> Alles andere
> nebensächlich ...
> In dieser Welt des Schwindels
> ist Leerheit,
> was deine Seele braucht.*[98]

Rumis „Leerheit" gibt wieder, worauf die tantrischen Mystiker hinwiesen; daß einzig „die universelle Leere existiert, alles andere ist nicht wirklich."[99] Mit anderen Worten: Das Tao, das nicht gesagt werden kann, das unaussprechliche, spürende, nackte Selbst ist alles, was es gibt.

Es gibt viele verschiedene Namen für den Großen Geist, dessen Teil wir alle sind. Das Tantra verfügte über buddhistische, hinduistische und janaistische Formen. Wir haben zuvor gesehen, daß das spürende Selbst

---

[98] Ebd., S. 104.
[99] Der buddhistischen Tradition zufolge erschien der auf die spürende Erfahrung fokussierende Tantrismus zum ersten Mal in Indien unter dem Namen Vajrayana, Diamantfahrzeug. Mircea Eliade sagt in seinem ausführlichen Werk *Yoga: Unsterblichkeit und Freiheit*, der Tantrismus sei im wesentlichen Prozeß; „Von den vielen Bedeutungen des Wortes *tantra* (Wurzel *tan*, „ausbreiten, fortsetzen, vermehren") interessiert uns vor allem eine, nämlich die der „Abfolge", „Abwicklung", des „andauernden Prozesses". Zwischen dem 4. und 6. Jh. war der Tantrismus eine panindische Bewegung, die von allen großen indischen Religionen und Sektenschulen aufgenommen wurde. Es gab Buddhisten, Hindus, Janaisten und andere Formen des Tantrismus. Eliade weist darauf hin, daß die Idee der „großen Göttin", der Quelle der Realität, zu jener Zeit eine vorrangige Stellung erreichte. (Zuvor gab es Prajnaparamita oder die Höchste Weisheit, und Tara, die große Göttin des alten Indien.)

oder die Leere auch der Buddha-Geist genannt wurde. Im Hinduismus war diese Leere mit der Göttin Shakti verbunden, der weiblichen kosmischen Kraft. Sie verkörperte die Kraft der „universellen Leere", der göttlichen Mutter, die nicht nur das reale Universum mit allen seinen Wesen trug, sondern auch die vielen und verschiedenen Manifestationen der Götter, des imaginären Universums.

Sie stellte eine Gestalt des Großen Ich dar. Um die Begriffe des vorliegenden Textes zu benutzen, war Shakti die Urkraft der spürenden Erfahrung, jene die Realität erzeugende Kreativität. Die mystischen Tantrikerinnen und Tantriker verehrten Shakti, indem sie das gesamte Universum verehrten.

Tantra war ursprünglich die „Religion der Mutter". In frühester Zeit herrschte diese Religion über den immensen ägäisch-afroasiatischen Raum. Dem Tantrismus zufolge sind alle Gegensätze illusorisch – das extrem Böse koinzidiert mit dem extrem Guten.

Heute vermögen wir diese tantrische Lehre vom Gesichtspunkt des vierundzwanzig Stunden luziden Träumens her zu verstehen. Aus dieser Sicht ist alles, was sich in der Konsensusrealität befindet, gleich bedeutend, da es eine Manifestation des Ganzen ist. Doch aus der Perspektive der träumenden Shakti ist die Konsensusrealität „Maya" oder irreal.

Den tantrischen Traditionen zufolge wird die mächtigste Essenz, die sich mit der Shakti verbindet, die Leere, die Erzeugerin des Universums, durch den Diamant symbolisiert. Der Diamant repräsentiert das, was angesichts von Feuer und Regen, Leben und Tod undurchdringlich, unverletzbar und unvergänglich ist. Der Diamant ist mit seiner vollkommenen kristallinen Symmetrie ein Symbol der Beständigkeit; ein Symbol für Klarheit, Luzidität, Härte und Reflexionsvermögen.[100] Auf die selbstreflektierende Natur des Diamanten habe ich mit dem Begriff des Doppelgängers Bezug genommen.

Dieser Diamant, der den Zugang zum unvergänglichen Teil seiner selbst symbolisiert, war das Ziel der alten tantrischen Mystiker. Luzidität, Wissen der Shakti, wird erzeugt, indem man den Fokus auf die spürende Erfahrung richtet und sie verehrt. Die Entwicklung des vier-

---

100 Gemäß Eliade war es nicht nur für die buddhistischen Tantriker, sondern auch für die indischen Alchemisten das Ziel, zu einem Diamanten zu werden. Für sie bedeutete der Diamant eine Einheit, die alles andere enthält.

undzwanzig Stunden luziden Träumens wird im Tantra als die Entwicklung eines Diamantkörpers dargestellt.

Im buddhistischen und tantrischen Denken resultieren Zustände von Unglück, Leiden und Illusion aus der Anhaftung an die Konsensusrealität, die Welt der Dualität, welche Beobachter und Beobachtetes voneinander trennt. Im hinduistischen System verbinden Shiva und Shakti, Meditation und Luzidität, das heißt Bewußtsein darüber, wie das Große Ich die Welt erschafft, den Beobachter und das Objekt der Beobachtung. Tantrikerinnen sahen die Welt als ein symmetrisches Bild, das als „Mandala" bezeichnet wurde. Die Tantrikerin erfuhr die Welt als aus ihrem zentralen Punkt oder der Leere hervorgehend, ganz so, wie Physikerinnen und Physiker heute das Universum als aus einem imaginären Reich innerhalb der sogenannten „Singularität" in Einsteins Relativitätstheorie hervorgehend betrachten.[101]

Um zur Erfahrung des diamantenen und unvergänglichen Körpers zu gelangen, meditierte die Tantrikerin über das Zentrum des Mandala. Eine typische Mandalaform ist unten zu sehen.

Typisches Mandala

Um ein Gefühl dafür zu bekommen, wie sich die Praxis der Tantrikerin entwickelte, stellen Sie sich eine tantrische Übung vor, die damit beginnt, daß Sie sich in der Mitte Ihres Herzens ein Sonnenmandala vorstellen, das auf einer achtflächigen Lotusblüte sitzt. Dann müssen Sie sich der alten Praxis zufolge daran erinnern, „daß diese Welt einer eigenen Natur, daß sie des Subjekts und des Objekts ermangelt,

---

[101] Siehe *Quantum Mind*, Kapitel 18.

und meditieren Sie über das absolut Leere ", indem Sie wiederholen: „Meine diamantene Wesenheit ist die Erkenntnis des Leeren".

Die Tantrikerin stellt sich vor, daß das Universum von dieser zentralen spürenden Essenz her ausstrahlt, die im Zentrum des Mandala zu sehen ist. Zugleich bedeutete diese Essenz den in die Welt ausstrahlenden Buddha. Wenn Sie diesen Standpunkt einnehmen können, erlangen Sie den Buddha-Geist.

Um den Übergang von Zeit und Raum zum Herzen des luziden Träumens, wie ich es nenne, zu vollziehen, versenkte sich die Schülerin immer wieder in den zentralen Punkt des Mandala, bis sie den Zustand der Nichtdualität erreichte. Dieses mystische Ritual des Eintretens in den zentralen Punkt symbolisiert das ruhige Zentrum im Herzen weltlicher Ereignisse, deren spürende Essenz, das Träumen. Dies ist der beständigste und unwandelbarste Ort im „Zentrum des Universums".

Der Standpunkt vieler hinduistischer und buddhistischer Lehrerinnen und Lehrer ebenso wie der meisten Mystiker besagt, daß lediglich diese zentrale Essenz von Ereignissen real ist. Befindet man sich in einer luziden Stimmung, fühlt man in der gleichen Weise. Man beginnt dann zu fühlen, daß der kleine Teil des eigenen Ich nicht einmal Fragen stellen sollte. In der Tat scheint die Suche nach Antworten ein bedauerlicher Unglücksfall zu sein, eine Tragödie, die aus der Anhaftung an die Konsensusrealität resultiert, einer Form von Suchtverhalten oder einer Vergeßlichkeit, die das Träumen marginalisiert.

Dennoch kommt die Welt, bei allem gebührenden Respekt vor dem Großen Ich und dem Buddha-Geist, einem undurchdringlichen Mysterium gleich, sofern man *nicht* über Luzidität verfügt. Man stolpert unaufhörlich über Probleme und fühlt sich blockiert. Verzweifelt blickt man auf andere oder auf die Geschichte, um Lösungen zu finden. Mit ein bißchen Glück findet man eine Antwort, doch dann braucht man, da man die Quelle marginalisiert, von der sie kam, jeden Tag eine andere Lösung, und so geht es dann weiter. Das Kleine Ich ist aber auch Teil der Vielfalt in der Konsensusrealität. Das Kleine Ich sieht sich dem größeren Ich gegenübergestellt. Trotzdem können die „ungelösten Probleme" des Kleinen Ich gegenüber dem größeren Ich wertgeschätzt werden. Ohne Dunkelheit hat Licht keine Bedeutung.

Es scheint mir, als fände Es Vergnügen an der Vielfalt, am Kontrast zwischen Teilen in der Alltagsrealität und zwischen dieser Realität und dem Träumen. Aufgrund dieser mannigfaltigen Vielfalt kann Es sich reflektieren und sehen. Jedoch leidet man unter der Zeit und spürt, daß man zu sehr in der Zeit eingeschlossen ist. Dieses Gefühl veranlaßt einen dazu, irgendeine Praxis zu erlernen, irgendeine Art Meditationspraxis aufzunehmen oder erneut Luzidität zu erlangen.

Die Identifikation mit dem Zentrum des Mandala, dem Diamanten des luziden Träumens, ist in hohem Maße verschieden vom unbeständigen Pfad der Identifikation mit dessen Manifestationen, den Blütenblättern und Ereignissen des Alltagslebens. Der Zustand des Buddha-Geistes, des Großen Ich, fühlt sich kontinuierlich und unvergänglich an, wenn man sich in ihm befindet. Es handelt sich um einen Pfad der Luzidität, der Einsicht in die Natur und das Miteinander-Entstehen aller Ereignisse. Dieser Zustand befindet sich jenseits der unsicheren Welt von Fragen und Lösungen der Konsensusrealität.

Wenn man über Luzidität verfügt, erkennt man, daß keine einzelne Antwort zu helfen vermag. Oder besser gesagt, es gibt nur eine Antwort auf alle Fragen, und sie erfordert, seine Sinne in einen Zustand der Verschwommenheit zu bringen, um nahe an dem zu sein, das nicht gesagt werden kann, dem Unaussprechlichen im Zentrum der Realität.

Juristische Schwierigkeiten

Wie ich bereits angedeutet habe, wird der Diamantpunkt wichtig, wenn man beunruhigt und vom Großen Ich abgetrennt ist, wie ich es kürzlich war, als ich in rechtliche Schwierigkeiten geriet. Ich erzähle diese Geschichte nun, weil sie ein kleines Beispiel meines Versuchs darstellt, vierundzwanzig Stunden luzides Träumen in der Alltagswelt von Raum, Zeit und Konflikt zu praktizieren.

Meine Geschichte beginnt vor einigen Jahren, als Amy und ich für eine Gruppe nordamerikanischer Ureinwohnerinnen und Ureinwohner arbeiteten. Zu einem späteren Zeitpunkt wurden wir für unsere unentgeltliche Arbeit großzügig belohnt, als ein Volk von Ureinwohnern in einem anderen Teil der Vereinigten Staaten von unserer Arbeit hörte. Sie beschlossen, uns auf einem Stück Land bauen zu lassen, das zuvor Eigentum der amerikanischen Ureinwohner gewesen war.

Zusammen mit entfernten Nachbarn in jenen wunderbaren Bergen gruben wir einen gemeinsamen Brunnen für Wasser. Die Nachbarn waren sich nicht einig darüber, was sie einander für den Brunnen schuldig waren, und Amy und ich sahen uns gezwungen, rechtliche Schritte zu unternehmen, um zurückzuerhalten, was uns zustand. Die Nachbarn bestanden auf ihrer Seite der Geschichte, während wir unseren Standpunkt vertraten.

Zum ersten Mal in meinem Leben mußte ich rechtliche Mittel anwenden, um ein geschäftliches Problem zu lösen. Das Kleine Ich dachte: „Das Rechtssystem ist gegen meine moralischen Prinzipien." Warum mußte ich in all dies verwickelt sein? Das Kleine Ich dachte, die rechtlichen Probleme seien meine Zeit nicht wert. Wer, ich? Das Gerichtssystem benötigen? Niemals! Schließlich galt ich als erfahrener Anwender der Konfliktlösung.

Warum sollte ich vor Gericht gehen? Warum brauchte ich all dies gerade jetzt, da ich dieses Buch beendete? In der Tat, ich brauchte es. Ich machte die folgenden Aufzeichnungen über meine ängstliche Bewußtseinsverfassung, die in der Nacht vor dem Prozeß auftrat, einen Tag bevor ich dieses Buch beendete.

„Ich ging zu Bett, fühlte mich verwirrt und hoffte, daß irgend etwas helfen würde. Ich schlief sehr unruhig. Es ging mir schlecht, ich wälzte mich im Bett hin und her, hatte Angst und vermochte nicht zu verstehen, weshalb. Alles fühlte sich äußerst irreal an. Ich konnte nicht an mir arbeiten."

Amy und ich schliefen ein. Mitten in der Nacht drehte sich Amy zu mir herüber, und ihre Hand nahm meine, was uns beide weckte. In der Dunkelheit und in meinem angeschlagenen Zustand fragte ich sie, warum sie mich geweckt hatte. Sie gab ein kleines Grunzen von sich, murmelte, sie wisse nicht, was los sei, und drehte sich wieder um. Wir schliefen beide wieder ein.

Am Morgen, während des Erwachens, erkannte ich, das Amys Hand der Großen Amy gehörte. Das Kleine Ich mußte mitten in der Nacht erwachen und das Rechtssystem als Teil des Großen Ich betrachten und nicht als verschieden von mir. Ich litt unter einem Mangel an Luzidität, darunter, meinen Gegner als verschieden von mir anzusehen.

Nach dem Aufstehen an jenem Morgen saß ich eine Weile ruhig da und blickte aus dem Fenster in die Berge. Etwas veränderte sich in mir. Ich schrieb: „Ich bin nicht ich, aber ich bin das Rechtssystem und ich selbst und meine Gegner, alles zusammen. Das Rechtssystem besteht auf den Gesetzen der Konsensusrealität, obgleich das Kleine Ich Regeln verabscheut. Gott sei Dank für diesen Nachbarn. Ja, jetzt erinnere ich mich. Ich bin der gegnerische Nachbar, der dies alles ins Bewußtsein brachte. Ich bin das Kleine Ich, das meinte, besser zu sein als der Nachbar und das Gerichtssystem."

Schockiert von meinen Beobachtungen, fuhr ich fort: „Das Kleine Ich braucht das Große Ich, um auzuwachen. Das Große Ich benutzt das Leiden des Kleinen Ich, um sich wiederzuentdecken. Ha! Ich schätze, ich habe dieses Buch geschrieben, um mich an diese Dinge zu erinnern. Ich bin der Lehrer und der Lernende, der Autor und der Leser, ich selbst und der Gegner." Sobald ich dies fühlte, gelangte ich in einen Zustand der Friedfertigkeit.

Wenn man ihm nahe ist, ist der Diamant des luziden Träumens ein Vergnügen. Selbst bevor man vor Gericht erscheinen muß, selbst bevor man zum ersten Mal in seinem Leben ins Kreuzverhör genommen wird, sind alle Ereignisse bereits geschehen. Man ist die angespannte Atmosphäre sowie deren Schöpferin. Der Diamant der Luzidität, vierundzwanzig Stunden luzides Träumen, sagt einem, daß diese angespannte Atmosphäre perfekt ist. Er erschuf Konflikte. Er erschuf das Gerichtssystem, den Nachbarn, den Autor, den Leser und das ängstliche und wütende Ich. Alles dies gibt mir die Gelegenheit, dem Großen Ich zu dienen und einen kurzen Einblick in dessen ehrfuchtgebietende Präsenz zu erhalten.

Mein Bericht ging weiter. „Ich war von meinen zwanghaften Ängsten befreit, fühlte mich losgelöst, zog mich an und fuhr zum Gericht. Während ich die Straße im Hinterland entlangfuhr, war ich entzückt von der wunderschönen Berglandschaft. Ich fühlte mich auf eine seltsame Art und Weise wohl. In jenem Zustand war alles in Ordnung. Was immer geschehen würde, war ebenfalls in Ordnung. Ich freute mich auf das, was geschehen würde; ich haftete den Kategorien von Gewinnen und Verlieren nicht länger an. Ich hegte ein unbestimmtes Gefühl, bereits etwas gewonnen zu haben, das ich niemals verlieren könnte, und etwas verloren zu haben – das Kleine Ich –, das ich vielleicht niemals würde zurückgewinnen können."

Ich erinnere mich, bei mir gedacht zu haben: „Aha, vielleicht hat der Kleine Mönch dies erfahren, während der Tiger ihn jagte (s. S. 39). Er gelangte zum Rand einer Klippe, sprang, bekam einen Zweig zu fassen und erblickte und bewunderte dann jene Erdbeere. Ich lachte und lachte, als ich diese Geschichte zum ersten Mal schrieb.

Erst jetzt erkannte ich vollständig, daß diese Geschichte auch meine eigene war. Jedenfalls fand ich den nächsten Satz in meinen Aufzeichnungen: „Während ich den Vorgang verabscheue, in den ich eintreten muß, fühle ich zugleich seine Richtigkeit." Ich erwachte für jenen Moment und mochte das ganze Durcheinander. Das Leben hätte nicht vollkommener sein können.

Was für eine Freude, die Chance zu Luzidität und Bewußtheit zu haben. Das Große Ich wußte, daß für mich und jeden von uns die Schwierigkeiten, in die wir geraten, gut sind, selbst wenn es sich dabei um ein Gerichtsverfahren handelt. Dies zu erkennen, bedeutet immer, es zum ersten Mal zu erkennen, immer wieder.

Wenn Sie in Schwierigkeiten sind, versuchen Sie, das Problem bewußt zu untersuchen. Bekämpfen Sie die Schwierigkeiten zunächst, sträuben Sie sich dagegen, und versuchen Sie, sie zu beseitigen. Nehmen Sie dann das unmögliche Feld wahr, aus dem Ihre Probleme aufsteigen, gelangen Sie zum Zentrum des Mandala. Experimentieren Sie damit, das Feld zu fühlen; werden Sie zu seinen verschiedenen Teilen, fühlen Sie, was geschieht. Sehen Sie sich und die anderen auf einer Bühne in einem großen Theaterstück. Nehmen Sie wahr, was Sie der anderen Person angetan haben und diese Ihnen. Tun Sie, was Sie tun müssen, und sehen Sie, daß die andere Person ebenfalls tut, was sie tun muß. Können Sie sich selbst und all die anderen als Speichen des großen Mandala sehen?

Dies erinnert mich an den großen irischen Dramatiker Oscar Wilde. Er war wegen seiner Homosexualität angeklagt und vor Gericht über seine Beziehungen befragt worden. Als er seinen ehemaligen Liebhabern gegenüberstand, die sich, nachdem sie dafür bezahlt worden waren, gegen ihn gewandt hatten, sagte er: „Ihr Gift ist Teil ihrer Vollkommenheit."

Heute verstehe ich diese Aussage. Jeder, selbst derjenige, den man am meisten verabscheut, ist vollkommen im Sinne der spürenden Erfahrung, im Sinne dessen, ein Teil des Großen Ich zu sein, das zu sich selbst erwacht. Verfügt man über Luzidität, empfindet man Mitgefühl nicht nur für das eigene Verhalten, sondern auch für das Verhalten dessen, der einen hintergangen hat. Schließlich ist man „der andere" ebenso, wie man nicht der andere ist.

Der Diamant des luziden Träumens bedeutet, im Zentrum der Geschichte zu sein, in der man sich befindet, luzid über das Feld und seiner Teile bewußt. Wenn Sie krank sind, finden Sie ein Heilmittel. Wenn Ihr Körper immer noch Schmerzen leidet, lösen Sie nicht bloß den Schmerz auf. Bleiben Sie statt dessen nah an der Empfindung hinter dem Symptom. Wenn Sie eine Frage haben hinsichtlich einer Prüfung, einer Arbeit, einer Beziehung, versuchen Sie Antworten zu finden. Doch bleiben Sie nah der spürenden Essenz, die bereits vorhanden war, als Sie nur das Problem definiert hatten, über das Sie nachdachten.

Antworten auf Fragen zu erhalten ist ein notwendiger, doch unsicherer Pfad von Glück und Not. Er ist menschlich, doch weniger tragfähig als zur spürenden Essenz zu gelangen, indem man alle Teile kennenlernt, zu ihnen wird und sie gestaltet. Wenn man im Alltagsleben mit der spürenden Essenz in Kontakt zu bleiben vermag, weiß man, wer man ist. Aus der Sicht des Träumens kann man nur sein, was man vor der Geburt war und nach dem Tod sein wird, ein fühlendes Wesen, manchmal luzid, immer neugierig, das sich selbst vergißt und wieder erwacht.

Zur Erinnerung

Üben Sie die Identifikation mit dem Zentrum des Mandala, dem Diamanten des luziden Träumens, ebenso wie mit seinen Manifestationen, den Blütenblättern und Ereignissen des Alltagslebens.

Man kann nur sein, was man vor der Geburt war und nach dem Tod sein wird, ein fühlendes Wesen, manchmal luzid, immer neugierig, das sich selbst vergißt und wieder erwacht.

Kapitel 17

Die Realität als magisches Symbol

Die politische Inkorrektheit des Träumens

Wenn es keine Trennung mehr gibt zwischen
„diesem" und „jenem", wird
das als der Ruhepunkt des Tao bezeichnet. Am Ruhepunkt im
Zentrum des Kreises vermag man das Unendliche in allen Dingen
zu sehen. Richtig ist unendlich; falsch ist unendlich.[102]

Dieses Zitat klingt nach hinduistischer oder buddhistischer Weisheit, doch es ist ein alter Taoist, Chuangzi, der uns sagt, daß das Ergebnis der Dinge, richtig oder falsch, stets unendlich ist und vom zentralen Punkt, vom spürenden Standpunkt aus, immer irgendwie richtig. Ich denke, er würde uns nicht daran erinnert haben, wenn es nicht noch einen anderen Prozeß gäbe, der darauf beharrt, daß richtig besser ist als falsch, gewinnen besser als verlieren. Der umfassendste Bewußtseinszustand würde die Alltagsrealität akzeptieren, sie sogar sehr mögen. Er würde der unvermeidlichen Tendenz, gewinnen zu wollen, freien Lauf lassen, und wenn man zu verlieren begänne, würde er die Tendenz, in Gelächter auszubrechen, nicht hemmen.

Es gibt eine Zen-Geschichte von einem Mann auf einem dahingaloppierenden Pferd, der aussieht, als würde er zu einem wichtigen Ort reiten. Ein anderer Mann, der auf der Erde steht, fragt ihn, wohin er will. Das ist die Geschichte.

Ich stelle mir immer seltsame Gesichtswinkel zu diesen wunderbaren Zen-Geschichten vor. Meiner Ansicht nach ist die spürende Essenz hinter der Geschichte die Beziehung zwischen dem Mann auf dem galop-

---

102 Chuangzi, S. 29.

pierenden Pferd und dem Mann, der ruhig auf der Erde steht. Ich sehe letzteren plötzlich aufgeregt in die Luft springen und den Mann auf dem Pferd anschreien, er möge absteigen, da ihm bewußt wird, daß er sein hetzendes Alltagsselbst marginalisiert hat. Aus diesem Gesichtswinkel der Geschichte bricht der Mann auf dem Pferd in Tränen aus, als er den anderen auf dem Boden springen sieht, denn er entdeckt, daß er eigentlich stillsteht. Verrückt rasen und stillstehen sind gleichzeitig Teil des großen Bildes.

In taoistischen Begriffen ist das Pferd unendlich, der Reiter unendlich, der Mann auf dem Boden unendlich. Die Botschaft könnte lauten: Reite das Pferd unbewußt – entdecke Zentriertheit im Rennen.

All dies ist leichter gesagt als getan. Sie mögen sich daran erinnern, wie ich im Gerichtssaal erschien, an dem Tag, an dem ich dieses Buch beendete. Obgleich ich zu Beginn einigermaßen zentriert war, dauerte der Prozeß sieben trostlose Stunden und stieß mich aus meinem Zentrum. Die gegnerischen Parteien und ihr Anwalt betraten den Raum, in dem die Verhandlung stattfinden sollte, und sahen mich an, als ob sie einer Hinrichtung beiwohnten. In typischer Gerichtssaalmanier erfüllte der gegnerische Anwalt die Aufgabe, für die er ausgebildet worden war, und befragte mich unbarmherzig. Als ich in meiner üblichen Kombination aus Fakten und Gefühlen antwortete, bellte er: „Antworten Sie mit *Ja* oder *Nein*."

Ich entgegnete, mein Anwalt habe mir bereits dasselbe gesagt, antworten Sie nur mit Ja oder Nein. Warum, fragte ich mich laut, konnte ich dieser Empfehlung nicht folgen und mit Ja und Nein antworten? Trotz der Anspannung, die ich vor den laufenden Kameras und den Geschworenen empfand, brannten meine Augen so sehr, daß ich sie einen Moment lang schließen mußte. In jenem glücklichen inneren Moment flackerte eine Erinnerung auf. Ein Flirt!

Der Eid, den ich geschworen hatte, als ich in den Zeugenstand trat, wurde in mein Gedächtnis zurückgespült. Der Richter hatte mich gebeten, meine rechte Hand zu heben und ihm nachzusprechen: „Geloben Sie, die ganze Wahrheit und nichts als die Wahrheit zu sagen, so wahr Ihnen Gott helfe?" Ich erinnerte mich, feierlich geantwortet zu haben: „Ja, ich gelobe."

Nun, da ich schwitzend dem dynamischen Anwalt der Gegenpartei gegenüberstand, schoß mir dieser Eid durch den Kopf wie ein Blitz aus heiterem Himmel. Als er seine Aufforderung, ich möge nur mit Ja oder

253

Nein antworten, wiederholte, antwortete ich, daß ich unter Eid stünde, die ganze Wahrheit und nichts als die Wahrheit zu sagen. Ich entschuldigte mich bei ihm und sagte, die „Ja-und-Nein-Antworten", die er von mir fordere, entsprächen nicht der ganzen Wahrheit. Ich erklärte, die ganze Wahrheit möge seiner Ansicht nach unangebracht sein, sie sei aber dennoch die ganze Wahrheit.

Also ließ er mich über das sprechen, was mich beschäftigte, und ich erzählte die ganze Wahrheit, die viele Gedanken und auch Gefühle mit einschloß. Das war eine beeindruckende Erfahrung. Ich erinnere mich, langsam und klar gesprochen zu haben. Ich brachte zum Ausdruck, daß er versuchte, mich wie einen Kriminellen hinzustellen, und daß dies auch seine Aufgabe sei. In der Tat hatte ich das Gefühl, daß er seine Sache bemerkenswert gut machte. In meinem Herzen bewunderte ich ihn sogar. Ich sagte, seine Klienten hätten allen Grund, ihn in den höchsten Tönen zu loben. Und daß er auch für mich, hätte ich jemanden gewollt, der meine Position vertritt, genau der Richtige gewesen wäre. Doch ich hörte mich auch sagen, daß er meiner Ansicht nach zu viele Krimis gelesen habe.

An diesem Punkt nahm ich wahr, daß ich das Gefühl hatte zu gewinnen. Stolz regte sich; mein Herz schlug schneller. Ich hatte mein Pferd erklommen und flog im Galopp dahin. Dann änderte sich etwas in meinem Herzen, und die Demut kehrte, zumindest für den Moment, in mein Herz zurück. Ich hörte mich sagen, ich sei nicht nur an meinem eigenen, sondern auch an seinem Wohlergehen interessiert ebenso wie an der künftigen Freundschaft mit meinen Gegnern. Und ich meinte es auch so.

Um es kurz zu machen, die gegnerische Partei und ihr Anwalt entschlossen sich, den Prozeß fallenzulassen und sofort eine Einigung zu erzielen. Aus irgendeinem Grund schien mir der Anwalt die Seiten gewechselt und für mich Partei ergriffen zu haben.[103] Am Ende der Gerichtsverhandlung reichten die gegnerische Partei und ihr Anwalt sowie Amy und ich einander die Hände. Spontan umarmten wir uns. Dies war nicht nur das Träumen. Es war Realität. Es entstand ein Gefühl von Gemeinschaft. Noch bevor die Einigung erzielt war, hatten alle

---

103 In der Tat rief mich dieser erstaunliche Mann viele Monate nach Abschluß des Verfahrens an, um mit Amy und mir zu arbeiten. Auf diese Weise machten mir er und seine Klienten ein unvergeßliches Geschenk.

gewonnen. Was das Kleine Ich betrifft, entdeckte ich in jenem Augenblick das Herz des luziden Träumens.

Nun, während ich dieses Buch beende, fühle ich mich noch einmal wie vor Gericht, dieses Mal mit mir und Ihnen, liebe Leserin, lieber Leser. Etwas bittet mich, Ihnen die ganze Wahrheit über das Träumen zu sagen. Sie, unsere Welt und ich, wir befinden uns in einem Gerichtssaal. Etwas stellt die Frage: „Wer bist du?" Die „Ja-und-Nein-Antwort" auf die Realität lautet, daß Sie und ich Menschen sind. Wir sind gleich oder verschieden in bezug auf Nationalität, Altersgruppe, Geschlecht, sexuelle Orientierung, Religion, mentale und physische Gesundheit und so fort. Eine Wahrheit ist, daß es Unterdrückende und Unterdrückte in der Welt gibt.

Doch dies ist nicht die ganze Wahrheit. Dies sind bloß die „Ja-und-Nein-Antworten", diejenigen Antworten, die zu unseren Rechtssystemen und politischen Realitäten weltweit passen. Die ganze Wahrheit schließt die Sichtweise der australischen Aborigines, der Zen-Buddhisten und indigenen Völker mit ein. Die ganze Wahrheit schließt das Träumen, das jeden von uns erschaffen hat, mit ein.

Um das Träumen zu wissen hat politische Konsequenzen. Der Zugang zur dunklen Seite des Mondes hat manche Aborigines dazu veranlaßt, zu sagen, daß man das Känguruh nicht töten kann, da es lediglich die helle Seite des Mondes ist. Das wirkliche Känguruh ist das Känguruh-Träumen. Über Luzidität zu verfügen, bedeutet zu erfahren, daß alles, was im Sinne der Konsensusrealität real ist oder war, ursprünglich eine Mischung aus real und imaginär darstellt. Es ist ewig.

Das Känguruh war ein Lied, bevor es einen Körper annahm, und das Träumen ist frei, überall, jederzeit. Man kann es nicht töten. Der erschossene Körper war eine Marionette. Das tote Känguruh ist nicht das Känguruh-Träumen, sondern ein momentanes Phantasieprodukt der Vorstellungskraft der Welt.

Aus Sicht der Konsensusrealität besteht die „Ja-und-Nein-Wahrheit" darin, daß man das Känguruh töten kann und man selbst auch sterben wird. Doch die ganze Wahrheit ist, daß man eine wunderbare Essenz ist, ein unglaubliches Träumen, das Menschen wie Ihr Kleines Ich und die Menschen darum herum entstehen läßt. Sie können nicht sterben, weil Sie nie geboren wurden. In gewisser Hinsicht können Sie nicht beerdigt werden; niemand kann beerdigt werden. Niemand starb jemals.

Die Wahrheit im Sinne von Ja und Nein lautet, daß wir Individuen sind. Wir müssen damit aufhören, uns selbst zu verletzen und andere zu unterdrücken; wir müssen den Mißbrauchenden und den Mißbrauchten entdecken, die Unterdrückende und die Unterdrückte und die offene Zerstörung beenden, die wir durch Unbewußtheit in bezug auf die Vielfalt anrichten. Wir müssen den subtilen und manifesten Schmerz sehen, die Distanz zwischen uns, und herausfinden, auf welche Art und Weise wir einander marginalisieren und quälen und die Geschichte in ein Blutbad verwandeln. Wir müssen auf das Pferd aufsteigen und schneller reiten, um zu erkennen, daß der Mainstream überall Minoritäten auslöscht, indem er ihnen ihren Glauben, ihre Sprachen nimmt und sie verletzt in ihre Gräber stürzen läßt.

Das ist Bewußtsein. Die „Ja-und-Nein-Wahrheit" ist, daß es die Unterdrückenden waren. Doch die ganze Wahrheit ist, daß Sie und ich es auch waren. Und es waren ebenfalls Sie und Ich, die rückwärts in die Gräber fielen, nachdem sie erschossen wurden. „Was herum geht, kommt herum" heißt es der Nichtlokalität und dem Mystizismus zufolge. Man bekommt, was man gibt.

Die ganze Wahrheit schließt das Träumen mit ein, die Tatsache, daß man keinen Menschen aus einer nicht dem Mainstream zugehörigen Gruppe töten und keine Kultur unterdrücken kann – sie ist immer da. Sie und ich sind nicht bloß Individuen. Wir sind eine menschliche Erdgemeinschaft, die träumt. Wir sind jene Kultur, die stirbt und nicht stirbt, die träumt. Wie die Betongebäude am Victoria Square in Adelaide kamen unsere Körper vor einiger Zeit und werden schließlich schwinden, doch das Träumen, aus dem der Platz hervorging, das Träumen, von dem wir alle kommen, wird immer bestehen bleiben.

Die „Ja-und-Nein-Wahrheit" ist, daß Minoritäten tagtäglich verfolgt werden. Die ganze und politisch inkorrekte Wahrheit ist, daß man, selbst wenn man aufhörte, den anderen zu verfolgen, wenn man politische Verschiedenheit unterstützte, *ohne Luzidität* noch immer den häßlichsten Rassismus gegen die Traumzeit, gegen sein eigenes Selbst und die anderen, die träumen, verüben würde. Wann immer man darauf besteht, daß es nur eine Realität gibt, und lediglich darauf fokussiert, inwiefern wir verschieden sind, begeht man ein Verbrechen gegen das Träumen.

Die ganze und politisch inkorrekteste Wahrheit ist, daß alles, was die eigene Aufmerksamkeit erregt, man selbst ist. Prüfen Sie das noch einmal für sich. Betrachten Sie sich genau. Nehmen Sie sich ein paar Minuten Zeit und schreiben Sie einige der vielen Dinge auf, die während der letzten paar Stunden mit Ihnen geflirtet haben. Erinnern Sie sich an die verschiedenen Objekte, die Menschen, die Sterne in der Nacht, den Straßenlärm, der Ihre Aufmerksamkeit erregte.

Erkunden Sie nun diese Flirts. Wie sind sie miteinander verbunden? Was ist das Muster hinter all jenen Punkten, jenen Flirts? Das Bild, das sich hinter und innerhalb von allem entfaltet, was Ihre Aufmerksamkeit auf sich zieht, ist Ihr Doppelgänger, ein Bild des Großen Ich. Beginnen Sie, die Punkte zu verbinden, die verschiedenen Flirtmomente, und sehen Sie selbst.

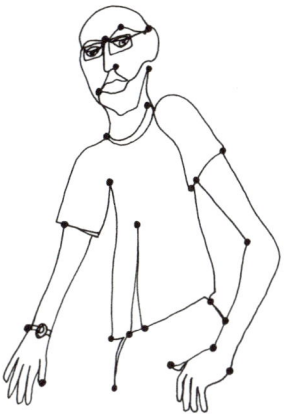

Da sind Sie, hinter den Punkten

Alles, was Sie wahrnehmen, ist ein Punkt im Umriß des Großen Ich; jene gigantischen Ereignisse, die aus der Dunkelheit der Nacht hervorschnellen und Sie zu ihrer Gegenwart erwecken, und die kleinen Dinge, die nur kurz vor Ihrer Aufmerksamkeit aufflackern, bevor sie dem Vergessen anheimfallen. Sein ganzes Selbst zu sehen macht Spaß; es ist fast ein Kinderspiel.

Wenn Sie die spürende Erfahrung marginalisieren, sehen Sie sich als einen normalen Menschen. Marginalisieren Sie nicht, mögen andere Sie eine Mystikerin nennen. Sowohl die Alltagsperson als auch die Mystikerin sind Ihre Gesichter. Wo Sie auch hinblicken, Sie sehen immer sich selbst, durch Zeit und Raum hindurch ausgedehnt. Wenn Sie die spürende Erfahrung nicht marginalisieren, sehen Sie das Angesicht Gottes, selbst wenn Sie in den Spiegel schauen.

Für das Kleine Ich gilt dies nur für Momente. Das Universum scheint so lebendig und in ständigem Wandel begriffen zu sein, daß es Ihr und mein Kleines Ich ängstigt. In normalen Bewußtseinszuständen fürchten Sie und ich dieses Universum und streben danach, uns vor dieser ehrfurchtgebietenden Macht zu schützen. Sie und ich, wir hängen an unserem Namen und weigern uns zu erkennen, daß die Menschen und Ereignisse, die uns durcheinanderbringen, das Gesicht im Spiegel sind.

Die dunkle Seite des Mondes erkunden

Der Gebrauch von Luzidität zur Erkundung der dunklen Seite des Mondes enthüllt eine unglaubliche Vision: all die Menschen, die Sie haßten und liebten, die leben und die starben, sind Sie. Es wird deutlich, daß man sich nur von jemandem verabschieden kann, dessen Essenz man marginalisiert hat.

Die Wahrheit ist, daß kein Beziehungsthema, ob Liebe oder Haß, Leben oder Tod, jemals vollständig gelöst werden kann ohne Luzidität über die spürende Erfahrung, ohne vierundzwanzig Stunden luzides Träumen. Wenn Sie über Luzidität verfügen, wissen Sie, daß Sie auf beiden Seiten stehen, auf allen Seiten von Beziehungen.

Wenn Sie, zumindest für einen Augenblick, über Luzidität verfügen, können Sie sich am Träumen erfreuen, der Quelle der Realität. Und Sie vermögen sich ebenfalls an jener schrecklichen und spektakulären Vielfalt zu erfreuen, jener Realität der Kontraste, genannt die Welt.

Zur Erinnerung

Um Ihr Selbst zu erkennen, galoppieren Sie, und sehen Sie sich vollkommen stillstehen.

Erfreuen Sie sich an der spürenden Erfahrung, und segnen Sie denjenigen, der sie marginalisiert.

Vergessen Sie und erinnern Sie sich: Sie sind die helle und die dunkle Seite des Mondes, der Baum und der Wind, die Münze und das Unbekannte, das sie wirft.

Glossar

Amplifikation: Verstärken eines Signals durch Gestalten, Erleben und Weiterentwickeln im Kanal seines Auftretens oder durch Kanalwechsel.

Aufträumen: Eine Erscheinung, die dann auftritt, wenn ein Doppelsignal in einer anderen Person Reaktionen hervorruft. Der Ausdruck kommt von der empirischen Wahrnehmung, daß die Reaktion dieser anderen Person immer in den Träumen der Person vorkommt, welche die Doppelsignale aussendet (die Reaktion ist sozusagen „aufgeträumt").

Bewußtheit: Wachheit/Wahrnehmung für den Informationsfluß in den verschiedenen Kanälen.

Bewußtsein: Wachsamkeit; Zustand der Wahrnehmung seiner selbst und seiner Umgebung; Vorhandensein eines objektiven, unvoreingenommenen Beobachters.

Dharma: Umfassender Begriff für das, was unser Wesen ausmacht. Grundlage menschlicher Moral und Ethik, Ordnung des Universums und Basis jeder Religion.

Dharmas: Flüchtige Erscheinungen, vorübergehende mentale oder physische Ereignisse.

Divination: Voraussage von Ereignissen.

Etablieren: Wahrnehmungsstadium, in dem eine Reaktion auf ein Objekt festgelegt wird, noch bevor man dessen auf intelligente Weise gewahr ist.

Facilitator, -in: Das englische Verb to facilitate bedeutet soviel wie erleichtern, ermöglichen. Der Begriff Facilitator, -in bezeichnet in diesem Kontext eine ganz bestimmte Art, mit Gruppen zu arbeiten. Die Facilitatorin unterstützt Gruppen dabei, ihren ganz eigenen Weg unter Berücksichtigung aller vertretenen Standpunkte zu finden. Dabei spielt die Wahrnehmung eine entscheidende Rolle. Die Hauptaufgabe der Facilitatorin besteht darin, die Wahrnehmung für die Signale aller Teile einer Gruppe zu wecken.

Feld: Felder werden in Anlehnung an die Physik als innerlich verbunden und von nichtkausalen Kräften organisiert verstanden. Innerhalb eines Feldes wirken alle Teile auf alle anderen ein. Es ist ein wichtiges Ziel von Prozeßarbeit mit Gruppen, die Wahrnehmung und Entfaltung von Strukturen und Dynamik von Feldern zu studieren und zu fördern.

Flashes: Kurz aufblitzende Wahrnehmungen.

Flirts: Flüchtige Erscheinungen und vorübergehende mentale und physische Ereignisse, welche die eigene Aufmerksamkeit auf sich ziehen.

Flirten: Objekte verfügen über eine Kraft, die mit einem flirtet, d.h. die versucht, einen dazu zu veranlassen, ihnen Aufmerksamkeit zu schenken.

Fluidität: Sich fließend von Moment zu Moment durch verschiedene Rollen und Bewußtseinszustände hindurchbewegen.

Geisterrolle: Ein nicht direkt angesprochener oder verkörperter Teil des Feldes, mit dem sich niemand identifizieren kann, auf den das Feld aber reagiert.

Grenze: Sie trennt den primären Prozeß von dem sekundären; sie wird als die Grenze dessen erfahren, was wir als zu uns gehörig betrachten, und als Grenze dessen, was wir uns zutrauen.

Heiße Momente: Emotionale Momente, die die Aufmerksamkeit einer Gruppe erregen, aber zu erstaunlich oder zu unbequem sind, als daß die Gruppe den Fokus darauf richten könnte. Sie werden daher von der Gruppe übergangen.

Indigen: Eingeboren, einheimisch.

Kanal: Art und Weise unserer Wahrnehmung. Wir unterscheiden den visuellen (Wahrnehmung über das Sehen), auditiven (Hören und Aufnahme von Information über Töne und Geräusche), propriozeptiven (Wahrnehmung über den Bewegungssinn) und Beziehungskanal (Aufnahme von Informationen, als finde sie in der ganzen Welt statt oder würde von der ganzen Welt wahrgenommen).

Konsensusrealität: Die auf Konsens (Übereinkunft) beruhende Alltagswelt.

Marginalisieren: Inhalte, die im Zentrum des Bewußtseins stehen, an den Rand drängen.

Nicht-Konsensusrealität: Die nicht auf Konsens beruhende Welt des Träumens.

Rolle: Die Kräfte eines Feldes zeigen und polarisieren sich in Teilen oder Rollen; sie sind immer größer als einzelne Menschen, und ein einzelner Mensch ist immer größer als die Rolle, die er gerade besetzt.

Prozeß: Der Fluß von Signalen und Informationen.

Prozessieren: Das Arbeiten mit oder das Sich-entfalten-Lassen von Symptomen und Signalen.

Signale: Kleine Einheiten und Teile von Informationen.

Tiefe Demokratie: Sie nimmt alle Teile eines Feldes gleich wichtig und weiß, daß auf keinen verzichtet werden kann. Sie achtet besonders auf Minderheiten.

Traumkörper: Beschreibung einer Körpererfahrung, die dann eintritt, wenn wir innere Bilder mit Körperempfindungen und Symptomen in Verbindung bringen.

Unbewußtheit: In diesem Zustand sind wir mit der Wahrnehmung identifiziert, d. h. unfähig, uns unserer Wahrnehmungen bewußt zu werden, sie zu bemerken oder ihnen zu folgen.

Weltarbeit: Neue Arbeitsweise, die Elemente aus verschiedenen Wissenschaften und Disziplinen vereinigt. Ohne Einschränkung auf herkömmliche Disziplinen geht Weltarbeit von der Wirklichkeit so aus, wie sie ist, und arbeitet mit dem ganzen Feld.

Bibliographie

Barks, Coleman und Michael Green: *The Illuminated Rumi*. New York: Broadway Books, Bantam, 1996.

Bhikkhu Thanissaro: *Unentangled Knowing. The Teaching of a Thai Buddhist Lay Woman. Barre*, MA: Dhamma Dana Publications, 1995.

Bulkeley, Kelly: *Among All These Dreamers*. Albany, N.Y: State University of New York Press, 1996.

Castaneda, Carlos: *Reise nach Ixtlan. Die Lehre des Don Juan*. Frankfurt am Main: Fischer 1975.

Chuangzi: Übersetzt von Gia Fu Feng und Jane English. New York: Vintage Books, 1974.

Coxhead, David und Susan Hiller: *Dreams, Visions of the Night*. London: Thames and Hudson, 1975.

Dalai Lama: *Traum, Schlaf und Tod. Grenzbereiche des Bewußtseins: der Dalai Lama im Gespräch mit westlichen Wissenschaftlern*. Herausgegeben von Francisco Varela. München: Diederichs, 1998.

Meister Eckhart: *Deutsche Predigten und Traktate*. Herausgegeben und übersetzt von Josef Quint. Zürich: Diogenes, 2001.

Eliade, Mircea: *Yoga. Unsterblichkeit und Freiheit*. Frankfurt: Suhrkamp, 2001.

Evans-Wentz, W. Y.: T*ibetan Yoga and Secret Doctrines*. New York: Oxford University Press, 1958.

Freud, Sigmund: D*ie Trauminterpretation*. Frankfurt am Main: Fischer, 1991.

Garfield, Patricia: *The Dream Messenger. How Dreams of the Departed Bring Healing Gifts*. New York: Simon and Schuster, 1997.

Dies. *The Healing Power of Dreams*. New York: Simon and Schuster, 1991.

Goodbread, Joseph: *Radical Intercourse*. Portland, Oreg.: Lao Tsu Press, 1997.

Govinda, A. B.: *The Psychological Attitude of Early Buddhist Philosophy*. Delhi: Nag Publishers, 1975.

Griffiths, P. J.: *Being Mindless; Buddhist Meditation and the Mind-Body Problem*. La Salle, III:Open Court, 1986.

Guenther, H. V.: *Tibetan Buddhism in Western Perspective. Collected Articles of Herbert V. Guenther*: Delhi: Dharma Publishing, 1989.

Hanh, Thich Nhat: *Das Herz von Buddhas Lehre. Leiden verwandeln. Die Praxis des glücklichen Lebens*. Freiburg: Herder, 1999.

Ders. *Nenne mich bei meinem wahren Namen*. Freiburg: Herder, 1998.

Hilevi, ben Shimon: *Kabbalah, Tradition of Hidden Knowledge*. London: Thames and Hudson, 1979.

Jung, Carl Gustav: *Die Struktur der Seele*. Gesammelte Werke, Bd. 8, Ed. 7. Solothurn: Walter Verlag, 1995.

Ders. *Psychologie und Alchemie*. Gesammelte Werke, Bd. 12, Ed. 7. Solothurn: Walter Verlag, 1995.

Kaplan-Williams, Stephen: *Exploring the World of Lucid Dreaming*. New York: Ballantine, 1992.

La Berge, Stephen: *Hellwach im Traum*. München: Moderne Verlagsgesellschaft, 1991.

Lancaster, B. L.: „The Mythology of Anata." In *The Authenticity of Experience*, herausgegeben von J. Pickering. Richmond, Surrey: Curzon Press, 1991.

Ders. „The Stages of Perception. Towards a Synthesis of Cognitive Neuroscience and the Buddhist *Abhidamma* Tradition." *Journal of Consciousness Studies*, 4, Nr. 2, 1997.

Laozi: *Tao te king. Das Buch vom Sinn und vom Leben*. Übersetzt und mit einem Kommentar von Richard Wilhelm. München: Eugen Diederichs Verlag, 1995.

Lawlor, Robert: *Am Anfang war der Traum. Die Kulturgeschichte der Aborigines*. München: Droemer Knaur, 1993.

Mathews, John (Hrsg.): *The World Atlas of Divination*. Boston: Bulfinch Press, 1992.

Mbiti, John: *Afrikanische Religion und Weltanschauung*. Berlin: De Gruyter, 1974.

Mindell, Amy: *Die Weisheit der Gefühle*. Petersberg: Via Nova, 1999.

Dies. *Koma – Ein Weg der Liebe*. Petersberg: Via Nova, 2000.

Mindell, Arnold.: *Dreambody. Krankheit und Individuation. Über die Beziehung zwischen Traum- und Körperprozessen*. Fellbach: Bonz, 1985.

Ders. *Der Leib und die Träume. Prozeßorientierte Psychologie in der Praxis*. Paderborn: Junfermann, 1987.

Ders. *Traumkörperarbeit oder: Der Lauf des Flusses*. Paderborn: Junfermann, 1987.

Ders. *Traumkörper in Beziehungen. Prozeßorientierte Psychologie in Praxis und Theorie*. Basel: Sphinx, 1994.

Ders. *Schatten der Stadt. Prozeßorientierte Therapie in Aktion*. Paderborn: Junfermann, 1989.

Ders. *Schlüssel zum Erwachen. Sterbeerlebnisse und Beistand im Koma*. Freiburg, Olten: Walter, 1989.

Ders. *Traumkörper und Meditation. Arbeit an sich selbst*. Freiburg, Olten: Walter, 1992.

Ders. *Das Jahr Eins. Ansätze zur Heilung unseres Planeten*. Freiburg, Olten: Walter, 1991.

Ders. *Der Weg durch den Sturm. Weltarbeit im Konfliktfeld der Zeitgeister*. Petersberg: Via Nova, 1997.

Ders. *Den Pfad des Herzens gehen. Schamanische Praktiken und moderne Psychologie*. Petersberg: Via Nova, 1996.

Ders. *Mitten im Feuer. Gruppenkonflikte kreativ nutzen*. München: Heinrich Hugendubel, 1997.

Ders. *Quantum Mind. The Edge between Physics and Psychology*. Portland, Oreg.: Lao Tsu Press, 1999.

Ders. *The Dreammakers Apprentice. Using Heightened States of Consciousness to interpret Dreams*. Charlottesville: Hampton Roads Publishing, 2002.

Ders. – mit Amy Mindell: *Das Pferd rückwärts reiten. Prozeßarbeit in Theorie und Praxis*. Petersberg: Via Nova, 1996.

Monroe, Robert: *Über die Schwelle des Irdischen hinaus*. München: Ludwig Buchverlag, 2002.

Moss, Robert: *Conscious Dreaming*. New York: Crown Trade Paperback, 1996.

Norbus, Namkai: *Dream Yoga and the Practice of Natural Light*. Ithaka, N.Y.: Snow Lion, 1992.

Perls, Frederick S.: *Gestalttherapie in Aktion*. Stuttgart: Klett, 1974.

Raheem, Aminah: *Process Acupuncture*. Palm Beach Gardens, Fla.: Upledger Institute, 1996.

Rawson Philip und Laszlo Legeza: T*ao, the Chinese Philosophy of Time and Change*. London: Thames and Hudson, 1979.

Reed, Henry: *Awakening Your Psychic Powers*. New York: St. Martin's Press, 1996.

Rumi: *The Essential Rumi*. Übersetzt und herausgegeben von Coleman Barks. San Francisco: HarperCollins, 1995.

Rhys-David, C. A. F.: *Buddhist Psychology. An Inquiry into the Analysis and Theory of Mind in Pali Literature. In Compendium of Philosophy*, S. Z. Aung und C. A. F. Rhys-David.

Schwarz, Salome: „Shamanism". Dissertation. Yellow Springs, Ohio: Union Institute, 1996.

Shearer, P. (Übers.): *Effortless Being. The Yoga Sutras of Patanjali*. London: Unwin, 1989.

Stuart, Maurine: *Subtle Sound. The Zen Teachings of Maurine Stuart*. Boston: Shambala, 1996.

Tansley, David V.: *Subtle Body. Essence and Shadow*. London: Thames and Hudson, 1992.

Tart, Charles: *Altered States of Consciousness*. New York: John Wiley and Sons, 1969.

Thera, Venerable Nyanaponika: *Abhidhamma Studies, Buddhist Explorations of Consciousness and Time. Boston: Wisdom Publications, 1998.*
The Upanishads. Breath of the Eternal. Übersetzt von Swami Prabhavananda und Frederick Manchester. Hollywood, Calif.: Vedanta Press, 1996.

Von Franz, Marie Louise: *Zeit*. München: Kösel, 1992.

Dies. *Wissen aus der Tiefe*. München: Kösel, 1987.

Walsh, Roger N.: *Der Geist des Schamanismus*. Frankfurt am Main: Fischer, 1998.

Ders. „Lucid Dreaming. Some Personal Implications." *Journal of Transpersonal Psychology* 24, Nr. 2, 1992, S. 193–200.

Watts, Alan: *The Book: On the Taboo against Knowing Who You Are*. New York: Vintage, 1972.

Williams, Cecil: *No Hiding Place, Empowerment and Recovery For Our Communities*. San Francisco: Harper, 1994.

Wolf, Fred Alan: *Die Physik der Träume. Von den Traumpfaden der Aborigines bis ins Herz der Materie*. Berlin: Byblos, 1995.

Index

A
„A'NE HIMU" 31
„Buddha-Geist" 94 ff., 99, 100, 111, 246 f.
„Flirten" 66, 98, 106–108, 193 ff., 196, 203–206, 214,
„Großer Geist" 22, 243
„Heiler" und „Problem" 158
„Ignis Nonnaturalis" 107
„Leere" 18, 23, 85, 102, 189, 243, 244 ff., 245, 246 f.
„Raum-Zeit-Diagramme" 133
„Theorie der Rückwärtsbewegung in der Zeit" 134, 135, 137
„Traum-Yoga" 30 f., 31
24 Stunden Luzid Träumen 18 f., 25, 26, 30–35 ff., 41 f., 44, 56, 94, 104, 112, 128, 155, 198 ff., 202, 205, 214, 218 f., 236 f., 244 ff., 258
Abhidhamma Studies 65 f., 69, 101
Abhidharma, der 57, 59 ff., 60 ff., 61–65 f., 67, 70 f.–72 f., 78, 101 f., 149, 238
Aborigines 15 f., –18, 20 ff., 21–26, 32, 33, 65, 78 f., 82, 101, 255 f.
Abtrennung 29, 38, 41
Achtsamkeit 46, 155, 214
Ägyptisches Totenbuch 150
Ahnengedächtnis 130
Alltagsrealität 17 ff., 59 ff., 99 f., 236
Amerikanische Ureinwohner 23 f., 25 f., 102, 225, 247 f.
Andere, der 206
Anhaftung an die Alltagsrealität 227
Animus und Anima 192
Anonyme Alkoholiker 180 f.
Anthropos-Mythen 103, 104
Antworten 23, 115–117, 121 ff., 251
Arbeit mit sich selbst 225
Archetypen 23
Aspect, Alan 87, 191
Assoziation 40 f., 62, 73 ff.
Atmosphäre 37, 82, 86, 140 f., 142, 154, 169 f., 182–188, 196, 197 f.–200, 207 ff., 208, 210 ff., 211 ff., 249 f.
Aufträumen 159, 162 ff., 163 f., 165, 168
Aurobindo, Sri 33

B
Barrieren 167
Bells Theorem 87 f., 191 f., 192 f.
Bereich des Spürens 43, 47, 48, 59, 84, 101, 151, 154, 196, 210, 223
Berührung und Verflochtenheit 158, 173
Bewegung 21 ff., 34, 37, 52, 81, 115, 116 ff., 117 ff., 119 f., 120 ff., 122, 123 f., 133, 149 f., 154, 171, 175, 184 f., 234, 243
Bewußtheit 34, 48, 49 f., 71, 82, 85, 89, 138, 160, 161, 163, 164 ff., 210 f. 250
Bewußtsein 34 ff., 46–51 ff., 62–66 f., 68–76 ff., 81 f., 87, 88 ff., 91, 105–108,
Bewußtsein in Großgruppen 202
Beziehung 19, 148, 149 ff., 152, 156–158 f., 161 ff., 176 f.–178 ff., 181–185 ff., 188, 189 ff. 194–197, 200 f. 218, 258
Beziehungsarbeit 149, 159 ff., 166, 167 f.–169 f., 198,
Blumen 97–99, 102, 156, 157, 241
Bohm, David 22, 190, 191 f.
Brahma 31, 32
Buddha 57 f., 60, 69, 94 f.– 96, 99 f., 102, 104, 106, 111, 229, 244, 246 ff., 247
Buddhismus 18, 28, 42, 46, 49, 51, 57–60 f., 69, 86, 101, 113, 128 f., 230, 232

265

C
Cabrini, Mutter 121
Castaneda, Carlos 86, 221
Chamberlin, Jim 60
Christentum 232
Chuangzi 23, 30 f., 32, 41 f., 55 ff., 56, 77, 92 ff., 93, 96 ff., 98, 99, 112, 127, 129, 141 f., 143 ff., 177, 218, 219 ff., 252 f.
Cramer, John G. 100

D
da Vinci, Leonardo 17
Dalai Lama 30 ff., 34 ff., 35
Dämonen 221 f.
Das Machtvolle Etwas 31, 32
Déjà-vu 129, 130
Depression 19 ff., 20, 45, 162, 163 f.
Diamantzentrum des Mandala 243
Divination 18, 110, 112 f.-114 ff., 116 f., 117, 119, 122, 123, 128
Don Juan 86 f., 141, 221
Doppelgänger 217 ff.-219 f., 225 ff., 227-232 ff., 236, 240, 241 f., 244, 257
Doppelsignale 165 f.
Dreambody 26, 143

E
Ebenen der Bewußtheit 49, 196
Ebenen der Realität 46, 199
Eckhart, Meister 230 f.-232
Einstein, Albert 14, 190, 191, 239, 245
elektromagnetisches Feld 114 f., 131 f.-133 f., 136 f., 140, 211
Elektro-Enzephalogramm (EEG) 34
Elektronen 131, 145
Energetische Tendenzen 23
Entfalten 55, 153, 154, 198, 208
Entrechtung 180
Erinnerungen, Träume, Gedanken 96
Erkältung 57, 72 ff.-74
Erleuchtung 42 ff., 49 f., 50, 53, 55 f. 75 f., 76, 145, 157, 203, 230 f.,
Erwachen 30, 31, 33, 34, 69, 104, 106, 234-236, 240, 248
erweitertes Selbst 198
explosiver Ausdruck 148

F
Faxanalogie 100
Feldtheorie 167, 192 ff.
Feynman, Richard 130 f.
Fische 46 ff., 172 ff., 175 f., 195 ff., 235
Fische-Träumen 195
Formwechsel 109, 117, 118 ff., 120, 137, 140, 207 f., 208
Freud, Sigmund 18, 22, 23, 40
Freundschaft 238, 254

G
Ganzheit, ungebrochen in Beziehungen 189
Gefühl, „stoned" zu sein 40
Gegenübertragung 160 ff., 152, 163, 165, 168, 170, 176
Geheimnisse 181 ff.
Gemeinschaft aller Wesen 235, 237
Gemeinschaftsarbeit 180–182
Gesundheit 84, 161, 177–178 ff., 180, 181, 183, 184, 255
Gewinnen und verlieren 249
Ghandi, Mahatma 202
Gleichheit 194, 195, 199 f., 200 f.
Glockenläuten 204, 205, 208
Goodbread, Joseph 162
Gott 102 ff., 103 ff., 121 ff., 122, 220 f., 230–234, 249, 254, 258
Grenzen 46, 64–71, 76, 88, 165 ff., 169, 170, 174, 176, 189, 190, 221
Große Objekte 64
Große Träume 145, 147, 166 f.
Großes Erwachen 31
Großes Ich 45 f., 94, 220 ff.
Großes Werk 39
Großgruppen 202
Großmutter 227 ff.

H
Hände 20, 77, 109, 149, 169, 173 ff.-176, 187, 195, 254
Hawking, Stephen 22
Heilen 18, 73, 77, 120, 125, 143, 218
Heilen, luzid 125, 145, 218
Heisenberg, Werner 21
Hellsichtigkeit 79, 121
Hopi 31, 32 ff.

I

Ideen 23, 35f., 36, 41, 47, 72, 78, 93, 99, 114, 130, 150, 180, 193f., 227, 229, 238
Identität 43, 44, 51, 66, 71, 93ff., 97, 112, 120, 128, 137f., 145f., 154, 178, 179, 200, 219, 221, 230, 241
Ihre neue Identität 43, 44, 93
Imaginäre Zeit 22ff., 28
Individualität 50
Individuation 26, 143, 237ff.
Innere Arbeit 25, 36, 82, 205, 210, 221, 222
Irland 211ff., 212ff.
Irokesen 25

J

Japanischer Buddhismus 51
Ja-und-Nein-Wahrheit 255, 256f.
Joseph, Chief 25
Jung, C. G. 18, 22, 23, 40, 96ff., 98ff., 99, 107, 113f., 138, 192ff., 193f.

K

Kabbala 102
Känguruh-Träumen 255f.
Kenianische Schamanen 86
Kinder 24, 86, 115, 167, 211ff., 257
Kleines Ich 45f., 54ff., 90, 93, 109, 200f., 227, 236ff., 255, 258
Kochen 77, 107
Kolonisation 24, 25
Kommunikation 101, 128, 149f., 161, 167, 193, 194ff., 200
Konflikt 5, 25f., 50, 68ff., 138, 141, 187ff., 199f., 202ff., 205, 206, 208f.–212m 214f., 230f., 247–249
Konfliktarbeit 209, 211
Konfuzius 57
Konsensusrealität 27ff., 31, 46, 53f.–55f., 58ff., 79ff., 82,–87f.,
Konzentration 24, 46, 74, 155, 214
Körpersymptome 26, 38, 83, 129f., 143–146, 155, 221
Kraft von Objekten 64, 107
Krankheitskonzept 144
Krieg, als Träumen 213

L

La Berge, Stephen 26f., 33, 34, 42f.
Laozi 29, 38, 108, 112f., 117
Lehren des Abhidharma 57
Liebe 84, 114, 161, 182, 198, 222, 258
Liedermachen 82f.
Losgelöstheit 40, 124ff., 163, 210
Luzid heilen 125, 143, 218
Luzid leben 28, 215
Luzid Träumen 15, 18, 25, 26, 34, 35
Luzide Berührung 173
Luzidität 27f.–30, 33, 37–40, 42ff.,55, 58, 74ff., 78, 79, 81ff., 82, 87, 88ff., 93f., 101ff., 112f., 129f., 136ff., 145ff., 164f., 169f., 179, 194, 196f., 200ff.–203f., 205–210ff., 219ff., 244f.–250f., 258ff.

M

Macht 17f., 28, 45, 103, 151f., 154, 161ff., 163ff., 168, 258
Mandala 243, 245ff.–247, 250f., 251
Mandukya Upanishad 113
Marginalisierung 46ff., 51, 56, 61, 65ff.–69ff., 71ff., 76, 80, 104., 128, 141, 153, 196, 199, 238
Maricopa 25
Marx, Karl 202
Mathews, John 114
Mbiti, John 12
Meditation 34f., 106, 147, 155, 183, 186, 189, 195, 207, 210, 221, 227 245
Medizinische Interventionen 180, 182
Medizinisches Paradigma 144, 146
Medizinmänner 86
Michelangelo 17
Mindell, Amy 15, 53, 67ff., 68ff., 80ff., 81f., 84f., 85ff., 155–157, 178, 227ff., 247, 248ff., 254 f.
Mindell, Pearl und Carl 11
Mond 16ff., 17, 23, 105, 128, 200f., 255f., 258f., 259
Mückenerfahrung 65
Multikulturelles Verständnis 42
Musik 33, 140, 233
Mutter, Religion der 244
Mystik 15, 104, 113
Mythischer Standpunkt 102

N
Nai-mus-ena 31
Nez Perce 25 f.
Nicht auf Konsens beruhender Bereich 25 f
Nicht-Konsensusrealität 32, 59, 79, 84 ff., 97, 100, 105, 158, 189, 199, 235, 239
Nichtlokalität 32, 59 ff., 79, 84–86, 97, 99, 100, 105, 158, 189 f., 199, 203, 235, 239
Nichttun 77–79 ff., 81 f.–83 ff., 88 ff.,–91 ff.
Nichtzeitliche und nichtlokale Erfahrungen 84
Nirvana 65
Nyanaponika Thera, der Ehrwürdige 65, 69, 101

O
Objekte und Ereignisse 16
Obrien, Lewis 15
Ost und West 42

P
Partybeispiel 186
Patanjali 30 f., 112, 113, 121
Pflaumenbeispiel 80
Photonen 190 f., 192, 193 f.
Physik 15, 18, 20 f.–22, 28, 59, 78 f., 86 f., 92, 96, 100, 101 f., 104, 106, 112, 113, 116 ff., 17 f., 122, 128, 130–132 ff., 135, 145 f., 164, 190, 191 f., 230, 238
Piepende Diagramme 92
Politische Inkorrektheit 252
Präventivmedizin 84 f., 143, 155
Projektion 79, 93, 97, 98 ff., 159 ff., 160–163, 167, 170, 176 196 ff.
Psychologie 18, 22, 23, 46, 4–50 f., 58 f., 69, 78, 85–87, 90, 92, 93, 97, 98, 106, 107, 112, 113 f., 116 f., 122, 131, 137, 153, 155,157 f., 162, 175, 189, 192 f. 193, 209, 210 f., 226, 232, 235
Purpurfarbener Buddhismus 57

Q
Quantenphysik 18, 86, 87, 96, 100, 102, 104, 116, 127, 128, 130 ff., 131, 164, 186, 189, 190, 211, 235, 239
Quantenfeld 21 ff., 22 f. 28, 78 f. 116
Quantum Mind 21, 22, 78 f., 86, 87, 96, 100, 102, 105, 114, 131, 135, 191, 239, 245

R
Raheem, Amina 150
Ramana Maharshi 33 49, 50
Rang 160, 161 ff., 163, 168, 199, 210 ff. 211 f.
rapid eye movements (REM) 34
Rassismus 24 ff. 25, 203, 211, 256
Realität 16, 17 f., 19 f., 20, 22 f., 23 ff., 27, 28 ff., 31 f. 32, 38 ff., 41, 46–48, 51 f., 52, 54, 56, 58, 59, 61, 63, 77, 86 ff., 89, 98, 99 f., 101, 102, 104, 105 ff., 111, 128 f., 130 ff., 132, 139, 141, 189, 191, 195, 199 f., 200, 227, 229, 230, 232, 238–240, 243, 244, 246, 247, 252, 254, 255 f., 256, 258 f.
rechtliche Schwierigkeiten 247
Reed, Henry 113 f.
Reflexion 26, 61, 92, 98, 100, 102, 104–106, 143
Reine Aufmerksamkeit 46, 69 f., 72, 101, 104, 106
Reinkarnation und Heraustreten aus der Zeit 127
Ricklin, Franz 138, 139
Rinzai-Sekte 51
Rinzai-Zen 51
Ruhepunkt 252
Rumi, Jelaludin 158 f., 189, 217, 238 f., 242 f., 243

S
sahaja samadhi 33f, 49
samadhi 33, 49
Saubermachens, Nichttun des 89
Schamanen 86 f., 115, 118, 137, 196
Schamanismus 17, 18, 69, 86, 106, 113, 127
Schlaf, Traum und Tod 30, 34
Schrittweise Wahrnehmung 61
Schulung der Luzidität 29, 145

Schwache Objekte 64
sehr schwache Objekte 64
Sein 29, 154, 189, 206
Selbst 19, 43, 46, 49, 51 f., 52 f., 55, 56 ff, 61, 68, 71, 74, 79, 81 f., 87, 94, 95,103, 113 f.,121, 123 f., 140, 141 f., 145, 179, 195, 198 f., 222, 224, 230, 232, 241–243 f., 251, 256, 259
Selbstdefinition 137, 207 f.
Selbsterforschung 36
Selbstkritik 67, 68
Selbstreflexion 34, 103, 105, 106 f., 111, 235 f., 239 f.
Sensibilisieren der Hände 173
Shakti 244 ff., 245
Shiva 235 f., 245
Signalaustausch 164 f., 165 f., 168, 236
Soziales Handeln 203, 210, 240
Spirituelle Traditionen 20 22, 23, 35, 48, 218, 240
Spürende Aufmerksamkeit 101, 241
Spürende Berührung 169, 171
Spürende Erfahrungen 30, 32, 44, 45, 48 f., 49, 51 f., 52, 58, 69, 70, 72 f., 74 ff., 75, 78, 82 f.–87, 90, 91, 93, 96, 106, 112 f., 116 f., 117 f., 121, 128 137, 145 f., 146, 151, 153, 159, 170, 174, 175, 186, 187, 194 ff., 197 f., 200, 210, 234, 240, 241, 243, 244, 257, 258 f.
Spürende Interaktionen 169
Spürende Körperarbeit 150 f., 151, 176
Spürende Natur 173
Spürende Suchtarbeit 184
Spürende Symptomübung 152
Spürende Verflochtenheit 167, 169
Spürende Wahrnehmung 61, 62 f., 88, 90, 99, 116, 146, 195, 240
Spürendes Feld 55, 105, 219
Spürendes Heilen 77
Steiner, Rudolf 33
Stuart, Maurine 230 ff, 231
Subtle Sound 230, 231
Sucht 177–185 f.
Symptome 18, 26–28, 38, 66, 104, 129, 143 f.–149 ff., 152 ff., 155, 157 f. 179, 218, 221, 223

T
Tao 23, 30 ff., 32, 36, 38, 41, 42, 55, 57 ff., 77, 82, 91, 112, 113, 116, 117, 177 f., 188, 205, 243, 252
Tao te king 29, 108, 117
Tarnda Munaintya 15
Tart, Charles 113 f.
Teekanne 93 ff.,–96
Teezeremonie 88 ff.
Teilchen, geladen 131
Telekinese 79
Telepathie 79, 121, 170, 176
Tendenzen 21 ff.–24 f., 26 f.–30, 32, 38 ff.–40, 48, 55, 79 f., 80 f., 83,84, 97, 103, 106, 108, 116 ff., 117, 119 ff., 120 f., 128, 136, 151–153 f., 155, 156 ff., 170 f., 172, 174, 175 f., 178 f., 181–195, 197, 223, 241, 252 f.
The World Atlas of Divination 114
Thich Nhat Hanh 48, 200
Tiere 33, 103, 104, 118, 176, 200 f.
Tiger 53–56 f., 249
Tod 30, 34, 35, 54, 127 f., 199, 200 f, 212 f.–214, 218 f., 227 f., 230, 244, 251, 258
Transformation 33, 107, 127
traumähnliche Tendenzen 38
Traumarbeit 29, 37, 40, 47, 59, 69, 73 f., 149
Träume 18, 20, 21, 27 ff., 28 f., 30, 31 ff., 35 f., 36 f., 38 ff., 39 ff., 41 f., 45 f. 47 ff., 58,59 f. 63, 65, 66, 80 f. 89, 90, 93, 96, 103, 116, 118, 145 f. 147, 152, 153, 152, 166 ff., 167, 168, 176, 195, 219 f., 220, 224 f., 234,
Träumen 15 ff.–49, 51, 54–59, 61–63 f., 65, 67 f.–69, 71 ff.–75, 78 f., 81 ff., 82 f., 84–87 ff., 89, 92, 93 ff., 97 ff.–99 ff., 101–108 f., 110–113, 115 f.–122, 128 ff., 129, 140, 143–149 f., 151 f., 152 f., 154 f. 155, 157 ff., 158, 162 ff., 164 f., 166 f.–169, 171, 174–176 f., 184 ff., 185 f., 187 ff., 189 f., 190 f. 193–196 f., 198 f.–200 f., 202 f., 203 f., 205 f., 207 f., 209 f., 213 f., 214 ff., 218 ff.–221 f. 226–229, 232, 234 ff.–242, 244–247 f., 249 f.–252, 254–256 ff., 258 f.

269

Träumen des roten Känguruh 15, 25, 255
Träumende Realität 86
Traumkörper 35 ff., 107, 123, 144 f.,
    147 f., 149 f., 165, 166
Traumland 26, 27 ff., 31, 32 f., 46, 47 ff.,
    58 f., 59, 61–63 ff., 69, 79 f., 92, 93, 99,
    118 f., 120, 153, 156, 179, 194, 218
Traumzeit 20 ff.–23 ff., 25, 27 f., 28, 31,
    47, 59, 78, 79, 82, 105, 203, 256

U
Übertagung 159 ff., 160 ff., 163, 165, 168
Unbeabsichtigte Signale 165 ff., 168, 194
Unbewußte, das 22, 23 f., 62 f., 189
Unterdrückung 24, 25, 181, 204 ff.
Urkraft 23, 30 f., 32, 41 f., 244
Ursprung von Körpersymptomen 143
Ursprüngliches Bewußtsein 29, 34, 37

V
Vassiliou, Lily 11
Verbalisierbare Erfahrung 36 f.
Verdrehter Arm 171 f.
Verflochtenheit 106 f., 158 f., 162 f.–169,
    173, 175 ff., 190 ff., 191,
Verschiedene Realitäten 77
Verschiedenheit 51, 88, 161, 199 ff., 237,
    256
Verschwommenheit 117, 118, 119, 121,
    122, 132, 139, 247
Verstand kognitv 37, 90, 123
Victoria Square 15 f., 256

Vielfalt 49–51 f., 54, 60, 90, 113, 121,
    199 ff., 200, 202 ff.–205, 207, 209,
    210, 240, 246 ff., 256, 258
Virtuelle Teilchen 114 ff., 131 f, 132,
    135 f., 141 f, 193

W
Wahrnehmung 16, 18 f., 19, 23, 26,
    32 f., 35 ff., 36, 41, 42, 49 f., 58 ff.,
    59–64 f., 69, 71, 72 f., 88, 90, 91,
    93 ff., 100, 101, 104, 116, 146, 155,
    170, 191, 195 ff., 210, 235, 238, 240
Wahrnehmung im Abhidharma 61
Wahrsagende 114
Watts, Alan 103 ff
Wecker 69 f.–71 ff., 233–235
Weltarbeit 202, 205 ff., 207 f., 210 ff.
Wheeler, John 239
Wilde, Oscar 250
Williams, Cecil 180
Wolf, Fred Alan 21 f.
Worsley, Alan 33

Z
Zeit 40, 84, 105, 127, 129 ff.–143, 146
Zeitreise 127, 128, 130 f., 132, 139,
    141 f., 145, 222
Zen-Buddhismus 230, 232
Zen-Tiger 53
Zentren für Prozeßarbeit 11
Zur Erinnerung 28, 41, 56, 76, 91, 111,
    122, 142, 157, 176, 187, 201, 214,
    228, 242, 251, 259

Weitere Bücher aus dem Verlag Via Nova:

Der Weg durch den Sturm
Weltarbeit im Konfliktfeld der Zeitgeister
Arnold Mindell
Gebunden, 248 Seiten – ISBN 3-928632-29-9

Wie sollen wir Menschen an der Schwelle zum dritten Jahrtausend unsere gigantischen Probleme lösen? Ausgehend von seinen Erfahrungen in der psychotherapeutischen und supervisorischen Arbeit mit Einzelnen und Gruppen in vielen Teilen der Welt hat Mindell Ansätze für eine Methode entwickelt, welche Lösungen nicht von außen überstülpt, sondern Gruppen und Großgruppen dabei unterstützt, sich selbst kennenzulernen und bisher unterdrückte oder übersehene Teile als Ressourcen für den Umgang mit ihren Schwierigkeiten und zur Entwicklung von Gemeinschaft zu nutzen.
Wie können Betroffene dabei unterstützt werden, aus ihrem Prozess und ihrem jeweiligen Feld heraus Zugang zu den eigenen Potenzialen von Führungskraft und Weisheit zu finden? Dieses Buch schildert Schritte auf dem steinigen Weg der Suche nach einer **neuen „Weltarbeit"**, welche Erkenntnisse aus der Psychologie, den modernen Naturwissenschaften und den alten spirituellen und schamanistischen Traditionen zusammenbringt, um den Herausforderungen unserer Zeit zu begegnen.

Den Pfad des Herzens gehen
Traumkörperarbeit – Schamanische Praktiken und moderne Psychologie
Arnold Mindell
Gebunden, 256 Seiten – ISBN 3-928632-24-8

Jahrzehntelange Erfahrungen in der Prozessorientierten Psychologie und intensive Begegnungen mit Schamanen, eingeborenen Heilern und Weisen, in allen Erdteilen bilden die Grundlagen dieses Buches, das sowohl moderne Psychologie als auch schamanische Praktiken und Heilmethoden zu einer fruchtbaren Synthese verbindet, die Sie im Alltag nutzen können. Sie werden in dem Buch mit mächtigen, unbekannten und heilenden Kräften konfrontiert, die den Weg des „Jägers" und des „Kriegers" begleiten. Um dem „Größeren", das der Verfasser Geist nennt, dem „Verbündeten" und dem „Doppelgänger" zu begegnen, werden die Erfahrungen, die aus Körperempfindungen oder Traumbildern auftauchen, bewusst gemacht und eine „zweite Aufmerksamkeit" entwickelt. Jedes Kapitel schließt mit Übungen ab, die jeweils die persönliche Erfahrung des vorher beschriebenen Inhalts ermöglichen. Es werden praktische Methoden angeboten, wie Sie mit Ihrem Traumkörper in Verbindung kommen, ganz werden und zu sich selbst finden.

Seine Träume deuten lernen
Träume mit Hilfe erweiterter Bewusstseinszustände verstehen
Arnold Mindell
Paperback, 208 Seiten, 32 Abbildungen – ISBN 3-936486-32-8

Auf der Grundlage seiner sechsunddreißigjährigen Praxis gelangt Arnold Mindell zu einer aufregenden Fusion von Physik und Psychologie, die einen selbst auf den Fahrersitz der eigenen Träume setzt und so deren Bedeutung offenbart. Wir können unsere Träume verstehen, indem wir sorgfältig beobachten, wie wir unsere Aufmerksamkeit gebrauchen, wie wir uns bewegen und was wir in unserem Körper sowie in veränderten Bewusstseinszuständen erfahren. Nachtträume sind bloß eine Reflexion des kontinuierlichen Flusses subtiler Signale oder „Flirts", die 24 Stunden am Tag in unser Bewusstsein eintreten, der grundlegenden Quelle der Realität und des Bewusstseins für das Träumen, der unsichtbaren Kraft hinter allen Erscheinungen. Dann wird einem bewusst, dass etwas anderes uns bewegt, das die eigenen Träume, Phantasien und Erfahrungen erschafft.

Ken Wilber – Denker aus Passion
Eine Zusammenschau
Frank Visser
Hardcover, 312 Seiten – ISBN 3-936486-00-X

Im Werk des Philosophen Ken Wilber gehen alle bedeutenden Themen der großen philosophischen und spirituellen Traditionen der Menschheit eine eindrucksvolle Synthese ein. Wilber ist ein passionierter Sucher nach der Wahrheit und einer der letzten großen Systemphilosophen, der Wissenschaft und Religion, Kunst und Kultur, Ost und West miteinander verbindet und in eine umfassende Perspektive der Evolution stellt. Der Autor dieses Buches zeichnet nicht nur das Entstehen und den Werdegang der Bücher von Wilber auf, er stellt nicht nur das Gesamtwerk des großen Bewusstseinsforschers dar, sondern beleuchtet auch die Geschichte hinter seinen Gedanken und Erkenntnissen. Er beschreibt eindringlich den Lebenslauf von Wilber bis in die Gegenwart, die Motive, die Wilber zur Auswahl seiner Themen veranlasst haben, die intellektuellen und persönlichen Krisen seines Lebens und nicht zuletzt seine persönliche spirituelle Erfahrung. Frank Visser hat Wilber in der Vorbereitungszeit zu diesem Buch einige Male persönlich besucht und ausführliche Interviews mit ihm geführt.

Psychologie
Eine umfassende Darstellung aus ganzheitlicher Sicht
Stefan Schmitz

Band 1: Paperback, 240 Seiten – ISBN 3-928632-56-6
Band 2: Paperback, 392 Seiten – ISBN 3-928632-64-7
Band 3: Paperback, 352 Seiten – ISBN 3-928632-75-2

Band 1 erläutert die Grundlagen des menschlichen Seelenlebens, das Wechselgeschehen zwischen Psyche und Körper, die Funktionsweise der Archetypen, den Aufbau der Persönlichkeit, die Vielfalt der menschlichen Bedürfnisse und die Entwicklung des Menschen in Kindheit und Jugend.
Band 2 gibt einen anschaulichen Einblick in die unterschiedlichen Verfahren der Psychotherapie, angefangen von der Psychoanalyse und der Verhaltenstherapie über Gesprächstherapie und Gestalttherapie sowie Bioenergetik und Familientherapie, bis hin zu den verschiedenen Formen einer Transpersonalen Psychotherapie.
Band 3 beschäftigt sich mit der Selbstverwirklichung des Menschen. Hierbei geht es zunächst einmal um die Entfaltung des eigenen Ichs im gewöhnlichen Alltag sowie um die Verwirklichung des wahren Selbst durch tiefenpsychologische Prozesse hindurch. Er handelt vom Astralleib und von den Chakras, vom spirituellen Selbst und von spirituellen Krisen, von den Gesetzen des Karmas sowie vom Tod des Egos und von der Erfahrung des Kosmischen Bewusstseins.

Selbsterkenntnis und Heilung
Die Auflösung der emotionalen Energieblockaden
Jordan P. Weiss
Gebunden, 232 Seiten, 21 Zeichnungen – ISBN 3-928632-28-0

Die in diesem Buch dargestellte Methode „Psychoenergetics" wurde von Dr. Jordan Weiss entwickelt, einem Spezialisten auf den Gebieten Stressbewältigung, Verhaltensmedizin, Personaler Transformation und chronischer Erkrankungen. Der therapeutische Ansatz von Dr. Weiss beruht auf der Erkenntnis, dass der Mensch ein Energiefeld ist, also auch Emotionen als Energiemuster in uns existieren. Diese Methode schafft Zugang zu dem unbewussten Selbst und lässt Sie verborgene, falsche Denk- und Verhaltensmuster entdecken und auflösen, die Sie daran hindern, alle positiven Möglichkeiten des Lebens auszuschöpfen und ein glückliches Dasein zu führen. Mit den Methoden der „Psychoenergetics" können Sie lernen, Ärger, Angst und Unsicherheit freizusetzen; Blockaden zu entdecken, die Sie am Erreichen Ihrer Ziele hindern; Selbstsabotage zu eliminieren; sich von Schmerzen zu befreien; Schmerzen bei Menschen zu lindern, die Sie lieben; Liebe und Glück zu empfangen und negative Energien aufzulösen.

Alle Hürden überwinden
Sein Leben selbst in die Hand nehmen
Dr. Franz Decker
Paperback, 240 Seiten, 15 grafische Darstellungen – ISBN 3-936486-76-X

Das Leben ist wie ein Hindernislauf. Ans Ziel kommen wir nur dann, wenn wir die Lebens-Hürden erfolgreich überwinden, Stress, Berufs- und Lebenskrisen, Umstellungen und Veränderungen bewältigen, neue Wege gehen, das Alte loslassen und zu neuen Ufern aufbrechen. All das erfordert Kraft. Wir brauchen dazu vor allem die Fähigkeit, den Prozess der persönlichen Entwicklung und der Lösung von Lebensproblemen Schritt für Schritt zu gehen. Prof. Dr. Decker bietet in diesem Buch eine kompetente, einfühlsame Wegbegleitung an. Er führt den Leser zu Einsichten, wie er sein Leben selbst in die Hand nehmen kann, und eröffnet Wege, sie auch für eine erfolgreichere Lebensgestaltung zu verwirklichen. Dieses vorliegende Buch bietet einen neuen, erprobten Selbstenwicklungsansatz, eine Anleitung zur Selbstveränderung und zur selbstbestimmten Lebensführung. Der Leser kann so zu seinem eigenen Coach und persönlichen, lösungsorientierten Lebensberater werden.

Es muss einen besseren Weg geben
Ein Handbuch zur Psychologie der Vision
Dr. Chuck Spezzano und Lency Spezzano
Hardcover, 184 Seiten – ISBN 3-936486-25-5

Dieses neue, systematisch aufgebaute und dabei übersichtlich-prägnante Handbuch zur Psychologie der Vision
- gibt einen Einstieg, um die grundlegenden Prinzipien der Psychologie der Vision einer breiten interessierten Öffentlichkeit zugänglich zu machen;
- beschreibt das Wesen und den Wert der Psychologie der Vision für Therapeuten und für Menschen, die selber an sich arbeiten möchten;
- bietet einen einfachen Zugang zum Verständnis von Essenz, Modellen, Methoden und Techniken der Psychologie der Vision;
- fördert die Vertiefung von Prozessen für Teilnehmer/-innen an Vorträgen und Seminaren über die Psychologie der Vision und stellt einen Leitfaden für Menschen dar, die sich eine formelle Ausbildung überlegen;
- präsentiert schließlich innovative und machtvolle geistige Samen, um das Bewusstsein zu transformieren und die Welt zum Besseren zu verändern.

Die Neugestaltung der vernetzten Welt
Global denken – global handeln
Ervin Laszlo
Hardcover, 192 Seiten – ISBN 3-936486-66-2

Die Bereitschaft zum nüchtern und wissenschaftlich fundierten, gleichwohl aber mutig visionären „globalen Denken" nimmt in allen Bereichen der Gesellschaft erfreulich zu. Die Erde ist zu unserer einen Heimat geworden und dementsprechend ist unsere Verantwortung: für die „Einheit in der Vielfalt" von der Biosphäre bis zum feinsinnigen Beziehungsgeflecht der Menschheit. Ervin Laszlo, Zukunftsforscher und Vordenker eines neuen Denkens, zeigt in seinem neuen Buch, wie sich neue Denkstrukturen der Vernetzung, Gleichgewichte und Entwicklungsgesetze parallel in allen Wissenschaften wie im gesellschaftlich-politischen Denken immer mehr durchsetzen. Diese verändern nicht nur unser Welt- und Menschenbild aufs Neue und zutiefst. Das neue Denken, das Laszlo in diesem Buch beschreibt, gibt uns viel von unserer Gestaltungskraft zurück. Der Autor zeigt die Grundzüge einer entschieden neu orientierten Wirtschaft, Wissenschaft, Kultur und Politik.

HOLOS – die Welt der neuen Wissenschaften
Ervin Laszlo
Hardcover, 208 Seiten – ISBN 3-928632-94-9

In den Wissenschaften findet eine Revolution statt. Es ist keine technologische Revolution – es ist eine Revolution des Weltbildes. Prof. Laszlo verfolgt diese Entwicklung und macht sie jedem zugänglich, der an den neuesten Erkenntnissen darüber teilhaben möchte, wer und was wir sind, was die Welt ist, die uns umgibt, und auf welche Weise wir in Beziehung zueinander und zu dieser Welt stehen. Der Leser erfährt in einfacher Sprache, was Wissenschaftler bereits wissen und vor welchen Rätseln sie im Hinblick auf den Kosmos, das Quantum, den lebenden Organismus und das menschliche Bewusstsein immer noch stehen. Dann erforscht der Verfasser diese Welt, indem er Fragen stellt, auf die er nun zuversichtliche, wenn auch überraschende Antworten geben kann – Fragen, bei denen es um Ursprünge und Bestimmung des Universums und um Ursprung und Evolution des Lebens und des Bewusstseins geht –, um dann die größten der „großen Fragen" zu stellen: Fragen der Unsterblichkeit, zum Bewusstsein im Kosmos und zu einem Bewusstsein, das eine wissenschaftlich basierte Schau als den Geist Gottes erfassen kann.

Kontemplation und Mystik
48 Seiten, Paperback, zwei Ausgaben: Frühjahr und Herbst
ISSN 1610-2185

Kontemplation und Mystik ist eine Zeitschrift zu Praxis und Theorie kontemplativen Lebens. Ihr Anliegen ist, den alten, fast vergessenen christlichen Gebetsweg der Kontemplation wieder bekannt zu machen, der in den Raum mystischer Erfahrungen führt. So möchte diese Zeitschrift all jenen als Forum dienen, die sich der mystischen Tradition verbunden fühlen und konkrete Anregungen und Impulse für den eigenen spirituellen Weg suchen. Damit dient die Zeitschrift dem Dialog sowohl innerhalb der christlichen Tradition sowie zwischen den verschiedenen mystischen Erfahrungswegen der Religionen, als auch den angrenzenden Wissensgebieten und Forschungsfeldern, insbesondere der transpersonalen Psychologie.
Die Beiträge in „**Kontemplation und Mystik**" sind aus der Erfahrung heraus für die Erfahrung transpersonaler, mystischer Bewußtseinsräume geschrieben. Sie berücksichtigen gleichermaßen die mystische Tradition sowie deren Verwirklichung im spirituellen Alltag. So ist diese Zeitschrift ein wichtiger Begleiter auf dem Weg nach innen.

Transpersonale Psychologie und Psychotherapie
104 Seiten, zwei Ausgaben: Frühjahr und Herbst
ISSN 0949-3174

Transpersonale Psychologie und Psychotherapie ist eine unabhängige **Zeitschrift**, schulen-, kultur- und religionsübergreifend, verbindet das Wissen spiritueller Wege und der Philosophia perennis mit moderner Psychologie und Psychotherapie, leistet Beiträge zur wissenschaftlichen Fundierung des Transpersonalen.
Transpersonale Psychologie und Psychotherapie ist eine Zeitschrift, die sich an Fachleute und Laien wendet mit (einem) Interesse an transpersonalen Themen. Aus einem schulen-, kultur- und religionsübergreifenden Verständnis heraus bietet sie ein Forum der Verbindung von Psychologie und Psychotherapie und deren theoretischen Grundlagen mit spirituellen und transpersonalen Phänomenen, Erfahrungen und Wegen, Welt- und Menschenbildern. Sie dient dem Dialog der verschiedenen Richtungen, fördert integrative Bemühungen und leistet Beiträge zur Forschung und Theoriebildung. Sie bietet Überblick, Orientierung und ein Diskussionsforum auf wissenschaftlichem Niveau.